JOSEPH KARDINAL RATZINGER

Berührt vom Unsichtbaren

JOSEPH KARDINAL RATZINGER

Berührt vom Unsichtbaren

JAHRESLESEBUCH

Ausgewählt und herausgegeben von
Ludger Hohn-Morisch

HERDER
FREIBURG · BASEL · WIEN

Umschlaggestaltung: Finken & Bumiller, Stuttgart
Umschlagmotiv: Ferdinand Hodler,
Sonnenuntergang am Genfersee von Caux aus,
1917 (Ausschnitt).
Bilder im Innenteil: Wolfgang Müller, Oberried

Druck und Bindung: Clausen u. Bosse, Leck
Gedruckt auf umweltfreundlichem,
chlor- und säurefrei gebleichtem Papier
ISBN 3-451-26425-0

INHALT

Zum Geleit

Soeben sind 2000 Jahre Christentum zu Ende gegangen, und die abendländische Welt hat ein neues Jahrtausend begonnen. Eine solche Zeit des Übergangs lädt in vielfacher Hinsicht zu Rückblick und Vision ein. Reden wir hier nicht von den hochgejubelten Festivitäten der Jahrhundert und -tausendwende, nicht von den befürchteten, hektisch diagnostizierten und hoffentlich mit Erfolg therapierten Neurosen der weltweit von Computern verwalteten Interkommunikationen und Datenbanken, von den daher keineswegs unmöglichen oder unwahrscheinlichen kleinen oder großen Katastrophen auf den kleinsten und größten Lebensebenen, bis hin zum unvorstellbaren Störfall ebenfalls computergelenkter Atombombendepos. Reden wir davon, worauf es bei alledem entscheidend ankommt: vom Menschen! Und von dem, was er von sich hält und zu wissen meint, von dem, was er aus sich macht und was er mit anderen Menschen macht, von dem, was er mit der Erde, seiner zweiten Heimat, macht, und vor allem von dem, was er mit Gott, seiner Urheimat, macht und mit seiner Beziehung zu dem, der ihn gemacht hat.

»Machen«, ein Kernwort, das scheinbar keine zeitlichen Wenden kennt – ein Wort auch, hinter dem sich die alles entscheidende Frage verbirgt: Wer hat eigentlich »Macht« – eine Frage zuallererst an jedes Menschen Leben persönlich. Wer und was hat, wem gebe ich Macht, Vollmacht in meinem Leben? »Tempus fugit« – also der täglich unerbittlich rastlosen Uhr, die nichts und niemand aufzuhalten vermag und die auch meine begrenzte Lebenszeit in ihrem Sog unaufhaltsam mitnimmt? Wer oder was hat Macht und bestimmt, was gilt und gut sein soll in dieser Welt, in unserm Land, in unseren Familien und Gemeinschaften? Interessen, Profit, Vorgesetzte, Denkmuster, Eltern und ihre Welt: Erben von Erben von Erben ...? Oder eine sich abgrenzende religiöse Tradition, die tradiert, was Tradition aus Tradition tradiert? Was also oder wer hat Macht – in meinem Leben, in unseren Beziehungen der vielfältigsten Art auf dieser Erde? Wer und was bestimmt, was geschieht und was nicht? Warum ist alles so, wie es ist, und nicht anders, menschlicher, göttlicher – weniger unbarmherzig, weniger unerbittlich – weitherziger, angstfreier, freiheitlicher, befreiter, versöhnter, toleranter: nach himmlischem Maß und göttlich liebender Gelassenheit – egal, was geschieht? Was Christen bestimmt? Es ist dies: Wir Menschen sind doppelten Ursprungs: himmlischen und irdischen Ursprungs. Wo der himmlische, göttliche Ursprung verdrängt, vergessen oder gar negiert wird, regiert in allen Räumen des Weltlichen und auch Religiösen irdische, meist ängstliche Macht – nur die Verwundungen Zahlloser aller Zeiten geben davon Zeugnis. Wo der himmlische Ursprung eines jeden Menschen aus dem Blick gerät, haben Unbarmherzigkeit, Unversöhnlichkeit, Angst und Einsamkeit die Macht: Da werden große Fortschritte »gemacht«, aber nicht selten die Menschenwürde und Freiheit mit Füßen und Härterem getreten; da haben nur mehr weltliche und sich religiös verbrämende Machthaber die Macht und das Sagen – die Verwundungen Zahlloser geben Zeugnis.

Wie wäre es mit einem entschiedenen Machtwechsel an der Jahrhundert- und Jahrtausendwende? Eine redikale, wurzeltiefe Wende könnte es sein, sich auf den doppelten Ursprung des Menschen zu besinnen – das heißt, daß jeder, ohne Ausnahme, Suchender, Fragender, also Mensch auf dem Weg von Woher und Wohin ist – ganz gleich auf welch weltlicher oder religiöser Stufe er gerade angekommen ist. Eine Wende könnte es sein zu begreifen, daß niemand ohne den Ansporn des Zweifels und der Selbstkritik von des Lebens wahrer Tiefe und Bedeutung gesichert »wissen«, wohl aber nach ihnen – zusammen mit anderen – suchen und fragen, glauben und hoffen kann, um so die Weisheit des auf Erden immer auch ungesicherten Lebens zu berühren, deren Namen Liebe, Barmherzigkeit, Toleranz, Gottvertrauen sind.

Von dieser Suche gibt dieses Jahreslesebuch – motivierend und herausfordernd – Zeugnis. Auch hinter dem Theologen, dem Bischof und Präfekten der Maß gebenden vatikanischen Glaubenskongregation verbirgt sich der Mensch Joseph Ratzinger, der um die Fragen und Antworten des Lebens und Glaubens in unserer wahrlich orientierungsbedürftigen Zeit ringt. Das wird in den Texten dieses Buches, als Weg durch das Jahr, auf sympathische und dialogische Weise deutlich.

Die hier aus dem reichen Schrifttum Ratzingers ausgewählten Texte – vom engagierten Theologen des Aufbruchs vor dem Zweiten Vatikanum, vom inspirierenden Konzilstheologen bis zum ersten Kardinal der katholischen Christenheit – wollen in jenem Sinne Denk-, Lebens- und Glaubensanstöße sein, Impulse für den eigenen, inneren Dialog, für die persönliche Orientierung und Vergewisserung der Grundpfeiler christlichen Lebens und vor allem für die Suche nach Lebenstiefe aus doppeltem Ursprung. Was christliche Zeitgenossen überraschen mag: In vielen Texten des Autors begegnen sich die brillante Kraft eines nachdenklichen Menschen und die leise Stimme des Herzens, eine impulsive Mischung, die jenem großen Wort Jesu weiten Raum läßt: Heiliger Geist wird euch in alle Wahrheit einführen – wenn Verstand und Herz ihn zu vernehmen verstehen.

1. Januar 2000

Der Herausgeber

JANUAR

Allem Anfang wohnen
ein Zauber
und ein Glaube inne

Vertrauen als Weggeleit ins neue Jahr

Weil ihr aber ohne Söhne seid, sandte Gott den Geist seines Sohnes in unsere Herzen, den Geist, der ruft: Abba, Vater! (Gal 4,6)

An die Schwelle des neuen Jahres setzt die Kirche das Wort des Galaterbriefes: Ihr seid Söhne, in denen der Geist Abba ruft. Sie legt uns diese Stelle vor als ein Wort des Vertrauens, das uns helfen soll, getrost in eine Zukunft hineinzugehen, um deren Wege wir nicht wissen können. Auch der folgende Satz will Geleit ins Kommende geben: Als Söhne sind wir frei und als Söhne sind wir Erben. Damit soll der letzte Inhalt unserer Zukunft aufgedeckt werden: Wir werden Herren des Alls sein als Erben Gottes. Mehr kann man eigentlich dem Menschen nicht voraussagen. Dennoch wird es uns schwer, uns die Hoffnung dieses Textes zu eigen zu machen. Uns fehlt die Naivität, die uns Abba stammeln ließe. Ja, es gibt einen Widerstand gegen das Vater-Sagen in uns, der unserem Verlangen nach Müdigkeit entspringt. Der Vater erscheint uns nicht mehr, wie Paulus, als Garant der Freiheit, sondern als ihr Widerspruch. Nur der Partner gilt, der Vater erinnert an »Herrschaft«. Wir bewegen uns in der Marschrichtung des jüngeren Sohnes, der sich sein Erbe auszahlen läßt und keinen Vater mehr kennen will, sondern nur die Zukunft, die er sich selber schafft. So kann ein einziger kleiner Text, der Neujahrsgruß, den uns die Kirche mitgibt, die ganze Mühsal des Christseins heute aufdecken. Es steht quer zu vielem, was uns selbstverständlich scheint, es verlangt Umkehr. Dennoch – [...] Wer zum Herrn des Ganzen »Vater« sagen darf, hat wirklich Grund zum Vertrauen. Ihm gehört die Zukunft. Warum sollte es uns nicht möglich sein, die ansteckende Kraft dieses Vertrauens auch in unserer Zeit zu leben?

8/7f

Der wiedergefundene Baum des Lebens (1)

Vor einigen Jahren hatte ich das Glück, den wohl ältesten uns erhalten gebliebenen Christbaum der Welt zu sehen, der so etwas wie das Hochaltarbild der Kirche zu Christkindl bei Steyr ist. Die Geschichte des Baumes führt zurück in das Jahr 1694. Damals hatte Steyr einen neuen Türmer und Chorregenten erhalten, der an Epilepsie litt, an der »hinfallenden Krankheit«, wie es die Chronik treuherzig ausdrückt. In Melk, von wo er kam, hatte er die Verehrung des Jesuskindes gelernt. Nun stellte er in die Höhlung einer Tanne von mittlerer Größe ein Bild der heiligen Familie und hielt dort seine Andacht, von der er sich gestärkt und getröstet fühlte. Dann erfuhr er von einem Bild des Christkinds, das einer gelähmten Nonne Heilung gebracht hatte. Er erhielt schließlich eine getreue Nachbildung davon: ein wächsernes Jesuskind, das in der einen Hand das Kreuz, in der anderen die Dornenkrone trägt. Jetzt brachte er dieses zu dem Baum, hielt vor ihm seine Andacht und fühlte eine heilende Kraft davon ausgehen.

Allmählich erfuhren die Menschen davon; sie begannen zu dem Christkind im Baum zu pilgern. Gegen das Zögern der kirchlichen Obrigkeit zu Passau setzten sie es durch, um diesen Baum herum ein Kirchlein zu bauen. So wurde 1708 der Grundstein gelegt zu der Christkindlkirche. [...] Sie ist gleichsam zur kostbaren Schale geworden für den Baum, aus dem Altar und Tabernakel hervorwachsen: Noch immer trägt der Baum auch das kleine wächserne Jesuskind, das von Krone und Strahlen umgeben Verheißung und Hoffnung für die Menschen ist.

26/18f

Der wiedergefundene Baum des Lebens (2)

Für mich ist diese Begegnung nicht nur Auslegung eines unserer schönen Weihnachtsbräuche geworden, sondern von ihm her Zugang zur Mitte des weihnachtlichen Geheimnisses selbst. Dieser Baum steht ja nun da als der wiedergefundene Baum des Lebens aus dem Paradies – »der Cherub steht nicht mehr dafür«. Dieser Baum ist Maria mit der gebenedeiten Frucht ihres Leibes: Jesus. Jesus aber ist da als Kind, unbewehrt, einladend, »Emmanuel«, Gott zum Anfassen, zum Du-sagen. Er lädt uns zu sich ein, uns, die wir in einem sehr tiefen Sinn doch alle unter der »hinfallenden Krankheit« leiden. Immer wieder sind wir unfähig, inwendig aufrecht zu gehen und zu stehen. Immer wieder fallen wir hin, sind nicht Herr über uns selbst, entfremdet und unfrei. Die Rotunde des Baues unterstreicht diese Aussage noch. Das kreisförmige Achteck ist die klassische Form der Taufkirche, die wiederum an uralte religionsgeschichtliche Überlieferungen anknüpft: an die Höhle und den Rundbau, die den Mutterleib – das Geheimnis der Geburt andeuten. So verweist der Bau erneut auf Maria, auf die Kirche, auf unsere Taufe und Wiedergeburt. Er legt uns aus, was es heißt, daß Gott ein Kind geworden ist. Er legt uns aus, was das Wort Jesu an Nikodemus bedeutet: Wenn du nicht wiedergeboren wirst aus Wasser und heiligem Geist, kannst du in das Himmelreich nicht eingehen. Hierher gehört auch das andere Wort Jesu: Wenn ihr nicht werdet wie die Kleinen, könnt ihr in das Himmelreich nicht eingehen.

26/21f

LIEBE GENÜGT – ALLES ANDERE IST AUSLEGUNG (1)

Eine Geschichte aus dem Spätjudentum der Zeit Jesu erzählt, daß eines Tages ein Heide zu dem berühmten Schuloberhaupt Rabbi Schammai kam und zu ihm sagte, er sei willens, sich der jüdischen Religion anzuschließen, wenn der Rabbi imstande sei, deren Inhalt in der Zeitspanne zu sagen, die man auf einem Fuße stehen kann. Der Rabbi überdachte wohl in Gedanken die fünf gedankenschweren Bücher Moses und alles, was die jüdische Auslegung inzwischen hinzugefügt und als gleichfalls verbindlich, notwendig und unumgänglich für das Heil erklärt hatte. Wie er all dieses im Geiste überschlug, mußte er schließlich gestehen, daß es ihm unmöglich sei, die Fülle dessen, was zur Religion Israels gehörte, in ein paar kurzen Sätzen zusammenzufassen. Der seltsame Bittsteller ließ sich nicht entmutigen. Er ging – wenn wir es so ausdrücken wollen – zur Konkurrenz: zu dem anderen berühmten Schuloberhaupt, Rabbi Hillel, und trug ihm dieselbe Bitte vor. Im Gegensatz zu Rabbi Schammai fand Hillel nichts Unmögliches in diesem Ansinnen und antwortete ohne Umschweif: »Was dir selbst widerwärtig ist, das tue auch deinem Nächsten nicht an. Das ist das ganze Gesetz. Alles andere ist Auslegung.«

36/53f

Liebe genügt – alles andere ist Auslegung (2)

Wenn derselbe Mann heute zu irgendeinem gelehrten christlichen Theologen ginge und ihn bitten würde, ihm in fünf Minuten eine kurze Einführung in das Wesen des Christentums zu geben, würden wahrscheinlich alle Professoren sagen, das sei unmöglich: Sie bräuchten ohnedies schon sechs Semester allein für die Hauptfächer der Theologie und selbst dabei würden sie noch kaum zu Rande kommen. Und dennoch könnte wiederum diesem Mann geholfen werden. Denn die Geschichte von Rabbi Hillel und Schammai hat sich wenige Jahrzehnte, nachdem sie zuerst geschehen war, in veränderter Gestalt noch einmal abgespielt. Diesmal stand ein Rabbi vor Jesus von Nazaret und fragte ihn: »Was muß ich tun, um das Heil zu erlangen?« Es ist die Frage nach dem, was Christus selbst als das unumgänglich Notwendige an seiner Botschaft ansieht. Die Antwort des Herrn lautete: »Du sollst Gott, deinen Herrn, lieben aus deinem ganzen Herzen, mit deiner ganzen Seele und mit deinem ganzen Geist. Dies ist das größte und erste Gebot. Ein zweites aber ist diesem gleich: Du sollst deinen Nächsten lieben wie dich selbst. An diesen zwei Geboten hängt das ganze Gesetz und die Propheten« (Mt 22,35–40). Das also ist der ganze Anspruch Jesu Christi. Wer dies tut – wer die Liebe hat –, der ist ein Christ; er hat alles (vgl. auch Röm 13,9f.).

36/54f

Umdenken, erkennen, hinausgehen – Der Weg der drei Magier

Diese Männer hatten wie selbstverständlich vorausgesetzt, daß der neue König im Königshaus geboren würde; sie hatten wie selbstverständlich vorausgesetzt, daß er, der die Weisheit und die Quelle alles Erkennens ist, bei den Gelehrten zu finden sei. Aber nun mußten sie feststellen, daß sie dort zwar Auskunft, aber nicht den Neugeborenen selbst fanden. Sie mußten erkennen, daß Gott ganz anders ist, daß er gerade nicht in der Macht dieser Welt ist und auch nicht einfach in der Wissenschaft, auch nicht einfach in der Theologie da ist und sich greifen läßt. Sie mußten erkennen, daß die Macht, auch die Macht des Wissens, ihm im Gegenteil oft viel eher den Zugang versperrt. Sie mußten umdenken, umlernen, ihr Sein selbst wandeln lassen. Sie mußten hinausgehen in die kleine Stadt, die ehedem eine der geringsten gewesen war, aber nun für alle Zeit nicht mehr die geringste ist: nach Betlehem. [...] Sie mußten erkennen, daß die Maßstäbe Gottes ganz anders sind, daß er sich nicht in der Macht dieser Welt zeigt, sondern auf eine ganz andere Weise uns anführt: in der Demut seiner Liebe, die nur unsere Freiheit bitten kann, ihn anzunehmen, und so uns umwandelt und gottfähig werden läßt.

Auch uns geht es nicht anders als jenen Männern. Wenn wir ausdenken müßten, wie Gott die Welt hätte erlösen sollen, dann würden wir sagen: Er hätte mit großer Macht alles Gegenwärtige niederwerfen müssen, und er hätte mit großer wissenschaftlicher Präzision die richtige Weltwirtschaft einführen müssen, damit alle alles das haben, was sie sich wünschen. Das ist unser Denken. In Wirklichkeit wäre dies eine Vergewaltigung des Menschen und eine Entfremdung, weil so gerade das Tiefste in ihm abstirbt. Denn dann wäre unsere Freiheit nicht gefragt und unsere Liebe nicht. Darum muß Gottes Macht sich anders zeigen: in Betlehem, in der demütigen Ohnmacht seiner Liebe. *39/65*

Wer dem Kind von Betlehem das Schöne nimmt

Kommt nicht in der Tat aus dem Herzen Israels ein Licht, das die Jahrhunderte hindurch leuchtet? Die Magier des Evangeliums sind nur der Anfang einer unermeßlichen Wallfahrt, in der die Schönheit dieser Erde Christus zu Füßen gelegt wird: das Gold der altchristlichen Mosaiken, das farbige Licht aus den Fenstern unserer großen Kathedralen, der Lobpreis der Steine, das weihnachtliche Lobsingen der Bäume des Waldes gilt ihm und die menschliche Stimme wie die Musikinstrumente haben ihre schönsten Weisen gefunden, als sie sich ihm zu Füßen warfen. Auch das Leid der Welt, ihre Mühsal kommt zu ihm, um einen Augenblick bei dem armen Gott Geborgenheit und Verstehen zu finden. Freilich, wir sind heute ein wenig puritanisch geworden: Hätte man all diese Schätze nicht lieber den Armen geben sollen?

Wir vergessen bei solchem Fragen, daß die Schönheit, die dem Herrn geschenkt wurde, das einzige wirkliche Gemeineigentum der Welt ist. Welcher Gegensatz zwischen Residenzen und Kirchen, zwischen Museen und Kathedralen! Welch ein Unterschied, ob man sich durch den Louvre, die Uffizien, das Britische Museum durcharbeitet oder ob man in einer lebendigen Kirche betend in den Lobpreis der Steine einstimmt! Die Schönheit, die dem Kind von Betlehem geschenkt ist, ist allen zugeeignet, und wir alle brauchen sie so nötig wie das Brot. Wer das Schöne dem Kind nimmt, um es in Nützliches zu verwandeln, der hilft nicht, sondern zerstört; er nimmt das Licht weg, ohne das auch alle Berechnungen kalt und nichtig werden. Gewiß, wenn wir uns der Wallfahrt der Jahrhunderte anschließen, die das Schönste dieser Welt verschwenden will, für den neugeborenen König, dann dürfen wir nicht vergessen, daß er immer noch im Stall, im Gefängnis, in den Favelas lebt und daß wir ihn nicht loben, wenn wir ihn dort nicht finden mögen.

21/11f

Das erste Weihnachtslied (1)

Das erste Weihnachtslied der Geschichte, mit dem für alle Zeiten der innere Klang von Weihnachten festgelegt wurde, stammt nicht von Menschen – der heilige Lukas überliefert es uns als das Lied der Engel, die die Evangelisten der heiligen Nacht gewesen sind: Ehre sei Gott in der Höhe und Friede den Menschen auf Erden – den Menschen seiner Huld, den Menschen die guten Willens sind.

Dieses Lied setzt einen Maßstab; es hilft uns zu verstehen, worum es an Weihnachten geht. Es enthält ein Stichwort, das gerade in unserer Zeit die Menschen bewegt wie kaum ein anderes: Friede. Das biblische Wort »Schalom«, das wir so übersetzen, besagt viel mehr als die bloße Abwesenheit von Krieg; es besagt den rechten Zustand der menschlichen Dinge, das Heil – eine Welt, in der Vertrauen und Brüderlichkeit walten, in der es nicht Angst noch Mangel noch Hinterlist und Verlogenheit gibt. Friede auf Erden – das ist das Ziel von Weihnacht. Aber das Lied der Engel setzt dem ein erstes voraus, ohne das auf Dauer Friede nicht sein kann: die Ehre Gottes. Das ist die Friedenslehre von Betlehem: Friede der Menschen kommt aus der Ehre Gottes. Wem es um die Menschen und um ihr Heil zu tun ist, der muß zu allererst um die Ehre Gottes besorgt sein. Ehre Gottes ist nicht eine Privatsache, mit der es jeder nach Belieben halten kann, sondern eine öffentliche Angelegenheit. Sie ist ein gemeinsames Gut, und wo Gott unter den Menschen nicht in Ehren steht, da kann auch der Mensch nicht in Ehren bleiben. Weihnachten hat *deshalb* mit dem Frieden der Menschen zu tun, weil Gottes Ehre darin unter den Menschen neu hergestellt wurde.

26/36f

Das erste Weihnachtslied (2)

Das ist übrigens von Anfang an schon durch das Datum dieses Tages sichtbar geworden. Der 25. Dezember war und ist im jüdischen Kalender das Chanukka-Fest, das Fest der Lichter. Es erinnert daran, daß an diesem Tag im Jahr 165 vor Christus *Judas Makkabäus* aus dem Tempel zu Jerusalem den Zeusaltar entfernte, den die Überlieferung als »Greuel der Verwüstung an heiliger Stätte« bezeichnete. Am selben Datum hatte der syrische König Antiochus, der sich als Zeus verehren ließ, das Götzenbild im Tempel aufgestellt; er hatte diesen Tag zu seinem Festtag machen lassen. Nun war es der Tag der Reinigung des Tempels geworden, der Tag, an dem Gottes zertretene Ehre wiederhergestellt und die rechte Verherrlichung Gottes neu begonnen wurde. Von diesem Tag an datierte Israel seine Wiedergeburt; es war wiederhergestellt in dem Augenblick, in dem es seinem Gott wieder auf angemessene Weise dienen konnte.

Da die Woche vom 25.–31. Dezember zugleich die Woche vor dem Neujahr war, erhielt die Wiederherstellung noch tiefere Bedeutung: Sie war Darstellung für den Neubeginn der Schöpfung, für die nun erhoffte neue Zeit der Freiheit. Deshalb wurde schon um das Jahr 100 vor Christus die Geburt des Messiaskindes an diesem Tag erwartet – denn vom Messias erhoffte man, daß er die Menschen lehren werde, wie man Gott recht ehren könne, und daß er so die neue Zeit der Freiheit heraufführe.

26/37f

Ein Drama, das immer wiederkehrt

Die ostkirchliche Weihnachtsikone hat ihre Gestalt im wesentlichen bereits im 4. Jahrhundert erhalten und darin das ganze Weihnachtsgeheimnis eingefangen. Sie stellt den tiefen Zusammenhang von Weihnachten und Ostern dar, von Krippe und Kreuz, den Zusammenklang von Altem und Neuem Testament, das Zusammen von Himmel und Erde im Gesang der Engel und im Dienst der Hirten. Jede Gestalt hat auf ihr ihre tiefe hintergründige Bedeutung.

Ganz eigentümlich ist dort die Funktion, die dem heiligen Josef zugewiesen wird. Er sitzt abseits, in tiefes Nachdenken versunken. Vor ihm steht, als Hirte verkleidet, der Versucher, und er redet ihn nach den Texten der Liturgie also an: »So wie dein Stock keine Blätter tragen kann, so wie ein alter Mann nicht mehr Vater werden kann, so kann die Jungfrau nicht gebären« (P. Evdokimov). Die Liturgie fügt hinzu: In seinem Herzen tobte ein Sturm widersprüchlicher Gedanken, er war verwirrt, aber erleuchtet durch den heiligen Geist singt er: Alleluja. In der Gestalt des heiligen Josef stellt so die Ikone ein Drama dar, das immer wiederkehrt – unser Drama.

Es ist immer wieder das gleiche. Immer wieder sagt uns der Versucher: Es gibt nur die sichtbare Welt, und es gibt keine Menschwerdung Gottes, und es gibt keine Geburt aus der Jungfrau. [...] Es ist die Versuchung unserer Zeit, die mit so vielen gescheiten und scheinbar ganz neuen Gründen auftritt, daß sie unwiderstehlich scheint. Und doch ist es die immer alte Versuchung.

26/45f

Offen für die Weite und Tiefe der Gaben Christi

Heute sind wir vielleicht doch langsam wieder fähig zu fragen: Hat unser Eifer für das Ursprüngliche und Anfängliche uns nicht ein wenig blind für die Weite und Tiefe der Gaben Christi gemacht, für die vielfältigen Dimensionen, in denen sich das Eine entfaltet und darstellt? Ist die Eucharistie als das christliche Pascha nicht auch das Fest, das Gott uns gibt? Zum Fest gehört die Freude, zur Freude der Ausdruck, der Überschwang, die Entschränkung der Grenzen des Alltäglichen, die Einheit von Gegenwart und Zukunft, von Erde und Himmel. Muß es nicht einen Tag im Jahr geben, an dem einmal dies zur Geltung kommt, an dem Eucharistie als Gottesfest ausgreift in die Straßen und Plätze unseres Alltags und die kommende Welt darstellt, in der es keinen Tempel mehr gibt, weil die Welt selbst Stadt Gottes geworden ist? Wir kennen einen Tag des Baumes, einen Tag des Pferdes und ähnliches. Muß es nicht einen Tag geben, an dem einmal die Straße nicht dem Geschäft, der Hast unserer Besorgungen gehört, sondern einfach der Freude, daß Gott unter uns ist? Ist dieser Tag des Herrn nicht gerade so recht eigentlich der Tag des Menschen, der Tag der Stadt, des Dorfes, der Straße, die hier ihre höchste Bestimmung erfährt – Weg Gottes zu uns, Weg des Menschen mit Gott zu sein? Und was das andere angeht, daß Eucharistie nicht zum Anschauen, sondern zum Empfangen da sei: Gehört zum Empfangen nicht, daß wir dem Herrn »einen Empfang« bereiten? Kann Empfangen des Herrn je anders geschehen, als indem wir zugehen auf ihn, wie er zugeht auf uns; gehen mit ihm, wie er geht mit uns? Kann Empfangen anders geschehen, als indem wir lernen, ihn anzuschauen?

21/34

Wir sind zutiefst Empfangende

Ist es nicht eine Zumutung, sich vorzustellen, daß das Begießen eines Menschen mit ein wenig Wasser etwas Existenzentscheidendes für ihn sein sollte? Oder die Handauflegung durch den Bischof, die wir Firmung heißen? Oder die Salbung mit ein wenig geweihtem Öl, die von der Kirche als letztes Geleit einem Kranken mit auf den Weg gegeben wird? Und auch die Priester fangen da und dort an zu fragen, ob denn die Handauflegung des Bischofs, die man Priesterweihe nennt, wirklich eine unwiderrufliche Bindung eines Lebens bis in seine letzte Stunde hinein bedeuten könne und ob hier nicht doch die Bedeutung des Ritus überschätzt sei, dem man doch schließlich nicht die täglich neu sich zutragende Existenz mit ihrer stets offenen Zukunft, mit ihren Unabwägbarkeiten und ihren je neu sich andrängenden Situationen unterordnen kann. Die Idee des unauslöschlichen Merkmals, das solche Sakramente der Seele einprägten, erscheint dem Menschen von heute als eine reichlich sonderbare mystische Philosophie: Die Existenz des Menschen ist für ihn das immerfort Offenbleibende, das in der Entscheidung wächst und nicht durch einen einmaligen Ritus für immer versiegelt werden kann. Ähnliche Ideen stellen sich dann natürlich ebenso der sakramentalen Auffassung der Ehe entgegen, und auch die Eucharistie bleibt von solchen Fragen nicht ausgenommen.

Was sollen wir also sagen? Ist das Weiterbestehen der Sakramente in unserer Zeit nichts mehr als ein Zugeständnis an die Vergangenheit? Was eigentlich tut der Mensch, der die Sakramente Jesu Christi feiert? Wer in die Kirche geht und die Sakramente feiert, tut es, weil er weiß, daß er als Mensch nicht selbst verfügen kann, wann und wie und wo Gott sich ihm zu zeigen hat.

11/6f.29f

Ein möglicher Irrtum

Der Herr schenkt uns, was wir nicht machen können. Aber er verurteilt uns nicht zur Untätigkeit; der Friede des Herrn verlangt unser Zugehen auf die Gesinnung Jesu Christi. Wenn Jesus heute so sichtbar in unsere Mitte hereintreten würde, wie er damals zu den Jüngern gekommen ist, was würde er dann wohl finden? Wahrscheinlich würden sich die meisten von uns sehr gestört fühlen durch ihn, denn er träfe auf viel Gleichgültigkeit und Lauheit, auf ein bequemes und auf ein ängstliches Christentum, das seine Furcht vor der Welt unter starken und gelehrten Worten geschickt verdeckt. Er träfe auch auf eine zerstrittene Kirche. Er würde nebeneinander finden einerseits die Selbstherrlichkeit, die sich das Christentum nach eigenem Geschmack baut, und andererseits den Starrsinn und die Lieblosigkeit derer, die sich allein für den rechten Christen halten und sich so gegen die Einheit seines Leibes stellen. Doch müssen wir uns hier auch gegen einen möglichen Irrtum wappnen. Die Aufforderung zum Frieden Christi ist nicht mit dem Verlangen nach einer Gutmütigkeit zu verwechseln, die in Wirklichkeit bloß Schwachheit ist und sich vor dem Ärger schützen möchte, der entsteht, wenn man offen für seine Überzeugung eintritt. Die Forderung nach Einheit in der Kirche bedeutet daher auch nicht das Verlangen, daß alle alles gelten lassen sollten. Das bloße Beieinanderbleiben ist keine Einheit, sondern letztlich ein Ausweichen vor ihr. Die Parole »Seid nett zueinander« ist zwar nicht zu verachten, aber sie erreicht nicht die Höhe des Evangeliums, weil sie uns die Mühsal erspart, uns auf den Weg zur Wahrheit zu machen und so wirklich zueinander zu kommen.

HW/1

Der immer neue Anfang

Ich würde nicht zu sagen wagen, wir stünden vor den Anfängen des christlichen Zeitalters. Denn was ist schon genau ein christliches Zeitalter? Was ich aber wirklich teilen kann, ist dies, daß das Christentum immer wieder die Chance eines neuen Anfangs hat. Ich habe einmal geschrieben, das Christentum ist immer zugleich Senfkorn und Baum, es ist immer gleichzeitig Karfreitag und Ostern. Der Karfreitag ist nie einfach hinter uns, der ist immer da, und die Kirche ist nie ein fertig ausgewachsener Baum, dann würde sie nämlich auch irgendwann vertrocknen und aufhören, sondern sie ist immer wieder auch in der Senfkorn-Situation. In diesem Sinn stimme ich ihm ganz bei, daß wir eigentlich wieder vor einem neuen Anfang stehen und daß das auch die Hoffnungen eines Anfangs in sich enthält. Die Aufgabe, ganz aus Freiheit und in Freiheit zu glauben und im Zeugnis gegen eine marode Welt zu glauben, trägt auch neue Hoffnungen, neue Möglichkeiten eines christlichen Ausdrucks in sich. Gerade ein Zeitalter eines quantitativ reduzierten Christentums kann eine neue Lebendigkeit dieses bewußteren Christentums hervorbringen. Insofern steht wohl auch eine neue Art von christlichem Zeitalter vor uns. Ich wage nicht, hier Zeitprophezeiungen zu geben, ob das langsam oder schnell gehen kann. Was ich aber wirklich unterstreiche: Es gibt im Christentum immer den neuen Anfang. Solche Anfänge gibt es jetzt schon und wird es immer weiter geben. Und sie werden neue kraftvolle Lebensgestalten des Christlichen hervorbringen.

32/286

Ein heiliger Mann, der lächeln kann

Papst *Johannes Paul I.* ... Wir haben voller Dank erleben dürfen, wie der Herr wieder zu einem Simon gesagt: Du sollst Petrus sein; wie er das Bisherige verläßt, um den neuen Dienst zu tun. Wir Kardinäle waren uns in den Tagen der Wahlvorbereitung und der Wahl selbst bewußt, daß wir nicht wählen, wie anderswo gewählt wird, sondern daß wir letzten Endes nur Werkzeuge eines größeren Willens sind. Der erste Maßstab, der sich uns aufdrängte, lautet: Der Papst ist zuerst Bischof von Rom, um von da aus als Bischof am Ort, als Bischof einer lebendigen Zelle Bischof des Ganzen sein zu können. Es gab zwischen uns nicht Erste, Zweite und Dritte Welt, sondern nur die Einheit der Katholizität. Damit war ein zweiter Maßstab schon mitgegeben: Er muß Seelsorger sein. Er muß nicht ein Verwaltungsgenie, ein großer Wissenschaftler sein. All dies sind nützliche Dinge. Aber sie sind nicht die Mitte. Die Mitte ist die Leidenschaft des Menschenfischers, die Petrussendung. Damit war ein dritter Maßstab gegeben – der Papst muß ein geistlicher Mensch sein, ein Mann Gottes, wie man in den Sprachen so vieler anderer Völker so gerne sagt. Ein amerikanischer Journalist schrieb in einem der vielen Papiere: Der Papst müsse vorerst ein heiliger Mann sein, der lächeln kann, der den Atem des Heiligen ausstrahlt. Bei der ersten Huldigung hat der Heilige Vater zu mir gesagt: »Heute früh habe ich noch mit keinem Gedanken daran gedacht, was heute abend mit mir sein wird. Beten Sie für mich!«

OK/1

Das grosse Lied der Schöpfung (1)

Im Anfang hat Gott Himmel und Erde geschaffen. Die Erde war wüst und leer, Finsternis lag über der Urflut, und Gottes Geist schwebte über dem Wasser. Gott sprach: »Es werde Licht!« und es wurde Licht. Gott sah, daß das Licht gut war. Gott schied das Licht von der Finsternis. Und Gott nannte das Licht Tag, und die Finsternis nannte er Nacht. Es wurde Abend, und es wurde Morgen – der erste Tag. Dann sprach Gott: »Eine Wölbung entstehe mitten im Wasser und scheide Wasser von Wasser!« Gott machte die Wölbung und schied das Wasser unterhalb der Wölbung vom Wasser oberhalb der Wölbung. So geschah es, und Gott nannte die Wölbung Himmel. Es wurde Abend, und es wurde Morgen – der zweite Tag.

Dann sprach Gott: »Lichter sollen am Himmelsgewölbe sein, um Tag und Nacht zu scheiden. Sie sollen Zeichen sein und zur Bestimmung von festen Zeiten, von Tagen und Jahren dienen. Es sollen Lichter am Himmelsgewölbe sein, die über die Erde hin leuchten.« So geschah es. Gott machte die beiden großen Lichter, das größere, das über den Tag herrscht, das kleinere, das über die Nacht herrscht, auch die Sterne. Gott setzte die Lichter an das Himmelsgewölbe, damit sie über die Erde hin leuchten, über Tag und Nacht herrschen und das Licht von der Finsternis scheiden. Gott sah, daß es gut war. Es wurde Abend, und es wurde Morgen – der vierte Tag (Gen 1,1–19).

Das grosse Lied der Schöpfung (2)

Die Worte, mit denen die Heilige Schrift anhebt, wirken auf mich immer wie der festliche Klang einer großen alten Glocke, der von weit her mit seiner Schönheit und Würde das Herz anrührt und es etwas von dem Geheimnis des Ewigen ahnen läßt. Für viele von uns verbindet sich mit diesen Worten außerdem die Erinnerung an das erste Begegnen mit Gottes heiligem Buch, der Bibel, die uns an dieser Stelle aufgeblättert wurde; uns sogleich aus unserer kleinen, kindlichen Welt herausführte, mit ihrer Poesie gefangennahm und uns etwas von der Unermeßlichkeit der Schöpfung und ihres Schöpfers ahnen ließ.

Und dennoch gibt es eine gewisse Zwiespältigkeit diesen Worten gegenüber. Sie sind schön und vertraut, aber sind sie auch wahr? Alles scheint dagegen zu sprechen, denn die Naturwissenschaft hat die Vorstellungen, die wir da eben gehört haben, längst beiseite gewischt: den Gedanken einer in Raum und Zeit überschaubaren Welt, den Gedanken, daß in sieben Tagen Stück um Stück dieser Schöpfung aufgebaut worden wäre. Statt dessen begegnen uns nun Maße, die alles Vorstellen überschreiten. Man spricht von dem Urknall vor vielen Milliarden Jahren, mit dem die Ausdehnung des Weltalls begann, das nun immerfort seinen Weg weitergeht. Und nicht in einem Nacheinander wurden die Gestirne aufgehängt, das Grüne geschaffen, sondern auf verworrenen Wegen hat sich in gewaltigen Zeiträumen langsam die Erde und die Welt so herausgebildet, wie wir sie kennen.

Gilt also dies alles nicht mehr? [...] Oder sind sie vielleicht mit dem ganzen Wort Gottes, mit der ganzen biblischen Überlieferung zurückgetreten in die Träume aus der Kinderzeit der Menschheitsgeschichte, Träume, nach denen wir vielleicht Heimweh empfinden, aber die wir doch nicht zurückholen können, weil man von der Nostalgie nicht leben kann. Gibt es auch eine positive Antwort, die wir verantworten können in dieser unserer Zeit?

23/15f

Das grosse Lied der Schöpfung (3)

Nun, eine erste Weise von Antwort wurde schon vor langem erarbeitet, als das wissenschaftliche Weltbild sich allmählich kristallisierte; sie ist wahrscheinlich vielen von Ihnen im Religionsunterricht begegnet. Sie sagt so: Die Bibel ist kein Lehrbuch der Naturwissenschaft, sie will es auch nicht sein. Sie ist ein religiöses Buch, und deshalb kann man aus ihr keine naturwissenschaftlichen Auskünfte erhalten, nicht erfahren, wie die Weltentstehung naturgeschichtlich verlaufen ist, sondern nur religiöse Erkenntnis aus ihr gewinnen. Alles andere ist Bild, eine Weise, den Menschen das Tiefere, das Eigentliche faßbar zu machen. Man müsse unterscheiden zwischen Darstellungsform und dargestelltem Inhalt. Die Form sei aus dem Verstehbaren jener Zeit heraus gewählt, aus den Bildern, in denen die Menschen von damals lebten, in denen sie sprachen und dachten, in denen sie das Größere, das Eigentliche verstehen konnten. Und nur das Eigentliche, das durch die Bilder hindurchleuchtet, sei das wahrhaft Bleibende und Gemeinte. So wolle die Schrift uns nicht erzählen, wie die Pflanzenarten allmählich entstanden, wie Sonne und Mond und die Sterne sich herausbildeten, sondern letzten Endes nur *eines* sagen: *Gott* hat die Welt geschaffen. Die Welt ist nicht, wie die Menschen von damals weithin meinten, ein Gewirr einander widerstreitender Kräfte, sie ist nicht eine Behausung dämonischer Mächte, vor denen der Mensch sich schützen muß. Sonne und Mond sind nicht Gottheiten, die über ihm walten, und dieser Himmel über uns ist nicht von gegensätzlichen, geheimen Gottheiten durchlebt, sondern dies alles kommt nur aus *einer* Macht heraus, aus Gottes ewiger Vernunft, die im Wort Schöpfungskraft wurde.

23/17

DAS GROSSE LIED DER SCHÖPFUNG (4)

Ich glaube, daß diese Auskunft richtig ist. Aber sie genügt noch nicht. Denn wenn uns nun gesagt wird, daß wir unterscheiden müssen zwischen den Bildern und dem Gemeinten, dann kann man dagegen fragen: Warum hat man das eigentlich nicht früher schon gesagt? Denn offenbar muß man früher anders gelehrt haben, sonst hätte es ja den Prozeß um Galilei gar nicht geben können. So steigt der Verdacht auf, daß am Ende vielleicht doch diese Auskunft nur ein Trick der Kirche und der Theologen sei, die eigentlich am Ende sind mit ihrem Latein, aber es nicht zugeben wollen und daher eine Bemäntelung finden, hinter der sie sich verschanzen. Und insgesamt entsteht der Eindruck, daß die Geschichte des Christentums in den letzten vierhundert Jahren ein ständiges Rückzugsgefecht gewesen sei, in dem ein Stück nach dem anderen von den Behauptungen des Glaubens und der Theologie weggenommen worden ist. Freilich hat man immer irgendeinen Trick gefunden, um sich zurückziehen zu können. Aber die Angst ist fast unentrinnbar, daß wir allmählich doch ins Leere hinausgedrückt werden und daß der Augenblick kommen wird, wo nichts mehr zu verteidigen und zu bemänteln ist, wo das ganze Terrain der Schrift und des Glaubens durch eine Vernunft besetzt sein wird, die all dies nicht mehr im Ernst weiterbestehen läßt. Damit verbindet sich auch noch ein weiteres Unbehagen. Man kann nämlich fragen: Wenn die Theologen oder auch die Kirche die Grenzsteine zwischen Bild und Aussage, die Grenzsteine zwischen dem, was ins Vergangene versinkt, und dem, was gilt, so verschieben können, warum dann nicht auch anderswo, etwa bei den Wundern Jesu. Und wenn dort, warum dann nicht auch im Zentrum, beim Kreuz und bei der Auferstehung des Herrn.

23/18f

Das grosse Lied der Schöpfung (5)

Eine Operation, die den Glauben verteidigen will, indem sie sagt: Hinter dem, was dasteht und was wir nicht mehr verteidigen können, ist etwas Eigentlicheres – eine solche Operation gerät oft erst recht zur Anfechtung des Glaubens, weil die Frage nach der Ehrlichkeit seiner Ausleger sich erhebt, weil die Frage sich erhebt, ob da überhaupt irgend etwas Festes ist. Bei nicht wenigen ist nach solcherlei theologischen Auskünften zuletzt der Eindruck zurückgeblieben, daß der Glaube der Kirche wie eine Qualle sei, wo man nirgends recht zugreifen, nirgends finden kann, wo der Kern ist, auf den man sich letztlich verlassen kann. Von den vielen halbherzigen Auslegungen des biblischen Worts her, die heute umlaufen und die mehr Ausflucht als Auslegung scheinen, rührt dieses Kranke eines Christentums, das nicht mehr wirklich zu sich selber steht und das daher nicht Ermutigung und Begeisterung ausstrahlen kann. Es vermittelt viel eher den Eindruck eines Vereins, der weiterredet, obwohl er eigentlich nichts mehr zu sagen hat, weil geschraubte Worte nicht mehr Überzeugung verkünden, sondern nur noch ihren Verlust zu verdecken suchen.

23/19

Das grosse Lied der Schöpfung (6)

Immer hat Israel an den Schöpfergott geglaubt, und in diesem Glauben kommunizierte es mit allen großen Kulturen der Alten Welt. Denn selbst durch die Verdunkelungen des Monotheismus hindurch haben alle großen Kulturen immer um den Schöpfer Himmels und der Erde gewußt, in überraschenden Gemeinsamkeiten auch zwischen Zivilisationen, die sich äußerlich niemals berühren konnten. In dieser Gemeinsamkeit dürfen wir durchaus etwas von der tiefsten, nie ganz verlorenen Berührung der Menschheit mit Gottes Wahrheit erkennen. In Israel selbst hat das Schöpfungsthema mancherlei Geschicke durchschritten. Es war nie ganz abwesend, aber nicht immer gleich wichtig. Es gab Zeiten, in denen Israel so mit den Leiden oder den Hoffnungen seiner Geschichte beschäftigt war, so unmittelbar auf das jetzige hingeheftet, daß es bis zur Schöpfung kaum durchzublicken brauchte, kaum durchblicken konnte. Die eigentlich große Stunde, in der Schöpfung zum beherrschenden Thema wurde, ist das babylonische Exil gewesen. In dieser Zeit hat auch der Bericht, den wir eben hörten, freilich aufgrund sehr alter Überlieferungen seine eigentliche, jetzige Gestalt gefunden. Israel hatte sein Land verloren, es hatte seinen Tempel verloren. Für die damalige Mentalität war dies etwas Unbegreifliches; denn dies hieß ja, daß der Gott Israels besiegt war – der Gott, dem man sein Volk, sein Land, seine Anbeter hatte wegnehmen können. Ein Gott, der seine Anbeter und seine Anbetung nicht schützen konnte, war damals als ein schwacher, ja nichtiger Gott erwiesen; er war als Gott abgetreten. So war die Vertreibung aus dem Land, das Ausgelöschtwerden von der Landkarte der Völker, für Israel eine ungeheure Glaubensversuchung: Ist unser Gott nun besiegt, unser Glaube leer?

23/21f

Das grosse Lied der Schöpfung (7)

In der Verbannung, in der scheinbaren Niederlage Israels geschieht der Durchbruch zur Erkenntnis von dem Gott, der alle Völker und die ganze Geschichte in Händen hält; der alles trägt, weil er der Schöpfer von allem ist, bei dem alle Macht steht.

Dieser Glaube mußte nun sein eigenes Gesicht finden, gerade gegenüber den Versuchungen der scheinbar siegreichen Religion Babylons, die sich in prunkvollen Liturgien darstellte, etwa in der Liturgie des Neujahrsfestes, in der die Neuschöpfung der Welt liturgisch begangen und vollzogen wurde. Er mußte sein Gesicht finden gegenüber dem großen babylonischen Schöpfungsbericht Enuma Elisch, der auf seine Weise die Herkunft der Welt schildert. Dort wird gesagt, daß die Welt aus einem Kampf gegensätzlicher Mächte entstand und daß sie ihre eigentliche Gestalt fand, als der Lichtgott Marduk auftrat und den Leib des Urdrachens zerspaltete. Aus diesem gespaltenen Leib seien Himmel und Erde geworden. Beides zusammen, das Firmament und die Erde, seien also der aufgerissene Leib des getöteten Drachen; aus seinem Blut aber habe Marduk die Menschen geschaffen. Es ist ein unheimliches Bild von Welt und Mensch, das uns hier begegnet: Eigentlich ist die Welt ein Drachenleib, der Mensch trägt Drachenblut in sich. Auf dem Grund der Welt lauert das Unheimliche, und im Tiefsten des Menschen steckt die Rebellion, das Dämonische und das Böse. Es ist eine Vorstellung, nach der nur der Vertreter Marduks, der Diktator, der König von Babylon, das Dämonische niederhalten und die Welt ins Lot bringen kann.

23/22f

Das grosse Lied der Schöpfung (8)

Solche Vorstellungen waren keine reinen Märchen: In ihnen drücken sich die unheimlichen Erfahrungen des Menschen mit der Welt und mit sich selber aus. Denn oft genug erscheint es wirklich so, als ob die Welt ein Drachenhaus und das Blut des Menschen Drachenblut wäre. Aber all diesen bedrängenden Erfahrungen gegenüber sagt der Bericht der Heiligen Schrift: So ist es nicht gewesen. Die ganze Geschichte von den unheimlichen Mächten schmilzt in einen halben Satz zusammen: »Die Erde war wüst und leer.« In den hier verwendeten hebräischen Wörtern stecken noch die Ausdrücke, die den Drachen, die dämonische Macht benannt hatten. Nun ist er nur noch das Nichts, gegenüber dem Gott als der allein Mächtige steht. Und gegenüber aller Furcht vor diesen dämonischen Mächten wird uns gesagt: Gott allein, die ewige Vernunft, die die ewige Liebe ist, hat die Welt geschaffen, und in seinen Händen steht sie. Auf diesem Hintergrund erst begreifen wir das Ringen, das hinter diesem biblischen Text steht, sein eigentliches Drama ist, daß er all diese verworrenen Mythen beseite schiebt und daß er die Welt auf Gottes Vernunft und Gottes Wort zurückführt. Man könnte das Stück für Stück an diesem Text zeigen, etwa wenn nun Sonne und Mond als Lampen bezeichnet werden, die Gott aufhängt am Himmel, um die Zeiten zu messen. Für die Menschen von damals mußte es wie ein ungeheurer Frevel erscheinen, die großen Gottheiten Sonne und Mond zu Lampen zwecks Zeitmessung zu erklären. Dies ist die Kühnheit, die Nüchternheit des Glaubens, der im Ringen mit den heidnischen Mythen das Licht der Wahrheit zum Vorschein bringt, indem er zeigt, daß die Welt nicht ein Streit der Dämonen ist, sondern daß sie aus Vernunft, aus Gottes Vernunft kommt und auf Gottes Wort steht. So erweist sich dieser Schöpfungsbericht als die entscheidende »Aufklärung« der Geschichte, als der Durchbruch aus den Ängsten, die den Menschen niedergehalten hatten.

23/23f

Franz von Sales – Der Sprung grossen Vertrauens

In Genf steht das Haus des heiligen *Franz von Sales* direkt dem Haus von *Jean-Jacques Rousseau* gegenüber. Und dies kann man wie ein Sinnbild ansehen. Zwei Grundmöglichkeiten der Neuzeit, zwei Alternativen des Menschseins begegnen sich da: *Franz von Sales*, der Mensch, der sich hat fallen lassen, von sich weggeschaut hat und so voll Vertrauen wurde. Und darin froh wurde, ein Liebender wurde, und dann die Milde, die Güte, die Freiheit Jesu Christi ausstrahlte. Und so selbst den Menschen Freiheit gab – Freiheit von sich selbst, Freiheit zu ihrer Frucht in Gottes Schöpfung.

Und auf der anderen Seite *Jean-Jacques Rousseau*, der als erster und wie kein anderer die große Verweigerung gelebt hat – auch er in der Auseinandersetzung mit dem Kalvinismus, die ihn zur Ablehnung führte, zur Ablehnung dessen, was wir sind, zur Suche nach dem *homme naturel*, dem nur noch natürlichen Menschen, für den schließlich selbst die Sprache und die Institution zur Repression, zur Bedrückung werden, die unfrei macht und auf der man zurückgehen müßte, zurück schließlich hinter die ganze Schöpfung Gottes. Er hat als erster ein Menschsein konzipiert, das keinerlei Teleologie, Zielbestimmung, in sich trägt und damit natürlich unermeßliche Wege ausschreiten kann. Aber es sind Wege, die im Leeren verlaufen, die Verweigerung sind. Am Ende drängt es ihn doch, die ungeheure Last dieses Lebens irgendwie abzuwerfen, wenn er in seinen Bekenntnissen [...] sagt: Falls die Posaune des *Gerichts ertönt, dann werde ich mit all dem, was ich da getan habe, vortreten und sagen: »Wer besser ist als ich, der komme.«* Eine am Ende nur bedrückende Weise der Absolution!

22/24f

CHRISTLICHE FRIEDENSARBEIT (1)

Das Wort Friede ist in den letzten Jahren vielfach zu einer Kampfparole geworden, die den Mittelpunkt der politischen und moralischen Auseinandersetzungen unserer Gesellschaft bildet. Wer die so entstandene Szene betrachtet, muß erschrecken: Der Streit um den Frieden wird nicht selten mit Gewalt gegen Personen und Sachen geführt. Über den Ruf nach dem äußeren Frieden wird zusehends der innere Friede zerstört.

Angesichts dieser Vorgänge trifft mich immer stärker und aktueller ein Gebet der römischen Liturgie: »Erlöse uns, Herr, vor allem Übel, sei es vergangen, gegenwärtig oder zukünftig, und gib Frieden in unseren Tagen.« Diese Sätze folgen der letzten Vater-unser-Bitte: Erlöse uns von dem Bösen. Von der Absicht Jesu her lag im Vaterunser das ganze Gewicht auf der Bitte, die am Anfang steht: Dein Reich komme. Aber für die Menschen war diese Bitte schon bald zu hoch und zu fern. Von ihrer Erfahrung her verschoben sich ganz von selbst die Gewichte. *Ihre* Bitte wurde die letzte, die ihnen nicht mehr bloß bedeutete »erlöse uns vom Bösen«, sondern umfassender: »erlöse uns vom Übel« – von allem Übel, der Last der Vergangenheit, der Schwere der Gegenwart, den Unheimlichkeiten der Zukunft. [...] Die letzte Gestalt hat ihm im römischen Missale wohl Gregor der Große gegeben, der auch den Ruf nach Frieden einfügte und so die Bitte um Erlösung von den Übeln als Bitte um den Frieden auslegte. Im Hintergrund wird jene ruhelose Zeit sichtbar, in der zu regieren ihm aufgetragen war.

35/113f

Christliche Friedensarbeit (2)

Weil unsere Lage derjenigen Gregors immer ähnlicher wird, ist dieses Gebet wieder so aktuell geworden. Die letzte Vaterunser-Bitte ist, so verstanden, in ganz besonderem Sinne erneut *unsere* Bitte. Aber wenn wir sie sprechen, sollte uns in den Sinn kommen, daß sie nach der Meinung Jesu eigentlich nur eine Abwandlung der ersten und zweiten Bitte darstellt: Erlöst von den Übeln der Friedlosigkeit ist die Welt in dem Maß, in dem sie Reich Gottes wird, d. h. so weit als Gott in ihr herrscht und seine Maßstäbe in Geltung stehen. Nur so kann die Friedlosigkeit bekämpft werden. Gottes Maßstäbe aber können bloß dann in Kraft sein, wenn Gott in den Menschen lebendig ist, wenn seine Wirklichkeit für sie die bestimmende Kraft des Lebens bildet. Noch eins sollten wir bedenken. Das Übel, von dem wir nach Jesu Sinn Befreiung erbitten, ist zunächst und zutiefst der Verlust des Glaubens. Die Unfähigkeit, an Gott zu glauben und aus dem Glauben zu leben, ist für Jesus das Übel aller Übel. Daraus folgt alles andere – Mißachtung der Menschenwürde, die Zerstörung des Vertrauens unter den Menschen, die Gewalttätigkeit, die Herrschaft des Egoismus und der Verlust des Friedens. Friede kann auf Erden nicht Bestand haben, wenn Gott unter den Menschen bedeutungslos wird. [...] Denn nur Gottes Reich ist der strenge Gegensatz zu Krieg und Gewalt; nur wo es nahe kommt, kann Friede wachsen und bestehen. Daher gehört zur Friedensarbeit der Christen unerläßlich auch das Gebet. »Erlöse uns von dem Bösen. Erlöse uns von den Übeln und gib Frieden in unseren Tagen.«

35/114f

Dynamik des Weitergebens (1)

Man kann die Kirche wohl schwer an ihrem Erfolg messen, zumindest nicht nach politischen oder wirtschaftlichen Kriterien, nicht anhand von Umsatz oder Mitgliederzahlen. Immerhin sprach Christus von Verwaltern, denen der Herr seine Güter anvertraut hat. Sie sollten sie pflegen und mehren – übrigens auch durch unorthodoxe Mittel (vgl. Lukas 16,1–8).

Die erste Frage ist zunächst: Wie muß man Gleichnisse richtig interpretieren? Daß Jesus hier die Geschichte von der Bank nimmt, vom Geschäftemachen, durch das man das vorhandene Geld mehrt, sollte man nicht als Methodenangabe ansehen. Auch die Sache mit dem ungerechten Verwalter – ein schwieriges Gleichnis –, wo er sagt: Na ja, immerhin hat er sich damit eine Lösung verschafft, seid klug, wie er klug gewesen ist, bedeutet nicht, daß man gleichsam mit unredlichen Mitteln zu Werke gehen soll. Wohl bedeutet es, daß man eben auch klug und wach sein und die Chancen wahrnehmen muß; daß auch der Phantasie, der Kreativität etwas anvertraut ist. Und sicher bedeutet es, daß es nicht genügt, selber brav gläubig zu bleiben, zu sagen, ich bin fromm, ich werde nach meiner Fasson selig, was die anderen machen, geht mich nichts an. Sondern Glaube ist in der Tat etwas zum Weitergeben Geschenktes, das man gar nicht richtig hat, wenn man es nur für sich selbst haben will. Ein wirklich innerlich angenommenes Christentum ist mit der Dynamik behaftet, daß ich davon mitteilen muß. Ich habe sozusagen etwas gefunden, wie man es richtig macht – und da kann ich nicht sagen, das reicht mir. In dem Augenblick nämlich zerstöre ich auch schon wieder den Fund. Es ist genauso, wie wenn jemand eine große Freude hat, er muß es irgendwie sagen und mitteilen, sonst ist es gar keine echte Freude.

32/191f

Dynamik des Weitergebens (2)

So ist tatsächlich die Dynamik des Weitergebens ein Bestandteil der Sendung, die Christus den Seinigen gegeben hat; und eben auch die Ermutigung zur Phantasie und zur Kühnheit, selbst mit dem Risiko, dabei etwas zu verlieren. Insofern können wir uns nicht beruhigt hinsetzen und sagen, na ja, eine Mengenverheißung ist nicht da, Erfolg ist keiner der Namen Gottes, gut, wir haben das Unsrige gemacht, und wer kommt und wer nicht, das wird sich schon zeigen. Diese innere Unruhe, daß wir eine Gabe haben, die für die Menschheit bestimmt ist, muß immer in der Kirche vorhanden sein.

Auf der anderen Seite gibt es auch die Worte: »Ich sende euch wie Schafe unter die Wölfe«, und »Ihr werdet verfolgt werden.« Das heißt also, es ist uns vorausgesagt, daß unser Werk immer auch mit dem Schicksal Christi selber zu tun haben wird. Und ich glaube, in dieser Spannung muß die Christenheit leben. Es darf keine Selbstzufriedenheit in dem Sinne geben: Wir haben unseren Stand erreicht, mehr können wir nicht – sondern der Auftrag stellt sich immer wieder neu, gute Verwalter zu sein, also solche, die wuchern, wie Christus sich ausdrückt, und die andererseits den Erfolg nie ganz in Händen haben.

32/192

Auf Liebe hin

Wie wird der Mensch glücklich? Wie macht er es richtig mit seinem Leben? Ist es wahr, daß er sich nur sich selbst Maßstab sein darf, um glücklich sein zu können?

Ich habe unlängst mit Freunden darüber gesprochen, daß man hier in der Gegend von Frascati gerade dabei ist, die Weinreben zu beschneiden, und daß sie nur, wenn sie jährlich beschnitten werden, fruchtbar sind, daß das Beschneiden zur Fruchtbarkeit gehört. Vom Evangelium her, Johannes 15, ist uns das sofort als ein Gleichnis auch der menschlichen Existenz und auch der Gemeinschaft der Kirche deutlich. Wenn nicht der Mut des Beschneidens da ist, dann wachsen nur noch Blätter. Auf die Kirche bezogen: Dann gibt's nur noch Papier, und dann kommt eigentlich kein Leben mehr heraus. Aber sagen wir es mit Worten Christi, der uns sagt: Genau, wenn du meinst, du mußt dich selbst besitzen und dich selbst verteidigen, genau dann machst du dich kaputt. Weil du eben nicht als eine Insel eines Selbst, das auf sich selber steht, gebaut bist, sondern weil du auf Liebe hin, und daher auf Geben hin, auf Verzicht hin, auf Beschnittenwerden deiner selbst hin gebaut bist. Nur wenn du dich gibst, dich verlierst, wie Christus es ausdrückt, dann wirst du leben können.

Dieser Grundentscheid muß ganz deutlich heraustreten, er ist der Freiheit des Menschen angeboten. Aber es sollte doch wirklich sichtbar werden, daß es ein falsches Lebensrezept ist, aus dem reinen Anspruch zu leben. Die Leidverweigerung und die Verweigerung der Kreatürlichkeit, also des Stehens unter einem Maßstab, ist letzten Endes die Verweigerung der Liebe selbst, und das ruiniert den Menschen. Denn gerade dadurch, daß er sich einem Anspruch unterstellt und sich beschneiden läßt, kann er reifen und Frucht bringen.

32/179f

Maria Ward – »… ein anderer wird ernten« (1)

Maria Ward hatte die Kirchlichkeit der Botschaft Jesu in ihrer Tiefe verstanden. Auch als sie ihre Gründung von der Autorität der Kirche zerstört sah, blieb sie gehorsam, blieb sie in einem Jahrhundert der Rebellion im Wir der katholischen Kirche verankert. Sie hatte nicht nur intellektuell, sondern mit ihrem Herzen Jesu Worte verstanden: *Einer sät, und ein anderer wird ernten* (Joh 4,37). Das ist die Hoffnung und die Geduld der Heiligen: Sie säen nicht für einen kurzen persönlichen Erfolg, sondern sie säen für die Ewigkeit auf dem Acker der Kirche. Sie wissen, daß sie selbst aus der Saat eines anderen leben: vom Weizenkorn, das für uns starb und Frucht bringt für alle Zeiten. So überlassen sie mit der Ruhe und dem Vertrauen des Glaubens ihren Samen der heiligen Erde der Kirche Gottes. Ja, *Maria Ward* hat viel gelitten durch die kirchliche Autorität, die ihr Charisma nicht verstehen konnte. Aber sie wußte trotz allem, daß der ihr von Gott anvertraute Same nur im Schoß der Kirche seinen sicheren und fruchtbaren Boden fand, denn nur in der beständigen Jüngergemeinschaft findet sich der Acker, der die Zeiten überdauert, auf dem einer sät und ein anderer erntet, wo aber nichts unfruchtbar bleibt. Außerhalb dieses Raumes mag man einen größeren persönlichen Erfolg haben. Aber alle diese schnellen Erfolge werden am Ende Denkmäler der Vergangenheit und des Todes. Die Frucht des Lebens kann sich nur in der Geduld des Reifens auf dem zugewiesenen Land entwickeln und mehren. Die Kirche hat *Maria Ward* tiefes Leid zugefügt, aber gleichzeitig war und blieb die Kirche ihr sicherster Trost und ihre sicherste Ruhe, das Land aller Zeiten, das die Wahrheit der Verheißung garantiert: *Einer sät, und einer erntet.*

2/141f

Maria Ward – »... ein anderer wird ernten« (2)

Schließlich finden wir im Auftrag des auferstandenen Herrn das Wort: *Lehret sie alles halten, was ich euch geboten habe* (Mt 28, 20). Der Glaube verlangt eine Lehre und ein ethisches Verhalten, das aus den Geboten Gottes erwächst. Der Glaube ist nicht ein vages Gefühl von der transzendenten und unaussprechlichen Wirklichkeit. Er prägt gewiß zuerst das Herz des Menschen, aber aus der Tiefe des Herzens prägt er auch Verstand und Willen. Der Glaube verlangt eine beständige Erziehung der ganzen Persönlichkeit und die Bereitschaft, das ganze Leben lang zu lernen und Schüler in der Schule Christi zu bleiben. Unterrichten ist eine christliche Berufung, ein Werk der Barmherzigkeit, denn der Mangel an Wahrheit, der Mangel an Erkenntnis ist eine schlimmere Form der Armut als die rein materielle. [...]

Maria Ward fand die ihr eigene Berufung im Wort des Herrn: *Lehrt und haltet.* Und mit ihrem Charisma hat sie verstanden, daß man den Glauben nicht lehren kann, wenn man nicht über das Wesen des Menschen unterrichtet, eine umfassende Kultur des Humanen weitergibt. Andererseits hat sie verstanden, daß sich jede Erziehung zum Gut-Sein ausrichten muß an der Kunst, Mensch zu sein, und daß das Herz dieser Kunst der Glaube ist. Ich denke, daß jetzt der Augenblick ist, der Gründerin *Maria Ward* und ihren Töchtern dieser vergangenen vier Jahrhunderte zu danken für ihre unermüdliche Erziehungsarbeit und ihren auf dem Felsen des Glaubens verankerten Unterricht. Nur Gott allein kennt den reichen Segen, der aus dieser Arbeit erwuchs, und er wird auch alle Mühe vergelten, das geduldige Säen so vieler Generationen.

22/142f

FEBRUAR

Unterwegs zu dem,
was wir sind
und wonach wir uns sehnen

DER STACHEL DER EINSAMKEIT

Die *Einsamkeit* ist ohne Zweifel eine der wesentlichen Wurzeln, aus denen die Begegnung des Menschen mit Gott aufgestiegen ist. Wo der Mensch sein Alleinsein erfährt, erfährt er zugleich, wie sehr seine ganze Existenz ein Schrei nach dem Du ist und wie wenig er dazu gemacht ist, nur ein Ich in sich selbst zu sein. Dabei kann die Einsamkeit sich dem Menschen in verschiedenen Tiefen zeigen. Fürs erste kann sie gestellt werden durch das Finden eines menschlichen Du. Aber dann gibt es den paradoxen Vorgang, daß nach einem Wort von *Paul Claudel* jedes Du, das der Mensch findet, sich zuletzt als eine unerfüllte und unerfüllbare Verheißung erweist; daß jedes Du im Grunde doch auch wieder eine Enttäuschung ist und daß es einen Punkt gibt, wo keine Begegnung die letzte Einsamkeit übersteigen kann: Gerade auch das Finden und Gefundenwerden wird so wieder zum Rückverweis in die Einsamkeit, zu einem Ruf nach dem wirklich in die Tiefe des eigenen Ich hinabsteigenden absoluten Du. Aber auch hier gilt, daß nicht bloß die Not der Einsamkeit, die Erfahrung, daß keine Gemeinschaft das Ganze unseres Verlangens erfüllt, zur Erfahrung Gottes führt – sie kann ebenso aus der Freude der Geborgenheit kommen. Gerade auch die Erfülltheit der Liebe, des Sich-Gefunden-Habens kann den Menschen das Geschenk dessen, was er nicht rufen noch erschaffen konnte, erfahren lassen und ihn erkennen machen, daß er darin mehr empfängt, als beide zu geben vermöchten. In der Heiligkeit und Freude des Sich-Findens kann die Nähe der absoluten Freude und des schlechthinnigen Gefundenseins aufsteigen, das hinter allem menschlichen Sich-Finden steht.

15/75f

Maria Lichtmess – Begegnung von Chaos und Licht (1)

Im bürgerlichen Alltag tritt heute kaum noch in Erscheinung, daß wir am 2. Februar ein uraltes gemeinsames Fest der Kirchen des Ostens und des Westens feiern, das ehedem bei uns im bäuerlichen Jahr eine große Rolle spielte: Maria Lichtmeß. Es ist ein Fest, in dem sich mehrere geschichtliche Ströme vereint haben, so daß es in verschiedenen Farben leuchtet. Sein unmittelbarer Anlaß ist die Erinnerung daran, daß Maria und Joseph Jesus am 40. Tag nach der Geburt in den Tempel zu Jerusalem brachten, um das vorgeschriebene Reinigungsopfer darzubringen.

Die Liturgie hat aus der von Lukas geschilderten Szene vor allem einen Zug herausgegriffen: die Begegnung zwischen dem Kind Jesus und dem greisen Simeon; so erhielt das Fest im griechischen Raum den Namen »Hypapanti« – Begegnung. In diesem Miteinander von Kind und Greis sieht die Kirche als Zusammentreffen zwischen der vergehenden heidnischen Welt und dem neuen Beginn in Christus, zwischen der versinkenden Zeit des Alten Bundes und der neuen Zeit der Kirche der Völker dargestellt.

Was hier ausgesagt wird, ist mehr als der ewige Kreislauf des Stirb und Werde; es ist mehr als der Trost, daß dem Abtreten einer Generation immer wieder eine neue mit neuen Ideen und Hoffnungen folgt. Wäre es so, dann wäre dies Kind keine Hoffnung für Simeon, sondern nur für sich selbst. Aber es ist mehr, es ist Hoffnung für jeden, weil es eine Hoffnung über den Tod hinaus ist.

35/22f

Maria Lichtmess – Begegnung von Chaos und Licht (2)

Damit berühren wir nun den zweiten Schwerpunkt, den die Liturgie diesem Tag gegeben hat. Sie knüpft an das Wort Simeons an, der dieses Kind »Licht zur Erleuchtung der Heiden« nennt. Im Anschluß an dieses Wort wurde der Tag zu einem Fest der Lichter gestaltet. Das warme Licht der Kerzen soll sinnfälliger Ausdruck sein für das größere Licht, das über alle Zeiten hin von der Gestalt Jesu ausgeht. In Rom wurde mit dieser Lichterprozession ein lärmender und ausgelassener Umzug verdrängt, das sogenannte Amburbale, das sich aus dem Heidentum bis weit in die christliche Zeit hinein erhalten hatte. Der heidnische Umgang hatte magische Züge gehabt: Er sollte der Reinigung der Stadt und der Abwehr von bösen Mächten dienen. Zur Erinnerung daran wurde die christliche Prozession zunächst in schwarzen, später – bis zur Liturgiereform des Konzils – in violetten Gewändern abgehalten. So kam in dieser Prozession noch einmal das Phänomen der Begegnung zum Vorschein: Der wilde Schrei der heidnischen Welt nach Reinigung, nach Befreiung, nach Überwindung der dunklen Mächte trifft zusammen mit dem »Licht zur Erleuchtung der Heiden«, mit dem milden und demütigen Licht Jesu Christi. [...]

Mich erinnert dies an ein Wort des Dramatikers *Eugène Ionesco*, der als Erfinder des absurden Theaters den Schrei einer absurden Welt vernehmlich ausgestoßen und immer mehr zugleich begriffen hat, daß er ein Schrei nach Gott ist. »Geschichte – so hat er gesagt – ist Verderben, sie ist chaotisch, wenn sie nicht aufs Übernatürliche gerichtet ist.«

35/25f

Geschenk und Auftrag der Taufe (1)

Dies bedeutet Taufe: daß wir Gott zurückgeben, was von ihm kam. Das Kind ist nicht einfach mein, so wie ein Stück Geld mein ist; so wie irgendein Gerät mein ist. Es ist nie jemandes Besitz. Es ist frei und neu und von Gott unserer Verantwortung übergeben, damit wir es freies Kind Gottes sein lassen. Nur aus solchem Wissen heraus kann dann der rechte Weg zwischen Autoritarismus und Autoritätslosigkeit gefunden werden, zwischen dem Beanspruchen des Kindes, als wäre es mein Besitz, dem Hineinformen in meine Ideen und Wünsche, durch das wir es zerstören und vergewaltigen, und jenem absurden Laufenlassen, das wir als Respekt vor der Freiheit deklarieren, das aber in Wirklichkeit Mißachtung des Menschseins und seiner Würde ist. Denn damit versagen wir dem Kind die Gabe der Liebe und der Weggemeinschaft und liefern es den dunklen Mächten des Man aus. Solche zerstörerische Furcht vor der Vorgabe der Wahrheit und Liebe wird dann unausweichlich, wenn der Mensch selbst nicht mehr weiß, wer er ist und wozu er lebt. Dann kann er dem Kind nur noch das nackte Leben geben, das allein sinnlos ist. Nun aber wissen wir, wem das Kind zutiefst gehört und wem es verdankt ist. Wenn wir es in das Licht Gottes und in seine Weisung hineinführen, vergewaltigen wir es nicht nach irgendeiner privaten Idee, sondern formen und führen es dorthin, wo sein Eigentliches ist. Dann geben wir ihm seine wahre Freiheit, sein Selbersein. In die Hände des Schöpfers und Erlösers geben wir es. Das ist Geschenk und Auftrag der Taufe zugleich.

39/74

Geschenk und Auftrag der Taufe (2)

Wir geben ihm damit zugleich die neue Familie, die größer, stärker und beständiger, offener, weiter und umfassender ist als die eigene – die Familie der Glaubenden, die Familie der Kirche. Sie wiederum baut sich nicht allein selber auf und sucht nicht allein ihren Weg, sondern ist in der Bindung an Christus zugleich an das ewige Leuchten Gottes selbst gebunden, also an die Wahrheit, die uns Weg wurde. So ist Taufe wirklich ein Vorgriff über den Tod und über alles Dunkel der Zukunft hinaus; Gewißheit dessen, daß wir dieses Kind einer Güte anvertrauen, die Macht ist – einer Güte, die ihm das Schwere nicht ersparen wird, aber von der wir gewiß sind, daß sie stärker ist als alles Dunkel. Von der Kraft dieser Güte her ist und bleibt das menschliche Leben gut, auch in den Nächten, die es durchwandern muß.

So ist die Taufe der Regenbogen Gottes über unserem Leben, die Verheißung seines großen Ja, die Tür der Hoffnung und zugleich die Weisung, die uns zeigt, wie man das macht, ein Mensch zu sein: in der Verbundenheit mit der eigenen Familie, mit der Kirche Gottes und so im lebendigen, persönlichen Mitgehen mit Jesus Christus und im Gehen auf seinen Wegen. Mit ihm gehen wir gut. Auf ihn schauend wissen wir, daß Gott größer ist als unser Herz.

39/74f

Der erste Name Gottes

Gott ist Vater. Das Erlebnis menschlicher Vaterschaft darf hier eine Ahnung dessen geben, was Gott selber ist und wie er zu uns ist. Mit der menschlichen Sprache ist so zugleich die ganze Wirklichkeit des Menschen selbst in Anspruch genommen für die Erkenntnis Gottes. Wo es Vaterschaft nicht mehr gibt, wo wirkliche Vaterschaft in ihrem Ineinander von männlicher Kraft, Gerechtigkeit, Verläßlichkeit und von herzlicher Güte nicht mehr erfahren wird, da wird auch die Rede von Gott dem Vater leer: Das ist vielleicht die eigentliche Krise unseres Gottesbildes, daß weithin das Analogon nicht mehr besteht, das ihn sagbar machen soll. Insofern ist freilich Taufe auf den Vater und den Sohn mit dem Geist auch in dieser Richtung ein sehr konkreter Anspruch: sich für die Möglichkeit eröffnen, menschliche Existenz so zu bauen, daß sie Analogie Gottes werden kann. Wenn wir hinzunehmen, daß die Bibel ganz bewußt in das Bild des Vaters auch die Idee »Mutter« mit hineinnimmt, einen Vater vorstellen will, in dem auch das wahre Wesen der Mutterschaft verwirklicht ist, dann zeigt sich hier eine ebenso persönliche wie soziale Forderung der Taufe: von diesem Vater her selbst Vater und Mutter zu werden und ihn damit schaubar und erkennbar zu machen in der Welt; ihr jene soziale Grundeinheit »Familie« zu erhalten, die der erste Name Gottes ist.

14/102f

WER BIN ICH? WAS SOLL ICH TUN? (1)

Es gab immer ein Wissen um Gott. Und überall in der Religionsgeschichte begegnen wir auch in unterschiedlichen Gestalten dem merkwürdigen Zwiespalt zwischen der Erkenntnis des einen Gottes und der Zuwendung zu anderen Mächten, die als gefährlicher, näher und darum wichtiger für den Menschen angesehen werden als der geheimnisvolle ferne Gott. Die ganze Geschichte ist gezeichnet durch dieses seltsame Dilemma zwischen dem gewaltlos-stillen Anspruch der Wahrheit und dem Druck der Nützlichkeit, des Auskommens mit den Mächten, die den Alltag prägen. Und immer gibt es diesen Sieg der Nützlichkeit über die Wahrheit, obgleich sich auch die Spur der Wahrheit und ihrer eigenen Macht nie ganz verliert, oft in bewegenden Formen in einem Dschungel voller Giftpflanzen weiterlebt.

Gilt das auch heute, in einer ganz areligiösen Kultur, in der Kultur der Rationalität und ihrer technischen Verwaltung? Ich denke, ja. Denn auch heute reicht das Fragen des Menschen unweigerlich über den Bereich der technischen Rationalität hinaus. Auch heute fragen wir nicht nur: Was kann ich machen? sondern auch: Was muß ich tun? und: Wer bin ich?

1/29f

WER BIN ICH? WAS SOLL ICH TUN? (2)

So ist die Lage heute grundsätzlich durch die Spannung zweier gegensätzlicher Tendenzen gekennzeichnet, die die ganze Geschichte hindurchgehen: die innere Offenheit der menschlichen Seele für Gott auf der einen Seite, die stärkere Kraft unmittelbarer Bedürfnisse und Erfahrungen auf der anderen Seite. Zwischen beidem ist der Mensch hin- und hergerissen. Er kommt von Gott nicht los, aber er hat auch nicht die Kraft, zu ihm aufzubrechen; er kann nicht aus eigenem die Brücke schlagen, die zur konkreten Beziehung mit diesem Gott würde. So kann man immer mit Thomas sagen, daß der Unglaube unnatürlich ist, aber immer gilt doch auch, daß der Mensch das seltsame Zwielicht über der Frage des Ewigen nicht gänzlich lichten kann, daß Gott zu ihm herüberkommen, zu ihm sprechen muß, wenn reale Beziehung zu ihm werden soll.

1/31

Wer bin ich? Was soll ich tun? (3)

Die Anrede Gottes gelangt zu uns durch Menschen, die ihn gehört und berührt haben; durch Menschen, für die Gott konkrete Erfahrung geworden ist und die ihn sozusagen aus erster Hand kennen. Um das zu verstehen, müssen wir uns auf die eingangs erarbeitete Struktur von Erkennen und Glauben besinnen. Dabei hatten wir gesagt, daß dem Glauben einerseits der Aspekt des nicht-selbständigen Wissens anhaftet, aber andererseits auch das Element des gegenseitigen Vertrauens eignet, durch welches das Wissen des anderen mein Wissen wird. Das Element des Vertrauens trägt also in sich zugleich das Element der Teilhabe: Durch mein Vertrauen werde ich Teilhaber fremden Wissens. Darin liegt sozusagen der soziale Aspekt des Phänomens Glaube. Keiner weiß alles, aber miteinander wissen wir das Nötige; Glaube bildet ein Netz gegenseitiger Abhängigkeit, das zugleich ein Netz gegenseitiger Verbundenheit, des Sich-Tragens und Getragenwerdens ist. Diese anthropologische Grundstruktur kehrt in unserem Gottesverhältnis wieder, ja sie hat hier ihre Urform und ihre zusammenhaltende Mitte. Auch unsere Gotteserkenntnis beruht auf dieser Gegenseitigkeit auf einem Vertrauen, das Teilhabe wird und sich dann für den einzelnen in der gelebten Erfahrung verifiziert. Auch die Gottesbeziehung ist zugleich und zuerst Menschenbeziehung; sie beruht auf einer Kommunion der Menschen, ja, das Kommunizieren der Gottesbeziehung vermittelt überhaupt die tiefste Möglichkeit menschlichen Kommunizierens, das über die Nützlichkeit hinaus bis auf den Grund der Person reicht.

1/31f

Die Stadt des Menschen ...

Wenn es früher populärer Aufklärerei überlassen blieb, dem Bauern zu sagen, daß Kunstdünger wirksamer ist als Gebet, so kann man nun angemessen verspätet derlei auch in bemüht moderner »religiöser« Literatur lesen und dabei die Überlegung angestellt finden, daß unter solchen Umständen wohl auch das Gebet »umfunktioniert« werden müsse: Es könne nun wohl kaum noch als Herbeirufen göttlicher Hilfe angesehen werden. Der oft totgesagte Fortschrittsglaube lebt von neuem auf, und der Optimismus, der Mensch werde zu guter Letzt doch noch die Stadt des Menschen schaffen können, findet neue Anhänger. – Die Stadt des Menschen – was für viele ein Feldzeichen ihres Wollens ist, hat für andere doch einen melancholischen Klang. Denn gleichzeitig mit der Hoffnung breitet sich auch Furcht aus. Die Angst wächst wieder, die im optimistischen Augenblick der Nachkriegszeit fast ausgetilgt schien. Als die ersten Menschen ihre Füße auf den Mond setzten, konnte sich wohl niemand der Begeisterung, dem Stolz, der Freude entziehen, ob des Ungeheueren, das dem Menschen in diesem Augenblick gelungen war. Man empfand das Geschehen nicht als Sieg der Nation, sondern als Sieg des Menschen. [...] Daß der gleiche Mensch, der so Unerhörtes vermag, [...] nicht imstande ist, Millionen von Menschenbrüdern menschenwürdiges Dasein zu geben, daß er nicht imstande ist, den Krieg zu beenden und die steigende Flut des Verbrechens auszutrocknen, das mischt doch eine tiefe Traurigkeit in den Augenblick der Freude. Der Weg zum Mond ist leichter zu finden als der Weg des Menschen zu sich selbst.

20/100f

WENN MAN DEN SPRUNG TUT (1)

Es ist natürlich richtig, daß der Mensch, indem er sich für den Glauben entscheidet, auf eine bestimmte Möglichkeit setzt. Aber man muß sich ja auch bewußtmachen, daß gar kein Mensch sozusagen alles, was es überhaupt menschlich geben könnte, verwirklichen kann. Wollte er dies versuchen, würde er nirgends Fuß fassen und am Ende eigentlich nichts in Händen halten. Gerade damit er das ihm Mögliche alles schaffen kann, muß er eine bestimmte Setzung vollziehen und muß er Einschränkungen vornehmen, erst darin kann sich dann jene Weite auftun, die verborgen im Leben liegt. So würde ich sagen: Gewiß ist der Glaube zunächst ein Verzicht auf manches. Aber indem ich den Weg beschreite, öffnet sich mir dessen ganze Möglichkeit, und deshalb kann ich vorwärts kommen.

Und dann zu dem Zweiten, was Sie sagen: Ich glaube in der Tat, daß man an kein Ziel kommt, wenn man mit reiner Theorie sich in den Glauben hineinzubeweisen versucht. Alle wesentlichen Dinge unseres Lebens erkennen wir in einem Wechselspiel zwischen Denken und Tun, zwischen einer lebendigen Erfahrung und dem, was wir daraus lernen. D. h., wenn man sich der Erfahrung überhaupt verweigert und gar nicht anfängt, kann auch die Einsicht nicht aufgehen. Und so wäre wirklich mein Vorschlag zu der Frage, wie komme ich in den Glauben und in eben diese Sinnmöglichkeit hinein, gerade dieser, daß man anfängt so zu tun, als gäbe es diesen Sinn. Das hat ja *Blaise Pascal* vorgeschlagen, und das war auch der Weg, wie *Charles de Foucauld* überhaupt ins Christentum hineingefunden hat, daß man es einfach einmal macht.

18/125

Wenn man den Sprung tut (2)

Wenn man in seinem Leben nur einfach einmal davon ausgeht, so handelt, als ob man selbst gewollt wäre, als ob die anderen Menschen gewollt wären, als ob ein ewiger Sinn dahinter stünde und uns tragen würde, wenn man es sozusagen mit diesem Muster probiert, dann wird man ganz eigene Erfahrungen machen. Dann wird man sehen, wie damit größere Möglichkeiten aufgehen, wie das Leben wertvoller, reicher wird, und wie sich bewährt, was man auf solche Weise versucht. D. h., durch das Experiment der Erfahrung wird sich zeigen, daß da Wahrheit dahintersteht und daß der Mensch tatsächlich so groß ist, wie diese Annahme des Glaubens es unterstellt.

Und ganz praktisch: Für mich selber ist z. B. einer der schönsten Erweise von Geist und Kraft, die im Christlichen liegen, eben gerade die Begegnung mit Menschen, die im Glauben leben und die darin reif geworden sind. Ich bekomme sehr viele Briefe von Missionaren, von Schwestern etwa aus Simbabwe, in schwierigen Lagen. Und wenn ich dann sehe, wie diese Menschen, die das einfach getan haben, die von dieser Setzung und Voraussetzung her leben, wie die auch in so schwierigen Lagen, in denen menschlich nichts mehr herausschaut, wie sie selbst, da noch geradezu erfüllt sind, gelöst, reif, reif und gut, dann ist das sozusagen ein Beweis aus Erfahrung. Dann zeigt mir auch das wieder: Ja, wenn man mit dieser These anfängt, wenn man so lebt und diese Erfahrung sucht, dann zeigt sich auch die Wahrheit, die darinnen liegt, dann zeigt sich, daß dies das größte und tragfähigste Lebensmuster ist. Theorie und Reflexion sind zwar nötig, aber wenn man nicht auch zugleich springt und so von diesem Lebensmodell her einfach wagt, seine Erfahrungen zu machen, dann wird man ihm nicht nahekommen. Umgekehrt aber, wenn man den Sprung tut, wird man seine Realität wirklich erproben.

18/125f

Stärker als ich selbst

Ja, es gehört in der Tat zum Lebensgefühl des Menschen von heute, daß er sein Leben selbst machen will und daß er nicht auf etwas warten will, das vielleicht ausbleibt. Infolgedessen setzt er auf das, was er selbst tun und erwirken kann, und deswegen wird ihm ein Glaube schwer, der ihm sagt, das Entscheidende kannst du nicht machen, das muß dir vorgegeben sein. Insofern ist sicher gerade diese Vorgabe von Sinn, die das Tragende ist, das, was den Glauben eben groß macht, auch das, was ihn schwer macht für den Menschen von heute, weil der Mensch sich da an etwas anvertrauen muß, das ihm vorausgeht.

Andererseits aber ist auch ganz sicher: Wenn der Sinn an dem hängt, was ich selbst oder was eine Gruppe machen kann, dann reicht er eben nicht aus. Denn in dem Augenblick, in dem ich selbst nichts mehr machen kann – und dieser Augenblick kommt für jeden, nicht erst im Moment des Todes, sondern schon in vielen Situationen während des Lebens –, würde der Sinn ja sonst enden. Sinn muß stärker sein als das, was wir hervorbringen können, er muß etwas sein, was mich schon erwartet. Er setzt mir dann allerdings auch Aufgaben. Insofern ist dieser christliche Glaube nicht etwas Passives, er sagt nicht einfach »alles ist schon da«; es geht darin vielmehr um etwas, das mir vorausgeht, das ich nicht selber machen kann, das aber gerade mich selber will und mich als einen Tätigen will, das meinem Tun Ziele setzt.

18/123

Entdeckungen des Liebenden (1)

In der deutschen Sprache ist das Wort »Liebe« heute einer Degradierung und einer Banalisierung ausgesetzt, die langsam seinen Gebrauch unmöglich zu machen scheint. Dennoch: auf die Urworte (Gott, Liebe, Leben, Wahrheit usw.) können wir nicht verzichten, und wir dürfen sie uns einfach nicht mehr entreißen lassen. Aber gerade wenn wir das Wort in der Größe seiner ursprünglichen Bedeutung nehmen, wird die Frage fast unbeantwortbar, was es genau bezeichne. Zu reich und zu vielschichtig ist das darin angezielte Phänomen. Unbeschadet der Vielfalt seiner Aspekte und seiner Ebenen, können wir indes sagen, es benenne einen Akt fundamentaler Zustimmung zu einem anderen, ein Ja zum Adressaten der Liebe: gut, daß es dich gibt – so hat *Josef Pieper* treffend das Wesen der Liebe definiert. Der Liebende entdeckt die Gutheit des Seins in dieser Person, ist glücklich ob ihres Daseins, sagt Ja zu diesem Dasein und bestätigt es. Noch vor jedem Gedanken an sich selbst, vor jedem Begehren steht das einfache Glücklichsein über die Existenz des Geliebten, das Ja zu diesem Du. Erst in seinem zweiten Moment (nicht zeitlich, sondern sachlich) entdeckt der Liebende, daß auf diese Weise – weil die Existenz des Du gut ist – auch mein eigenes Dasein schöner, kostbarer, glücklicher geworden ist. Durch das Ja zum anderen, zum Du empfange ich mein Ich neu und kann nun auch zu meinem Ich – vom Du her – auf neue Weise Ja sagen.

1/89

Entdeckungen des Liebenden (2)

Betrachten wir aber den ersten Schritt noch etwas näher, das Ja zum Du, die Bejahung seines Da-Seins (und damit des Seins in der Liebe und aus der Liebe). Dieses Ja ist ein schöpferischer Akt, eine Neuschöpfung. Um leben zu können, braucht der Mensch dieses Ja. Die biologische Geburt reicht nicht aus: Der Mensch kann sein Ich nur annehmen in der Kraft der Gutheißung seines Seins, die von einem anderen – vom Du – herkommt. Dieses Ja des Liebenden teilt ihm seine Existenz in einer neuen und endgültigen Weise zu. Er empfängt darin eine Art Wiedergeburt, ohne die seine Geburt unvollständig bliebe und ihn im Widerspruch mit sich selbst zurückließe. Man braucht, um die Gültigkeit dieser Aussage bekräftigt zu finden, nur an die Lebensgeschichte von Menschen zu denken, die in den ersten Monaten ihres Daseins von den Eltern verlassen und nicht von einer Liebe aufgenommen worden sind, die ihr Leben bejahte und umfing. Erst die Wiedergeburt im Geliebtwerden vollendet die Geburt und eröffnet dem Menschen den Raum sinnerfüllten Daseins.

1/89f

LIEBE VERSTEHT UND VERGIBT

Der Liebende sagt ein unbedingtes Ja zum Geliebten. Er liebt ihn nicht aufgrund dieser oder jener Eigenschaft, sondern er liebt die Person selbst, die sich gewiß in den Eigenschaften offenbart, aber doch mehr ist als die Summe davon. Die Liebe bezieht sich auf die Person, wie sie ist, auch mit ihren Schwächen. Aber wirkliche Liebe hat im Gegensatz zur kurzen Bezauberung eines Augenblicks mit Wahrheit zu tun und richtet sich damit auf die Wahrheit dieser Person, die auch unentfaltet oder verdeckt oder entstellt sein kann. Gewiß – Liebe schließt eine unerschöpfliche Bereitschaft zur Vergebung ein, aber Vergebung setzt doch die Anerkennung der Sünde als Sünde voraus. Vergebung ist Heilung, während Billigung des Bösen Zerstörung wäre, Hinnehmen der Krankheit und damit gerade nicht Gutsein für den anderen.

Das wird sofort einsichtig, wenn wir das Beispiel eines Drogenabhängigen betrachten, der Gefangener seines Lasters geworden ist. Der wirklich Liebende folgt nicht dem verborgenen Willen dieses Kranken, seinem Wunsch der Selbstvergiftung, sondern arbeitet für sein wahres Glück: Er wird alles tun, den Geliebten von seiner Sucht zu heilen, auch unter Schmerzen und auch gegen den erblindeten Willen des Süchtigen. [...] Die wahre Liebe ist bereit zu verstehen, aber nicht zu billigen, für harmlos zu erklären, was weder zu billigen noch harmlos ist. Die Vergebung hat ihren inneren Weg: Vergebung ist Heilung, d. h., sie verlangt die Rückkehr zur Wahrheit. Wo sie das nicht tut, wird sie zur Billigung der Selbstzerstörung, setzt sich in Widerspruch zur Wahrheit und damit zur Liebe.

1/92f

Der Mensch – von der Erde genommen (1)

Genesis 1 und 2

Zunächst wird berichtet, daß Gott den Menschen aus der Erde des Ackerbodens formte. Das ist Demütigung und Tröstung zugleich. Demütigung – denn damit wird uns gesagt: Du bist kein Gott, du hast dich nicht selbst gemacht, und du verfügst nicht über das All; du bist begrenzt. Du bist ein Wesen zum Tod wie alles Lebendige, du bist nur Erde. Aber es ist auch Tröstung; denn es wird uns so auch gesagt: Der Mensch ist kein Dämon, wie es bisweilen scheinen könnte, kein böser Geist. Der Mensch ist nicht geformt aus negativen Mächten, sondern er ist gebildet aus Gottes guter Erde. Dahinter schimmert noch Tieferes auf. Es wird uns nämlich gesagt, daß *alle* Menschen Erde sind. Jenseits aller Unterscheidungen, die Kultur und Geschichte geschaffen haben, bleibt bestehen, daß wir im letzten dasselbe sind, derselbe sind. Der Gedanke, den das Mittelalter unter den schreckhaften Erfahrungen der alle bedrohenden Macht des Todes zur Zeit der großen Pestepidemien in den Totentänzen geformt hat, ist in der Sache hier schon ausgesprochen: Kaiser und Bettler, Herr und Knecht, sie sind im letzten eins, ein und derselbe Mensch, ein und derselben Erde entnommen und dazu bestimmt, in ein und dieselbe Erde zurückzukehren. In allen Verwüstungen und Erhöhungen der Geschichte bleibt der Mensch derselbe, bleibt er Erde, geformt aus ihr und dazu bestimmt, in sie zurückzukehren.

23/48

Der Mensch – von der Erde genommen (2)

Genesis 1 und 2

So wird zugleich die Einheit des ganzen Menschengeschlechtes sichtbar: Wir alle sind nur aus *einer* Erde. Es gibt nicht verschiedenerlei »Blut und Boden«. Es gibt nicht von Grund her verschiedene Menschen, wie die Mythen so vieler Religionen es dachten und Weltanschauungen auch unserer Zeit es aussprechen. Es gibt nicht verschiedene Kasten und Rassen, in denen Menschen verschiedenwertig wären. Wir alle sind die *eine* Menschheit, aus Gottes *einer* Erde geformt. Gerade dieser Gedanke liegt dem Schöpfungsbericht, liegt der ganzen Bibel zutiefst am Herzen. Gegen all die Trennungen und Überhebungen des Menschen, mit denen sich der eine über den anderen und gegen den anderen stellt, wird die Menschheit als die *eine* Schöpfung Gottes aus seiner *einen Erde* erklärt. Was hier im Anfang gesagt wird, wird dann nochmals wiederholt nach der Sintflut: In der großen Stammtafel von Genesis 10 kehrt derselbe Gedanke wieder, daß es nur *einen* Menschen in den vielen Menschen gibt. Die Bibel sagt gegen jeden Rassismus, gegen jede Teilung der Menschheit ein entschiedenes Nein.

23/48f

Der Mensch – von der Erde genommen (3)

Genesis 1 und 2

Aber damit der Mensch werde, muß noch ein Zweites geschehen. Der Grundstoff ist die Erde; aus ihr wird der Mensch, weil Gott dem von ihr geformten Körper seinen Atem in die Nase bläst. Es tritt göttliche Wirklichkeit in die Welt herein. Der erste Schöpfungsbericht [...] sagt das gleiche in einem anderen, schon tiefer reflektierten Bild. Seine Formel lautet: Der Mensch ist geschaffen nach Gottes Bild und Gleichnis (vgl. 1,26f). In ihm berühren sich Himmel und Erde. Gott tritt in ihm in seine Schöpfung herein; der Mensch ist direkt zu Gott. Er ist angerufen von ihm. Das Gotteswort des Alten Bundes gilt für jeden einzelnen Menschen: »Bei deinem Namen rufe ich dich, du bist mein.« Jeder Mensch ist von Gott gekannt und geliebt. Jeder ist von Gott gewollt. Jeder ist Bild Gottes. Darin besteht nun erst die tiefere und größere Einheit der Menschheit, daß wir alle, daß jeder Mensch das *eine* Projekt Gottes erfüllt, der gleichen Schöpfungsidee Gottes entspringt. Darum sagt die Bibel: Wer sich am Menschen vergreift, der vergreift sich an Gottes Eigentum (Gen 9,5). Menschliches Leben steht unter dem besonderen Schutz Gottes, weil jeder Mensch, wie armselig oder wie hoch erhoben er sei, wie krank und leidend, wie unnütz oder wie wichtig er sein möge, ob geboren oder ungeboren, ob unheilbar krank oder strotzend von Lebenskraft – weil jeder Gottes Atem in sich trägt, jeder Gottes Bild ist. Dies ist der tiefste Grund für die Unverletzlichkeit der Menschenwürde, und darauf steht letzten Endes jede Zivilisation.

23/49f

Der Mensch – von der Erde genommen (4)

Genesis 1 und 2

Tun wir einen nächsten Schritt. Das Wesen eines Bildes besteht darin, daß es etwas darstellt. Wenn ich es sehe, erkenne ich zum Beispiel den Menschen, den es abbildet, oder die Landschaft usw. Es verweist auf ein anderes außerhalb seiner selbst. Das Eigentliche des Bildes besteht also nicht in dem, was es bloß in sich selber ist, Öl, Leinwand, Rahmen; sein Eigentliches als Bild besteht darin, daß es über sich hinausweist, daß es etwas zeigt, was es nicht in sich selber ist. So bedeutet auch Gottebenbildlichkeit zuallererst, daß der Mensch nicht in sich selbst geschlossen sein kann. Versucht er dies, so verfehlt er sich. Gottebenbildlichkeit heißt: Verwiesenheit. Sie ist Dynamik, die den Menschen in Bewegung bringt auf den Ganz-anderen hin. So bedeutet sie Beziehungsfähigkeit, ist die Gottfähigkeit des Menschen. Dann ist er folglich am meisten Mensch, wenn er aus sich heraustritt; wenn er fähig wird, zu Gott du zu sagen. Ja, auf die Frage: Was unterscheidet eigentlich den Menschen vom Tier, was ist sein ganz Neues –, muß man antworten: Er ist das Wesen, das Gott zu denken vermag; er ist das Wesen, das beten kann. Dann ist er am tiefsten bei sich selbst, wenn er die Beziehung zu seinem Schöpfer findet. Darum bedeutet Gottebenbildlichkeit auch, daß der Mensch ein Wesen des Wortes und der Liebe ist; ein Wesen der Bewegung zum anderen hin, dazu bestimmt, sich dem anderen zu schenken und in rechtem Sichverschenken sich erst wahrhaft zurückzuerhalten.

23/51f

Frei sein und gebunden

Freiheit ist geradezu zu einem magischen Wort geworden. Der Schrei nach Freiheit, der durch die ganze Welt geht, kommt aus einer Situation, in der der Mensch zwar den Geschmack der Freiheit gekostet hat, aber zugleich diese Freiheit von allen Seiten bedroht und beschränkt fühlt. Daß diese Beschreibung gerade auf die Gesellschaften des Westens zutrifft, die sich mit gutem Recht »frei« nennen dürfen, mag merkwürdig erscheinen; es läßt schon etwas von der Problematik und von der Unergründlichkeit des Freiheitsbegriffes aufscheinen. Tatsächlich muß man zugeben, daß der Mensch die Bindungen der Sitte und der Überlieferung weitgehend abgestreift hat, die in der ständisch geordneten Gesellschaft von ehedem die Gestaltungsmöglichkeit seines Daseins vielfach im voraus festlegten. Aber während es hier zu einer ehedem kaum vorzustellenden Freizügigkeit gelangt ist, hat die technische Zivilisation mit der Zentralisierung der Dienstleistungen und der Anonymität ihrer Ordnungen Zwänge geschaffen, die ehedem unbekannt waren, von der Festlegung des Dachwinkels bis zur Ordnung der Grabsteine, von den Verkehrsregeln bis zur allgemeinen Schulordnung, die Lehrer und Schüler in ein Netz juristischer Vorschriften einspannt, das sich gerade aus der Wahrnehmung der Freiheitsrechte der Bürger ergeben hat. So kann man zweifeln, ob die neuzeitliche Freiheitsgeschichte wirklich ein nennenswertes Mehr an Freiheit erbracht hat und ob nicht bloß der Bereich des Freien und der Bereich des Zwangs sich verschoben hat. Jedenfalls entsteht durch die Fülle der Vorschriften, die bis ins Alltägliche hineinreichen, ein merkwürdiges Gefühl der Beengung, ein Überdruß an der institutionell geordneten Freiheit und ein Schrei nach einer besseren, einer radikalen, einer anarchischen Freiheit.

24/165

Der Mensch als Empfangender – heiter und frei (1)

So könnte, wenn es auf den Menschen ankommt, keiner das Himmelreich, das heißt die Religion der wirklichen, vollen Gerechtigkeit, betreten. Das Himmelreich müßte leere Utopie bleiben. In der Tat, es muß leere Utopie bleiben, solange es nur auf den guten Willen der Menschen ankommt. Wie oft sagt man uns: Ein bißchen guter Wille würde schon genügen, und alles wäre schön und gut auf der Welt. Das ist wahr, das bißchen guter Wille würde wirklich genügen, aber die Tragödie der Menschheit besteht darin, daß sie gerade dazu die Kraft nicht hat. Hat also Albert Camus recht, wenn er als Symbol der Menschheit den Sisyphus ansieht, der immer neu den Stein den Berg hinaufrollen will und ihn immer wieder entgleiten sehen muß? Die Bibel ist, was das menschliche Können angeht, so nüchtern wie Camus, aber sie bleibt nicht bei seiner Skepsis stehen. Für sie wird die Grenze der menschlichen Gerechtigkeit, des menschlichen Vermögens überhaupt, zum Ausdruck für das Verwiesensein des Menschen auf das fraglose Geschenk der Liebe, das unberechnet sich ihm und darin ihn selbst auftut und ohne das er in all seiner »Gerechtigkeit« verschlossen und ungerecht bliebe. Nur der Mensch, der sich beschenken läßt, kann zu sich selber kommen. So wird aber das Durchschauen der »Gerechtigkeit« des Menschen zugleich zum Hinweis auf die Gerechtigkeit Gottes, deren Überfluß Jesus Christus heißt. Er ist die weit über das Seinmüssende hinausgehende, nicht rechnende, sondern wahrhaft überfließende Gerechtigkeit Gottes, das Dennoch seiner größeren Liebe, mit der er das Versagen des Menschen unendlich überholt.

15/211f

DER MENSCH ALS EMPFANGENDER – HEITER UND FREI (2)

Trotzdem würde man das Ganze völlig mißverstehen, wenn man daraus eine Entwertung des Menschen ableiten und sagen wollte: Dann also ist ohnedies alles gleich und jedes Suchen nach Gerechtigkeit und Gutsein vor Gott gegenstandslos. Ganz und gar nicht, müssen wir darauf antworten: Trotz allem und gerade angesichts des Bedachten steht und bleibt die Aufforderung, Überfluß zu haben, wenn man schon nicht die volle Gerechtigkeit verwirklichen kann. Aber was soll das heißen? Ist das nicht ein Widerspruch? Nun, es bedeutet, kurz gesagt, daß derjenige noch kein Christ ist, der immer nur rechnet, wieviel er tun muß, damit es gerade noch ausreicht und damit er mit einigen kasuistischen Kniffen sich als Mann mit weißer Weste ansehen kann. Und auch wer ausrechnen will, wo die Pflicht endet und wo man sich durch ein »opus supererogatorium« (Werk der Übergebühr) überschüssige Verdienste verschaffen kann, ist Pharisäer, nicht Christ. Christsein bedeutet nicht, einen bestimmten Pflichtbeitrag einzuhalten und vielleicht als besonders Vollkommener sogar noch über die Pflichtversicherungsgrenze hinauszugehen. Christ ist vielmehr, wer weiß, daß er ohnedies und in jedem Falle zuerst vom Beschenktsein lebt; daß folglich alle Gerechtigkeit nur darin bestehen kann, selbst ein Schenkender zu sein, dem Bettler gleich, der dankbar für das Empfangene seinerseits großzügig weiterverteilt. Der nur Gerechte, rechnend Berechnende, der glaubt, selbst die weiße Weste erschaffen und darin ganz sich selbst aufbauen zu können, ist der Ungerechte. Menschliche Gerechtigkeit kann nur im Lassen des eigenen Anspruchs und in der Großzügigkeit Mensch und Gott gegenüber sich erfüllen.

15/212f

Der Mensch als Empfangender – heiter und frei (3)

Vom christlichen Glauben her gilt demnach: Der Mensch kommt zutiefst nicht zu sich selbst durch das, was er tut, sondern durch das, was er empfängt. Er muß auf das Geschenk der Liebe warten, und Liebe kann man nicht anders denn als Geschenk erhalten. Man kann sie nicht selber, ohne den anderen, »machen«; man muß auf sie warten, sie sich geben lassen. Und man kann nicht anders *ganz* Mensch werden, als indem man geliebt *wird*, sich lieben läßt. Daß die Liebe des Menschen höchste Möglichkeit und tiefste Notwendigkeit in einem darstellt und daß dies Nötigste zugleich das Freieste und Unerzwingbarste ist, das bedeutet eben, daß der Mensch zu seinem »Heil« auf ein Empfangen angewiesen ist. Lehnt er es ab, sich solchermaßen beschenken zu lassen, zerstört er sich selbst. Eine sich selbst absolut setzende Aktivität, die das Menschsein allein aus Eigenem leisten will, ist ein Widerspruch zu seinem Wesen. [...]

Dies Ganze bedeutet ohne Zweifel eine Relativierung der Werke, des Tuns; der Kampf des heiligen Paulus gegen die »Werkgerechtigkeit« ist von hier aus zu verstehen. Aber man muß hinzufügen, daß in dieser Einordnung des menschlichen Wirkens als einer nur vorletzten Größe zugleich dessen innere Befreiung liegt: Die Aktivität des Menschen kann sich nun vollziehen in der Gelassenheit, Gelöstheit und Freiheit, die dem Vorletzten ziemt. Der Primat des Empfangens will den Menschen keineswegs in die Passivität verbannen; er besagt nicht, daß der Mensch nun die Hände in den Schoß legen könne, wie der Marxismus uns vorwirft. Im Gegenteil: Er ermöglicht erst, im Geist der Verantwortung und zugleich unverkrampft, heiter und frei, die Dinge dieser Welt zu tun und sie in den Dienst der erlösenden Liebe zu stellen.

15/218ff

Wichtiger als Güter ist das Gut

Auch in der Kirche ist das Beharrungsvermögen ein sehr starker Faktor. Sie neigt infolgedessen dazu, einmal erworbenes Gut und erworbene Positionen zu verteidigen. Die Fähigkeit zur Selbstbescheidung und Selbstbeschneidung ist nicht in der richtigen Weise entwickelt. Ich glaube, daß uns das gerade auch in Deutschland trifft. Hier haben wir weit mehr kirchliche Institutionen, als wir mit kirchlichem Geist decken können. Und gerade das bringt die Kirche dann in Mißkredit, daß sie am Institutionengefüge festhält, auch wenn eigentlich nichts mehr dahintersteht. So entwickelt sich der Eindruck, in einem Krankenhaus oder zum Beispiel in einer Schule würden Menschen, die eigentlich nichts damit zu tun haben, auf eine kirchliche Haltung festgelegt, nur weil eben die Kirche der Eigentümer ist und das Sagen hat. Hier muß es eine wirkliche Gewissenserforschung geben. Leider war es in der Geschichte aber immer so, daß auch die Kirche nicht die Fähigkeit hatte, selbst das irdische Gut abzustoßen, sondern daß es ihr immer wieder genommen werden mußte und dieses Genommenwerden ihr dann zum Heil gereichte.

Mitunter allerdings war das etwas anders; ich denke an die Trennung von Staat und Kirche in Frankreich unter Pius X., also zu Beginn dieses Jahrhunderts. Damals wurde der Kirche eine Formel zum Festhalten ihres Besitzes angeboten, die allerdings eine gewisse Einbindung in die staatliche Oberaufsicht mit sich gebracht hätte. Dazu hat dann Pius X. erklärt, das Gut der Kirche ist wichtiger als ihre Güter. Wir geben die Güter weg, weil wir das Gut verteidigen müssen. Das ist, glaube ich, ein großer Satz, den man sich immer wieder vor Augen halten muß.

32/184f

Berufen zur Wahrheit (1)

Vielschichtig ist die Wiederentdeckung des Religiösen. Wie es gerade unter den herausragenden Geistern der modernen Naturwissenschaft eine entschiedene neue Zuwendung zum ethischen Problem und eine Absage an die Selbstbescheidung des Positivismus gibt, so gibt es heute den Aufbruch junger Menschen, die mit neuer Leidenschaft nach Gott fragen und bereit sind, ihr Leben ganz und vom Grunde her von ihm bestimmen zu lassen. Es gibt verstärkt den Großmut junger Menschen, die sich nicht mit vagen Gefühlen und mit halbherzigen Entscheidungen begnügen, sondern den unbedingten Gehorsam gegen die Wahrheit suchen. Daneben steht eine allerdings weit verbreitete und eher vage Strömung, die man als Sehnsucht nach Spiritualität und nach religiösem Erlebnis bezeichnen könnte. Es wäre verfehlt, dies abzuwerten, aber auch unangebracht, darin den Anfang einer neuen Zuwendung zum christlichen Glauben zu sehen. Denn diese Sehnsucht steigt häufig aus einer Enttäuschung über das Ungenügen der technischen Welt auf; sie birgt nostalgische Elemente in sich und vor allem eine tiefe Skepsis gegenüber der Berufung des Menschen zur Wahrheit.

40/72f

Berufen zur Wahrheit (2)

Wahrheit scheint in der Geschichte durch die Intoleranz derer diskreditiert, die sich in ihrem sicheren Besitz wähnten. Außerdem treiben die Erfahrungen mit den Grenzen der Wissenschaft und mit der Brüchigkeit der Ideologien eher in die Skepsis, als daß sie Mut zur Suche nach der Wahrheit gäben. So wird Wahrheit lieber durch »Werte« ersetzt, über die man wenigstens ein teilweises Einverständnis suchen kann. Aber solche Auswahl bleibt fragwürdig, wenn der Maßstab der Wahrheit unzugänglich ist.

Vor allem aber wird Religion, die aus Skepsis und Enttäuschung ob der Grenzen der Erkenntnis geboren wird, notwendig zur Domäne des Irrationalen. Sie bliebt im Unverbindlichen und gerät leicht zu einem Betäubungsmittel. Neue Mythologien bilden sich aus, wie sich in dem vielfältig schillernden Phänomen besonders deutlich zeigt, das unter dem Sammelnamen New Age feilgeboten wird. Die Parallelen zur antiken Gnosis sind auffällig. Wie dort so verbinden sich auch hier abstruse Mythologeme mit dem hochgespannten Anspruch, den Schlüssel der Erkenntnis in Händen zu halten und eine umfassende Deutung der Realität gefunden zu haben, in der die Geheimnisse des Alls entschleiert sind und Erkenntnis zu Erlösung wird. Der lebendige Gott versinkt in der spirituellen Tiefe der Existenz, in der der Mensch badet und sich schließlich selber auflöst, um eins zu werden mit dem All, aus dem er gekommen ist. *Karl Barths* Hinweis, daß Religion zur Selbstbefriedigung werden kann, die nicht zu Gott führt, sondern den Menschen in sich bestätigt und gegen Gott abschließt, erhält neue Aktualität.

40/73f

Die einzige Quelle aller Werte

Der neuzeitlichen Menschheit ist eingeredet worden, daß die Moralen der Menschheit einander radikal widersprechen wie die Religionen auch. In beiden Fällen ist daraus die einfache Schlußfolgerung gezogen worden, daß all dies menschliche Empfindungen seien, deren Ungereimtheiten wir nun endlich durchschauen und durch vernünftige Erkenntnis ersetzen könnten. Aber diese Diagnose ist extrem oberflächlich. Sie klammert sich an eine Reihe von Details, die sie ordnungslos nebeneinander aufreiht und kommt so zu ihrer banalen Besserwisserei. Die Wirklichkeit ist, daß die Grundsituation über den moralischen Charakter des Seins selbst und über den notwendigen Zusammenklang des menschlichen Wesens mit der Botschaft der Natur allen großen Kulturen gemeinsam ist und daß daher auch die großen moralischen Imperative gemeinsam sind. *C. S. Lewis* hat dies mit Nachdruck formuliert: »Was ich aus praktischen Gründen das Tao genannt habe, und was andere das Naturgesetz oder die überlieferte Moral oder das erste Prinzip der Vernunft oder die Grundwahrheiten nennen mögen, ist nicht ein Wertesystem innerhalb einer Reihe von möglichen Wertsystemen. Es ist die einzige Quelle aller Werturteile. Wird es abgelehnt, wird jeglicher Wert verworfen. Wird irgendein Wert beibehalten, wird es auch beibehalten. Der Versuch, es abzulehnen und ein neues an seine Stelle zu setzen, ist ein Widerspruch in sich ...«

40/21f

Nicht schimpfen – beten!

Das Wort. Wir sind geneigt zu sagen: Was ist das schon, das Wort? Nur die Tatsachen zählen. Worte sind nichts. Aber wer näher nachdenkt, stößt auf die Macht des Wortes, das Tatsachen schafft: Ein einziges falsches Wort kann ein ganzes Menschenleben zerstören, unwiderruflich seinen Namen beflecken. Ein einziges Wort der Güte kann einen Menschen verwandeln, wo ihm nichts anderes helfen kann. So sollte uns klar werden, wie wichtig es für die Menschheit ist, daß in ihr nicht nur von Geld und Krieg, von Macht und Nutzen gesprochen wird; daß es nicht nur das Geschwätz des Alltags gibt, sondern daß auch geredet wird von Gott. Wort Gottes – wir brauchen es wie das tägliche Brot. Und wir brauchen Menschen, die für dieses Wort da sind, gerade weil es uns so fremd geworden ist. Das sollten wir auch bedenken, wenn wir über die Predigt schimpfen, wenn sie uns langweilig oder zu unbedeutend ist. Es ist schwer, heute das Wort Gottes zu verkünden in einer Welt, die übersättigt ist von jeder Art Sensation. Der Dienst des Wortes ist schwer geworden. Manchmal mag es dem Priester von heute ergehen wie dem Propheten Jeremia, der gegen seine Aufgabe als Prophet aufbegehrte. Er möchte am liebsten das Wort abschütteln, das ihn zum Einsamen, zum Narren gemacht hat. Aber er muß die Last des Wortes tragen. Das sollten wir auch einmal bedenken, wenn wir unter der Unzulänglichkeit der Verkündigung stöhnen. Statt zu schimpfen, sollten wir lieber füreinander beten: daß Gott den Zuhörern die Gabe des rechten Zuhörens, den Redenden die Gnade des Redens und uns allen viel Geduld miteinander gebe; daß er in alledem sein Wort uns erhalte, das Brot der Wahrheit, nach dem auch unsere Seele hungert, selbst wenn wir es nicht verstehen ...

14/427ff

März

Mit den Augen des Herzens
auf der Suche
nach Wahrheit und Liebe

Erinnerung des menschlich Guten

Ein Seelsorger, der viele Gespräche mit Menschen am Rande der Verzweiflung zu führen hat, hat kürzlich dasselbe von seinem Wirken her erzählt: Wenn es gelingt, dem Verzweifelten die Erinnerung an eine Erfahrung des Guten zu wecken, dann kann er dem Guten wieder glauben, dann lernt er wieder zu hoffen, dann öffnet sich der Ausweg aus der Verzweiflung. Erinnerung und Hoffnung gehören untrennbar zusammen. Wer die Vergangenheit vergiftet, gibt nicht Hoffnung, sondern zerstört ihre seelischen Grundlagen.

Manchmal will mir die Geschichte von *Charles Dickens* wie eine Vision gegenwärtiger Erfahrungen erscheinen. Der Mann, dem das Erinnern des Herzens durch einen trügerischen Geist falscher Befreiung ausgelöscht wurde – gibt es ihn nicht in einer Generation, der eine bestimmte Pädagogik der Befreiung die Vergangenheit vergiftet und damit die Hoffnung ausgeredet hat? Wenn wir lesen, mit welchem Pessimismus ein Teil unserer Jugend in die Zukunft blickt – woran mag es wohl liegen? Fehlt ihr nicht inmitten des materiellen Überflusses die Erinnerung des menschlichen Guten, die sie hoffen ließe? Haben wir nicht mit der Ächtung der Gefühle, mit der Persiflage der Freude auch die Wurzel des Hoffens zertreten?

35/10f

Ja oder nein zur Liebe

Die Geschichte ist im ganzen der Kampf zwischen Liebe und Unfähigkeit zu lieben, zwischen der Liebe und der Absage an die Liebe. Was wir ja durchaus auch heute wieder erleben, wenn die Unabhängigkeit des Menschen dahin getrieben wird, daß er sagt, ich will gar nicht lieben, weil ich mich dann abhängig mache, und das widerspricht meiner Freiheit.

Liebe heißt in der Tat, von etwas abhängig sein, was mir vielleicht entzogen werden kann, und bringt daher ein ungeheures Leidensrisiko in mein Leben herein. Von daher kommt dann die ausgesprochene oder unausgesprochene Verweigerung: Lieber will ich, bevor ich dieses Risiko ständig trage, bevor ich in meiner Selbstbestimmung begrenzt werde, bevor ich von mir Unverfügbarem abhänge und damit plötzlich ins Nichts stürzen kann, keine Liebe. Während der Entscheid, der von Christus ausgeht, ein anderer ist: Ja zur Liebe, denn sie allein, gerade mit ihrem Leidensrisiko und mit ihrem Risiko des Selbstverlustes, bringt den Menschen zu sich selbst und macht ihn zu dem, was er sein soll.

Ich denke, daß das wohl wirklich das eigentliche Drama der Geschichte ist, daß sie sich in der Vielfalt der Fronten, die einander gegenüberstehen, letzten Endes auf diese Formel zurückführen läßt: ja oder nein zur Liebe.

32/301f

Wer antwortet auf unsere Fragen?

Was macht eigentlich für einen Menschenheute das Leben lebenswert? Etwa die Aussicht, daß es in 50 Jahren eine gerechtere Welt geben wird? Sie mag eine Leidenschaft sein, die einen Inhalt gibt, die fordert und in Bewegung hält. Aber reicht das aus? Ist es nicht in Wirklichkeit gerade die Meinung, daß irgendwann einmal die Welt in Ordnung sein könnte, die heute das Leben unerträglich und hoffnungslos macht? Schafft sie nicht einen Fanatismus, der das Leben verwüstet? Wird nicht in der Verketzerung der Liebe und des Humors die eigentliche Voraussetzung der Zukunft zerstört? In diesen Zusammenhang gehören einige merkwürdige, aber doch höchst charakteristische Beobachtungen über die Verfassung des Menschen von heute: Woher rührt es eigentlich, daß immer weniger Raum ist für Kinder – für die Zukunft des Menschen – in unserer Gesellschaft? Wie soll man es erklären, daß man von Amts wegen dazu übergehen will, das Kind – die Zukunft – als Krankheit zu behandeln und als Krankheit »kurieren« (d. h. töten) zu lassen? Welch merkwürdige Umkehrung des Willens zur Zukunft liegt darin, daß alle Kräfte auf die Frage konzentriert scheinen, wie man am lautlosesten und sichersten der »Gefahr« neuen Lebens begegnen kann? Dafür gibt es gewiß viele Gründe. Aber steht nicht letztlich dahinter die Sorge, ob menschliches Leben überhaupt zumutbar ist, ob es ein sinnvolles Geschenk ist, das man getrost und ungefragt weitergeben darf, oder ob es nicht eigentlich eine unerträgliche Last ist, so daß es besser wäre, nicht geboren zu sein?

5/38f

Eine Liebe, die den Menschen in Beschlag nimmt

Welche Existenzrichtung wählt ein Mensch, der sich dafür entscheidet, das Instrument seines Lebens auf den Grundton »Glaube« zu stimmen? Diese Frage ist deswegen nicht leicht zu beantworten, weil sie ersichtlicherweise in die tieferen Schichten des Menschseins hineinreicht, in das, was nicht jederzeit offen zutage liegt, sondern das Ganze durchzieht und durchprägt, ohne doch irgendwo meßbar zu werden. All die großen Grundentscheide menschlicher Existenz, die über das Greifbare des Hantierens mit den Dingen des Alltags hinausgehen, sind zu verstehen, wenn man sich müht, selbst ein Stück weit in die Bewegung einzutreten, aus der sie hervorkommen – ob es sich um eine große Liebe handelt oder um die Leidenschaft des Entdeckers oder den Verzicht derer, die ihr Leben einer großen Idee zur Verfügung stellen, ob es sich um jene Haltung handelt, die hinter dem Lächeln Buddhas sichtbar wird oder um den Glauben des Christenmenschen.

Was Glaube eigentlich für den Menschen bedeutet, kann man nicht abstrakt darstellen, man kann es nur sichtbar machen an Menschen, die diese Haltung konsequent zu Ende gelebt haben: an *Franz von Assisi*, an *Franz Xaver*, *Ignatius von Loyola*, *Teresa von Ávila*, *Therese von Lisieux*, *Vinzenz von Paul*, *Johannes XXIII.*, *P. Rupert Mayer* – an solchen Menschen, und im Grunde nur von ihnen her, läßt sich verdeutlichen, welche Art Entscheidung das ist – der Glaube: Auch er ist, wie man an solchen Gestalten sieht, im Grunde eine bestimmte Leidenschaft, oder richtiger: eine Liebe, die den Menschen mit Beschlag belegt und ihm einen Weg zeigt, den er gehen muß.

20/39f

Alles hat seine Zeit (1)

Der Fasching (oder Karneval) ist gewiß kein kirchliches Fest. Aber andererseits ist er auch nicht ohne den Festkalender der Kirche zu denken. So kann eine Besinnung auf seine Herkunft und Bedeutung durchaus auch für das Verständnis des Glaubens hilfreich sein.

Die Wurzeln des Faschings sind vielfältig: jüdisch – heidnisch – christlich, und alles drei verweist auf Gemeinsames des Menschen aller Orte und aller Zeiten. Im jüdischen Festkalender entspricht ihm in etwa das Purim-Fest, das an die Errettung Israels vor der drohenden Judenverfolgung im persischen Reich erinnert, die nach dem biblischen Bericht von der Königin Ester erwirkt wurde. Die ausgelassene Freude, mit der das Fest gefeiert wird, will Ausdruck des Gefühls der Befreiung sein, die an diesem Tag nicht nur Erinnerung, sondern zudem Verheißung ist: Wer in den Händen des Gottes Israels steht, ist im voraus aus der Schlinge seiner Gegner befreit.

Zugleich steht hinter diesem ausgelassen-weltlichen Fest, das doch seinen Platz im religiösen Kalender hatte und hat, jenes Wissen um den Rhythmus der Zeit, das im Predigerbuch gültig formuliert ist: »Alles hat seine Stunde, und es gibt eine Zeit für jegliche Sache unter der Sonne: eine Zeit für die Geburt und eine Zeit für das Sterben, eine Zeit zu pflanzen und eine Zeit, das Gepflanzte auszureißen ... eine Zeit zu weinen und eine Zeit zu lachen, eine Zeit zu klagen und eine Zeit zu tanzen« (Prediger 3,1ff).

35/27f

Alles hat seine Zeit (2)

Damit sind wir jetzt beim Jahr der Kirche angelangt, das den Menschen mit dem Rhythmus der Schöpfung die ganze Geschichte des Heils ausschreiten läßt und so zugleich das Chaotisch-Vielfältige unseres Wesens ordnet und reinigt. In diesem Zyklus aus Schöpfung und Geschichte ist nichts Menschliches ausgelassen, und nur so kann alles Menschliche, das Dunkle wie das Helle, das Sinnhafte wie das Geistliche gerettet werden. Es erhält seinen Platz im Ganzen, das ihm Sinn gibt und es aus seiner Vereinzelung befreit. Deshalb ist es töricht, den Fasching verlängern zu wollen, wenn Geschäft und Terminkalender dazu raten: Die selbstgemachte Zeit wird zur Langeweile, weil der Mensch nun nur noch sein eigener Schöpfer, mit sich allein gelassen ist und sich damit wahrhaft verlassen findet. [...]

Aber kehren wir noch einmal zu den Wurzeln des Faschings zurück. Neben der jüdischen steht die heidnische Vorgeschichte, deren grimmiges und gefährliches Gesicht uns noch aus den Masken des alpenländischen und des schwäbisch-alemannischen Raumes anblickt. Hier geht es um Riten der Austreibung des Winters, um die Bannung dämonischer Mächte: Im Wechsel der Zeit fühlte man die Bedrohung der Welt; die Neuschöpfung der Erde und ihrer Fruchtbarkeit mußte gegen das Nichts gesichert werden, an das die Welt im Schlaf des Winters rührt.

35/28f

ALLES HAT SEINE ZEIT (3)

An dieser Stelle können wir etwas sehr Wichtiges beobachten: Die dämonische Maske wird in der christlichen Welt zur lustigen Maskerade, der lebensgefährliche Kampf mit den Dämonen zum Gaudium vor dem Ernst der Fastenzeit. In dieser Maskerade geschieht das, was wir in den Psalmen und bei den Propheten oft sehen können: Sie wird zur Verspottung der Götter, die nicht mehr zu fürchten braucht, wer den wahren Gott kennt. Die Masken der Götter sind zum lustigen Spektakel geworden, sie drücken die übermütige Freude derer aus, die das einst Schreckliche zum Anlaß des Lachens nehmen können. Im Fasching steckt insofern durchaus die christliche Befreiung, die Freiheit des einen Gottes, die jene Freiheit vollendet, von der das jüdische Purim-Fest handelt.

So aber steht am Schluß eine Frage auf: Haben wir diese Freiheit eigentlich noch? Oder ist es nicht so, daß wir uns zu guter Letzt auch noch von Gott selbst, von der Schöpfung und vom Glauben befreien wollten, um vollends frei zu sein? Und ist die Folge nicht, daß wir erneut den Göttern, den Mächten des Geschäfts, der Gier, der öffentlichen Meinung ausgeliefert sind? Gott ist nicht der Gegner unserer Freiheit, sondern ihr Grund; das sollten wir in diesen Tagen wieder neu lernen. Nur die Liebe, die allmächtig ist, kann Grund angstloser Freude sein.

35/29f

Zeit des Lachens und Zeit der Busse

Mit dem Aschermittwoch beginnt die Fastenzeit, die Tage zuvor sind durch den Karneval geprägt. Beide Zeiten stellen ihre eigenen Fragen an uns. Müssen wir heute, da soviel vom Katechumenat gesprochen wird, nicht wieder viel ernsthafter erkennen, daß Fastenzeit ein universales Katechumenat sein will, in dem wir unsere Taufe konkret einholen in unser Leben oder vielmehr unser Leben einholen lassen in den Anspruch der Taufe? Muß es uns nicht sehr nachdenklich machen, daß Jesus Christus sich auf der Spur der Propheten in der Wüste und im Fasten auf seinen Dienst als Verkündiger des Wortes vorbereitete? Heißt das nicht, daß etwas von »Wüste«, von Sammlung in der Einsamkeit und von körperlichem Verzicht notwendig ist, wenn ein Mensch Gott begegnen soll? [...]

Der Anruf der Fastenzeit ist nicht leicht, aber er ist im Grunde doch deutlich für den, der dem Glauben und Beten der Kirche offensteht. Demgegenüber erscheint es eher problematisch, den Karneval in einer theologischen Meditation zu erwähnen, denn eine Zeit des Kirchenjahres ist er höchstens sehr indirekt. Aber sind wir da nicht ein wenig schizophren? Einerseits sagen wir ganz gern, daß Karneval sein Heimatrecht gerade in katholischen Ländern hat, andererseits umgehen wir ihn geistlich und theologisch dann doch. Gehört er also zu den Dingen, die man christlich nicht aneignen, aber menschlich auch nicht verhindern kann? Dann aber wäre zu fragen: Wie menschlich ist eigentlich das Christentum?

8/9f

Ganzheitliches Fasten

Daß christliches Fasten ein befreiendes Weggehen vom eigenen Selbst sein soll, das schloß immer auch die Forderung ein, Fastenzeit müsse eine Zeit der Fruchtbarkeit in guten Werken sein. »Gute Werke« – wenn wir das heute hören, wird uns leicht, je nach Temperament, ein Lächeln oder ein Stirnrunzeln kommen. Aber wir sollten es uns auch da nicht zu einfach machen. Wir sollten hinschauen auf die hungernden Völker rundum in der ganzen Welt, dann wird uns vielleicht ein solches Lächeln schnell auf dem Mund ersterben. Denn dann wird uns bewußt werden, daß wir keinen gnädigen Gott haben können, solange wir satt sind und die anderen um uns hungern ... Nun ist wahr, daß heute auf vielerlei Weise gefastet wird: aus medizinischen, aus ästhetischen und aus anderen Gründen. Und das ist gut. Aber ein solches Fasten allein reicht dennoch nicht aus für den Menschen. Denn der Zweck solchen Fastens bleibt ja immer das eigene Ich. Es löst den Menschen nicht von sich selbst, sondern es ist nur noch einmal für ihn selber da. Er aber bedarf eines Fastens, eines Verzichtes, der ihn frei macht von sich selbst, frei macht für Gott und ihn so frei werden läßt für die anderen. Der Ruf, den die Fastenzeit so an uns richtet, ist gewiß unbequem. Aber wer einigermaßen wach ist für die Situation des Menschen von heute – für seine eigene Situation! – der weiß auch, wie nötig uns dieser Ruf zu einem realen, nicht ichbezogenen Fasten ist.

14/323

Die Bekehrung des Herzens

Es berührt mich immer von neuem tief, daß die vorletzte Vater-unser-Bitte – vergib, wie wir vergeben haben – die einzige ist, die der Herr mit seinem Kommentar versehen hat, der eine Forderung ist, »wie wir vergeben haben«. Wenn ihr einander nicht vergebt – das ist hier eingeschlossen –, wie soll der Vater euch vergeben? Aber bei Lk 1,5–17 ist vor allem die andere Seite – die eigentlich menschliche an dieser Sache – angesprochen: Die Urzelle alles menschlichen Miteinander ist die Familie. In ihr müssen die Grundbeziehungen des menschlichen Miteinander und so auch die Fähigkeit zur Gottesbeziehung erlernt werden. In ihr, nur von ihr her, kann das Miteinander der Liebe das Gegeneinander des Andersseins zu wahrer Gemeinsamkeit überwinden. In ihr müssen die Generationen sich verstehen lernen: An der Rettung der Familie hängt die Friedensfähigkeit des Volkes. [...]

Unter Experten ist die Frage gestellt worden: Ja, wer muß sich eigentlich da bekehren? Die Väter zu der Jugend? Oder die Jugend zu den Vätern? Darüber kann man natürlich viel diskutieren. Aber ich glaube, wenn wir den Text des Evangeliums samt seiner alttestamentlichen Vorgeschichte richtig lesen, dann wird doch klar: Nicht die einen müssen sich zu den anderen, sondern beide müssen sich bekehren, indem beide neu den Mut haben, an Gott zu glauben. So allein lernen sie, einander zu verstehen und anzunehmen. Nur durch die Bekehrung des Herzens zu Gott hin kann der Mut des Miteinander, das Vertrauen in den Menschen und so die Fähigkeit, ihn zu lieben und seine Andersheit auszuhalten, entstehen.

9/47f

Das wahre Glück aufschliessen

Wozu ist der Glaube gut? Er ist gut, um dem Menschen leben, sich freuen und leiden zu helfen. Die Empörung gegen das Leid, die wir heute gelehrt werden und die sich als Erlösung gibt, endet das Leid nicht, sondern macht es unerträglich. Auch der Glaube endet das Leid nicht, aber er macht Menschen fähig, es zu tragen und es mitzutragen. Der Mensch braucht nicht Lehrmeister der Empörung (die kann er selbst), sondern Lehrmeister der Verwandlung, die in der Tiefe des Leides die Freude aufdecken und da, wo das Wohlbehagen endet, das wahre Glück aufschließen. Wer den Sonnengesang des heiligen Franziskus liest, wer diesen Menschen verstehen lernt, der im Zusammenbruch seiner Erwartungen, physisch und psychisch in die dunkelste Nacht gestoßen, Gott um des Bruders Tod willen zu preisen vermochte, der weiß, wie hell der »Himmel« – er allein – die Erde machen kann. So rundet sich das Ganze zu der wiederholten Frage: Welches Heil bietet der Glaube an? Worauf hofft er? Er erwartet nicht ein politisch-ökonomisches Paradies – für ihn ist solche Erwartung eine Farce des Bösen, mit der er die Menschen betrügt und versklavt; wir alle können wissen, wie wahr das ist. Irdisch gesehen, erwartet der Glaube eine Welt, die immer voller Drangsale sein wird. Aber weil der Glaube gleichzeitig die kommende Welt glaubt und erwartet, weiß er, daß es dennoch lohnend und schön ist, sich in dieser Welt für Gerechtigkeit und Wahrheit abzumühen. Weil er die andere Welt erwartet, kann er den Menschen auch jetzt glücklich machen im Ringen um das, was er als das Bleibende erkennt.

5/61f

Gott kommt durch Menschen

Christ wie Mensch wird man nicht aus sich selbst, nicht durch eigene Leistung. Wie fremd es uns auch heute klingen mag – wir haben es nötig, uns gläubig dem Handeln Gottes zu eröffnen. Christ wird man nicht allein, das besagt aber dann auch, daß man es nur werden kann in der Gemeinschaft der Mitglaubenden, im Voneinander und Füreinander des gemeinsamen Glaubens und Betens. Gewiß gehört zum Christsein auch das »stille Kämmerlein«, die Einsamkeit des für sich Ringenden und Glaubenden, der sich dem Angesicht Gottes aussetzt. Aber nicht nur dies. Es erfordert auch das Miteinander. Gott kommt nur durch Menschen zu den Menschen. Auch im geistigen Bereich ist der Mensch das unverschlossene Wesen. Wir müßten hier endlich dahin kommen, die moderne Illusion zu überwinden, Religion sei das Intimste, das wir mit uns selbst allein abmachen und das in den Bereich des Öffentlichen nicht eintreten darf. Indem wir so den Glauben in eine unwirkliche Spiritualität verflüchtigen, entwickeln wir zunächst ihn selbst, nehmen damit aber auch dem Miteinander der Menschen sein Kostbarstes. Es entsteht der bloß einzelne auf der einen und das bloße Kollektiv auf der anderen Seite. Gemeinschaft, in der der einzelne er selbst bleibt und zugleich Begegnung mit dem wahrhaft Menschlichen des Mitmenschen geschieht, solche Gemeinschaft bildet sich nicht, wo der Mensch sein Tiefstes sich allein vorbehält.

14/321

Liebe zu sich selbst (1)

Egoismus und wirkliche Selbstliebe sind nicht nur nicht identisch, sondern schließen sich aus. Einer kann ein großer Egoist und trotzdem im Unfrieden mit sich selber sein. Ja, der Egoismus folgt oft gerade aus der eigenen Zerrissenheit, aus dem Versuch, sich ein anderes Ich zu schaffen, während die rechte Beziehung zum Ich in der Freiheit von sich selber wächst. Man könnte geradezu von einem anthropologischen Zirkel sprechen: Im Maß, in dem einer immer sich selber sucht, sich selbst verwirklichen möchte und auf das Gelingen und Erfüllen seines Ich starrt, wird dieses Ich widerwärtig, ärgerlich und unbefriedigend. Es löst sich in tausend Gestalten auf, und am Ende bleibt nur die Flucht vor sich selbst, die Unfähigkeit, es mit sich auszuhalten, die Zuflucht zur Droge oder zu den vielfältigen anderen Formen des in sich widersprüchlichen Egoismus. Allein das Ja, das mir von einem Du gegeben wird, macht mich fähig, dieses Ja meinerseits zu mir selbst zu sprechen, im Du und mit dem Du. Das Ich verwirklicht sich durch das Du. Andererseits gilt, daß nur einer, der sich angenommen hat, auch ein wirkliches Ja zum anderen sprechen kann. Sich selbst annehmen »lieben«, setzt wiederum Wahrheit voraus und fordert das ständige Unterwegssein zur Wahrheit.

1/98f

LIEBE ZU SICH SELBST (2)

Übrigens kann – ähnlich wie im Fall der Hoffnung – eine Fehlform der Aszese auch hier die Grundlagen rechter christlicher Existenz zerstören [...] Da ist zunächst eine falsche Form von Bewußtheit, die in einem ständigen Durchwühlen des eigenen Gewissens, in einem fortwährenden Suchen nach der eigenen Vollkommenheit alle Aufmerksamkeit auf das eigene Ich, seine Sünden und Tugenden lenkt. Es kommt zu einem religiösen Egoismus, der den Menschen daran hindert, sich einfach dem Anblick Gottes zu öffnen und von sich fort auf ihn hinzuschauen. Der eigensinnige, ganz auf sich selbst bedachte Fromme hat gar keine Zeit mehr, Gottes Angesicht zu suchen und sein befreiendes erlösendes Ja zu hören. Die entgegengesetzte und doch so verwandte Gefahr ist eine übertriebene Selbstlosigkeit, eine Selbstverleugnung, die zur Selbstverneinung wird, das Ich nicht mehr wahrhaben will und es gerade so in einem subtilen Egoismus wieder ganz zur beherrschenden Macht werden läßt. Ein zerstörtes, verdrängtes Ich kann nicht lieben. Auch hier gilt, daß die Gnade die Natur nicht aufhebt, sondern voraussetzt. Wir könnten dabei an das Wort des heiligen Paulus erinnern: Da ist nicht zunächst das »Übernatürliche« (griech.: tò pneumatikón). Ein zerstörtes, verdrängtes Ich kann nicht lieben. Auch hdann das Übernatürliche (1 Kor 15,46). Die übernatürliche Liebe kann nicht wachsen, wenn ihre menschlichen Grundlagen fehlen. Die göttliche Liebe ist nicht die Verneinung oder die Zerstörung des menschlichen Liebens, sondern dessen Vertiefung und Radikalisierung in eine neue Dimension hinein.

1/99f

Mit Sinnen und Gefühl

Der Mensch bedarf des Schauens, des schauenden Innehaltens, das zum Berühren wird, um der Geheimnisse Gottes innezuwerden. Er muß die »Skala« des Leibes betreten, um auf ihr den Weg zu finden, zu dem der Glaube ihn einlädt. Von den Problemen der Gegenwart her könnte man verdeutlichend sagen: Die sogenannte objektive Frömmigkeit des feiernden Mitvollzugs der Liturgie genügt nicht. Die außerordentliche seelische Vertiefung, die die Mystik des Mittelalters und die große kirchliche Frömmigkeit der Neuzeit gebracht hat, kann nicht im Namen einer Wiederentdeckung der Bibel und der Väter als überholt oder gar abwegig beiseite gelassen werden. Die Liturgie selbst kann nur dann ihrem besonderen Anspruch gemäß gefeiert werden, wenn sie vorbereitet und begleitet ist von dem meditativen Verweilen, in dem das Herz zu schauen und zu verstehen beginnt und so auch die Sinne in das Schauen des Herzens einbezogen werden, denn »nur mit dem Herzen sieht man gut« – wie *Saint-Exupéry* seinen kleinen Prinzen sagen läßt, den man auch als Sinnbild auffassen darf für jenes Kindwerden, das aus der gescheiten Torheit der Erwachsenenwelt wieder zurückfindet in das Eigentliche des Menschen, das sich dem bloßen Verstand entzieht.

33/46f

Das Lebensland des Priesters (1)

Der Zölibat schließt sich an ein Wort Christi an. Es gibt die, heißt es da, die um des Himmelreiches willen auf die Ehe verzichten und mit ihrer ganzen Existenz Zeugnis für das Himmelreich ablegen. Die Kirche ist sehr früh zur Überzeugung gekommen, daß Priestersein bedeutet, dieses Zeugnis für das Himmelreich zu geben. Sie konnte dabei sachlich analog auf eine alttestamentliche Parallele anderer Natur zurückgreifen. Israel zieht im Land ein. Die elf Stämme kriegen jeder sein Land, sein Territorium. Allein der Stamm Levi, der Priesterstamm, bekommt kein Land, bekommt kein Erbe; sein Erbe ist Gott allein. Das bedeutet praktisch, daß seine Angehörigen eben von den Kultgaben leben und nicht, wie die anderen Stämme, von der Bewirtschaftung eines Landes. Der wesentliche Punkt ist: Sie haben kein Eigentum. In Psalm 16 heißt es: Du bist mein Becheranteil; ich habe dich als Los gezogen, Gott ist mein Land. Diese Figur, daß also im Alten Testament der Priesterstamm landlos ist und sozusagen von Gott lebt – und dadurch natürlich auch ihn wirklich bezeugt –, ist später im Anschluß an das Jesuswort so übersetzt worden: Das Lebensland des Priesters ist Gott.

Wir können die Art dieses Verzichtes heute deshalb so schwer verstehen, weil sich das Verhältnis zur Ehe und zu Kindern deutlich verschoben hat. Ohne Kinder sterben zu müssen, war früher gleichbedeutend mit nutzlos gelebt zu haben: Meine eigene Lebensspur versickert, und ich bin ganz tot. Wenn Kinder von mir da sind, lebe ich in ihnen weiter, es ist eine Art von Unsterblichkeit, die ich durch Nachkommenschaft habe.

32/207f

Das Lebensland des Priesters (2)

Der Verzicht auf Ehe und Familie ist also von dieser Sicht her so zu verstehen: Ich verzichte auf das, was das menschlich eigentlich nicht nur Normalste, sondern auch Wichtigste ist. Ich verzichte darauf, selber am Lebensbaum weiteres Leben hervorzubringen, ein eigenes Lebensland zu haben, und lebe im Glauben daran, daß mein Land wirklich Gott ist – und mache dadurch für die anderen auch glaubwürdig, daß es ein Himmelreich gibt. Ich lege damit nicht nur mit Worten, sondern mit dieser spezifischen Existenzweise Zeugnis für Jesus Christus, für das Evangelium ab und stelle ihm in dieser Form mein Leben zur Verfügung.

Insofern hat das Zölibat einen christologischen und einen apostolischen Sinn zugleich. Es geht nicht einfach darum, Zeit zu sparen – ich habe also dann ein bißchen mehr Zeit zur Verfügung, weil ich kein Familienvater bin –, das wäre zu primitiv und zu pragmatisch gesehen. Es geht wirklich um eine Existenz, die ganz auf die Karte Gottes setzt und genau das ausläßt, was normalerweise eine menschliche Existenz erst erwachsen und zukunftsträchtig macht. [...]

Es ist kein Dogma. Es ist eine Lebensform, die in der Kirche gewachsen ist und die natürlich immer die Gefahr des Absturzes mit sich bringt. Wenn man so hoch einsetzt, gibt es Abstürze. Ich denke, was in unserer Zeit die Leute aufbringt gegen den Zölibat, ist, daß sie sehen, wie viele Priester eigentlich innerlich damit nicht einverstanden sind und ihn entweder heuchlerisch, schlecht, gar nicht leben oder nur gequält leben.

32/208f

Wach sein – offen sein – Demut

Wenn schon gilt, daß die großen Ergebnisse der Wissenschaft sich nur langer, wachsamer und geduldiger Arbeit öffnen, die bereit ist, sich immer neu korrigieren und belehren zu lassen, dann versteht sich von selbst, daß die höchsten Wahrheiten eine große Beständigkeit und Demut des Hörens verlangen. »Die Demütigen hat er erhöht« – so wenig das Vorangehende eine Klassenkampfparole ist, so wenig ist dies ein primitiver Moralismus. Es geht um die Urhaltungen des Menschen überhaupt. Nur dem demütigen Vernehmen, das sich durch keine Verweigerung entmutigen und sich weder durch Beifall noch durch Widerspruch verführen läßt, auch nicht durch die Wünsche oder Abneigungen des eigenen Herzens – nur solcher Demut des Denkens öffnet sich die Hoheit der Wahrheit und damit der Zugang zur wahren Größe des Menschen. Solche Offenheit für das Unendliche, den Unendlichen, hat nichts mit Leichtgläubigkeit zu tun; sie verlangt im Gegenteil wachste Selbstkritik. Sie ist offener und kritischer als jene Beschränkung auf das Empirische, in der der Mensch seinen Herrschaftswillen zum letzten Maßstab der Erkenntnis macht.

Mit alledem zeigen sich uns nun jene Haltungen, die wir einem in sich beruhigten Agnostizismus entgegensetzen müssen, weil nur sie der Unausweichlichkeit der Gottesfrage gemäß sind: Wachheit für die tieferen Dimensionen des Wirklichen; Fragen nach dem Ganzen unserer menschlichen Existenz und der Wirklichkeit überhaupt; Demut vor der Größe der Wahrheit und Bereitschaft, sich von und für sie reinigen zu lassen.

1/24f

Josef – »Ich schlief, aber mein Herz wachte«

Vor kurzem sah ich in der Wohnung von Freunden eine Darstellung des heiligen Josef, die mich nachdenklich machte. Es war ein Relief aus einem portugiesischen Altar aus der Barockzeit und zeigte die Nacht vor der Flucht nach Ägypten. Da war ein großes, offenes Zelt, von oben her naht ein Engel, in der Öffnung des Zeltes liegt Josef – schlafend, aber angetan mit dem Gewand eines Pilgers, eines Reisenden mit großen Stulpenstiefeln, wie man sie für eine schwierige Wanderung braucht.

Josef schläft, aber zugleich ist er fähig, den Engel zu hören (vgl. Mt 2,13f). Es geht von ihm sozusagen das aus, was das Hohelied einmal sagt: *Ich schlief, aber mein Herz wachte* (Hld 5,2). Die Sinne ruhen, aber der Grund der Seele ist offen. Das offene Zelt wird zum Bilde des Menschen, der in die Tiefe, der nach innen und nach oben hören kann, der offen genug ist, daß das Leben Gottes und seiner heiligen Engel an das Ohr seines Herzens dringt. In der Tiefe berührt sich eines jeden Menschen Seele mit Gott. Von innen her will er zu jedem von uns sprechen, ist er einem jeden von uns nahe. Aber wir sind ja meistens vollgestellt mit Geschäften, mit Sorgen, mit Erwartungen und Wünschen aller Art. Wir sind so voll mit Bildern und Bedrängnissen, die der Tag an uns heranträgt, daß wir bei aller Wachheit des Äußeren die innere Wachheit verloren haben, daß wir die Stimme vom Grund unserer Seele her nicht mehr zu vernehmen vermögen. Die Seele ist gleichsam mit Gerümpel so vollgestellt, so viele Mauern sind vor die Nähe Gottes vorgebaut, daß er und seine leise Stimme nicht mehr durchdringen können.

22/31f

In der Mitte der Nacht beginnt der neue Tag (1)

Schuld und Erlösung

Der Mensch von heute kennt kein Maß, ja, er will keines kennen, weil er im Maß die Bedrohung seiner Freiheit sähe. Dabei könnten einem die Worte der französischen Jüdin Simone Weil in den Sinn treten, die einmal gesagt hat: »Die Erfahrung des Guten gewinnt man nur, indem man es vollbringt ... Wenn man das Böse vollbringt, dann erkennt man es *nicht* – weil das Böse das Licht scheut.« Das Gute erkennt man nur, wenn man es tut. Das Böse erkennt man nur, wenn man es nicht tut.

So ist das Thema Sünde zu einem verdrängten Thema geworden, aber allenthalben zeigt sich doch auf der anderen Seite, daß es eben nur verdrängt und dennoch wahr geblieben ist. Bezeichnend scheint mir die jederzeit sprungbereit gewordene Aggressivität, die wir in unserer Gesellschaft zusehends erleben – diese immer lauernde Bereitschaft, den anderen zu beschimpfen, ihn als Schuldigen am eigenen Unglück zu erkennen; die Gesellschaft zu brandmarken und durch Gewalttätigkeit die Welt ändern zu wollen. Mir scheint, daß dies alles nur zu begreifen ist als Ausdruck für die verdrängte Wahrheit der Schuld, die der Mensch nicht wahrhaben will. Weil sie dennoch da ist, muß er sie angreifen und zertreten. Weil es so steht, d. h., weil der Mensch Wahrheit verdrängen, aber nicht beseitigen kann, und weil er an der verdrängten Wahrheit erkrankt, darum ist es eine der Aufgaben des heiligen Geistes, »die Welt der Sünde zu überführen« (Joh 16,8f). Es geht dabei nicht darum, den Menschen das Leben zu verleiden, sie mit Verboten und Negationen einzuengen. Es geht einfach darum, sie in die Wahrheit zu führen und so zu heilen. Der Mensch kann nur heil werden, wenn er wahr wird; wenn er aufhört, Wahrheit zu verdrängen und zu zertreten.

23/65f

In der Mitte der Nacht beginnt der neue Tag (2)

Schuld und Erlösung

Nichts erscheint uns heute fremder, ja absurder, als Erbsünde zu behaupten, weil Schuld nach unserer Auffassung ja immer nur das Persönlichste sein kann; weil Gott nicht ein Konzentrationslager beherrscht, in dem es Sippenhaft gibt, sondern der freie Gott der Liebe ist, der jeden bei seinem Namen ruft. Was also bedeutet »Erbsünde«, wenn wir sie richtig auslegen?

Um hier Antwort zu finden, ist nichts Geringeres nötig, als den Menschen wieder besser verstehen zu lernen. Wir müssen uns wieder klarmachen, daß kein Mensch in sich selbst geschlossen ist, daß keiner von sich allein und für sich allein leben kann. Wir empfangen unser Leben nicht nur im Augenblick der Geburt, sondern jeden Tag von außen her, vom anderen, von dem, was nicht mein Ich ist, und doch ihm zugehört. Der Mensch hat sein Selbst nicht nur in sich, sondern auch außer sich: Er lebt in denen, die er liebt; in denen, von denen er lebt und für die er da ist. Der Mensch ist Beziehung, und er hat sein Leben, sich selbst, nur in der Weise der Beziehung. Ich allein bin gar nicht ich, sondern nur im Du und am Du bin ich Ich-selbst. Wahrhaft Mensch sein heißt: in der Beziehung der Liebe, des Von und des Für stehen. Sünde aber bedeutet: die Beziehung stören oder zerstören. Sünde ist Leugnung der Beziehung, weil sie den Menschen zum Gott machen will. Sünde ist Beziehungsverlust, Beziehungsstörung und deswegen ist sie wieder nicht allein eingeschlossen ins einzelne Ich. Wenn ich die Beziehung zerstöre, dann trifft dieser Vorgang – die Sünde – auch die anderen Beziehungsträger, das Ganze. Deswegen ist Sünde immer Versündigung, die auch den anderen trifft, die die Welt verändert und sie stört. Weil es so ist, gilt: Wenn das Beziehungsgefüge des Menschseins vom Anfang her gestört wird, tritt jeder Mensch fortan in eine von der Beziehungsstörung geprägte Welt ein.

23/72f

In der Mitte der Nacht beginnt der neue Tag (3)

Schuld und Erlösung

Mit dem Menschsein selbst, das gut ist, fällt ihm zugleich eine von der Sünde gestörte Welt an. Jeder von uns tritt in eine Verflechtung ein, in der die Beziehungen verfälscht sind. Jeder ist deshalb schon von seinem Anfang her in seinen Beziehungen gestört, empfängt sie nicht, wie sie sein sollten. Die Sünde greift nach ihm, und er vollzieht sie mit. Damit wird nun aber auch klar, daß der Mensch sich nicht allein erlösen kann. Das Verfehlte seines Daseins besteht ja gerade darin, daß er sich allein will. Erlöst, d. h. frei und wahr werden, können wir nur, wenn wir aufhören, ein Gott sein zu wollen; wenn wir auf den Wahn der Autonomie und der Autarkie verzichten. Wir können immer nur erlöst *werden*, d. h., wir werden wir selbst, wenn wir die rechten Beziehungen empfangen und annehmen. Unsere zwischenmenschlichen Beziehungen aber hängen daran, daß das Maß der Geschöpflichkeit allenthalben im Lot ist, und gerade da sitzt die Störung. Weil die Schöpfungsbeziehung gestört ist, darum kann nur der Schöpfer selbst unser Erlöser sein. Erlöst werden können wir nur, wenn der, von dem wir uns abgeschnitten haben, neu auf uns zugeht und uns die Hand reicht. Nur das Geliebtwerden ist Erlöst-werden, und nur die Liebe Gottes kann die gestörte menschliche Liebe reinigen, das von seinem Grund her verfremdete Beziehungsgefüge wiederherstellen.

23/73

Freiheit meines Gewissens auf etwas noch Tieferes hin (1)

Die Frage nach dem Gewissen ist heute, besonders im Bereich der katholischen Moraltheologie, zum Kernpunkt des Moralischen und seiner Erkenntnis geworden. Diese Auseinandersetzung kreist um die Begriffe Freiheit und Norm, Autonomie und Heteronomie, Selbstbestimmung und Fremdbestimmung durch Autorität. Das Gewissen erscheint dabei als das Bollwerk der Freiheit gegenüber den Einengungen der Existenz durch die Autorität. Dabei werden dann zwei Konzeptionen des Katholischen gegenübergestellt: ein erneuertes Verständnis seines Wesens, das den christlichen Glauben vom Grund der Freiheit her und als Prinzip der Freiheit entfaltet; und ein überholtes, »vorkonziliares« Modell, das die christliche Existenz der Autorität unterwirft, die das Leben bis in die intimen Bereiche hinein normiert und dadurch ihre Macht über die Menschen aufrechtzuerhalten versucht. So scheinen *Gewissensmoral* und *Autoritätsmoral* als zwei gegensätzliche Modelle im Kampf miteinander zu liegen; die Freiheit des Christenmenschen würde dann durch den Ursatz moralischer Überlieferung gerettet, daß das *Gewissen* die *oberste Norm* ist, der der Mensch – auch gegen die Autorität – zu folgen hat. Wenn die Autorität, das heißt in diesem Fall das kirchliche Lehramt, in Dingen der Moral spricht, so könnte sie demnach dem Gewissen Material für seine eigene Urteilsbildung liefern, die aber doch das letzte Wort behalten müßte.

38/27

Freiheit meines Gewissens auf etwas noch Tieferes hin (2)

An dieser Stelle kann nun allerdings Widerspruch aufsteigen. Daß man einem *klaren Gewissensspruch immer folgen muß*, zumindest nicht gegen ihn handeln darf, ist *unbestritten*. Aber ob das Gewissensurteil oder was man für ein solches ansieht, auch immer recht habe, ob es unfehlbar sei, ist eine andere Frage. Denn wenn es so wäre, würde dies ja heißen, daß es keine Wahrheit gibt – zumindest in Sachen der Moral und der Religion, also im Bereich der eigentlichen Grundlagen unserer Existenz. Denn die Gewissensurteile widersprechen sich; es gäbe also nur eine Wahrheit des Subjekts, die sich auf dessen Wahrhaftigkeit reduzieren würde. Aus dem Subjekt würde dann keine Tür und kein Fenster herausführen ins Ganze und ins Gemeinsame hinein. Wer dieses zu Ende denkt, wird zur Erkenntnis kommen, daß dann aber auch keine wirkliche Freiheit existiert und daß die vermeintlichen Gewissenssprüche nur Reflexe sozialer Vorgegebenheiten sind. Das müßte dann zu der Einsicht führen, daß die Gegenüberstellung von Freiheit und Autorität irgend etwas ausläßt; daß es noch etwas Tieferes geben muß, wenn Freiheit und damit Menschsein einen Sinn haben sollen.

38/28f

Freiheit meines Gewissens auf etwas noch Tieferes hin (3)

Die Frage nach dem Gewissen führt uns tatsächlich in den Kernbereich des moralischen Problems und so der Frage nach der Existenz des Menschen überhaupt. Ich möchte nun versuchen, diese Frage nicht in Form einer streng begrifflichen und dann notwendig reichlich abstrakten Erwägung darzustellen, sondern möchte auf »narrativem« Wege vorgehen, indem ich zunächst von der Geschichte meines eigenen Umgangs mit diesem Problem erzähle. Es kam mir zum ersten Mal mit seiner ganzen Dringlichkeit in der Anfangszeit meiner akademischen Wirksamkeit vor die Augen. Ein älterer Kollege, dem die Not des Christseins in unserer Zeit auf der Seele lag, äußerte damals in einem Disput die Meinung, man müsse eigentlich Gott dankbar sein, daß er so vielen Menschen schenke, guten Gewissens ungläubig zu werden. Denn wenn ihnen die Augen aufgingen und sie gläubig würden, wären sie nicht imstande, in dieser unserer Welt die Last des Glaubens und seine moralischen Verpflichtungen zu ertragen. Nun aber, da sie guten Gewissens einen anderen Weg gingen, könnten sie dennoch zum Heil gelangen. Was mich an dieser Behauptung schockierte, war zunächst nicht die Idee eines von Gott selbst gegebenen irrigen Gewissens, um mit dieser List die Menschen retten zu können, sozusagen die Idee einer von Gott zum Heil der Betreffenden geschickten Verblendung. Was mich störte, war die Vorstellung, daß danach der Glaube eine kaum zu ertragende und wohl nur für starke Naturen zu meisternde Last wäre, beinahe eine Art Strafe.

38/29f

Freiheit meines Gewissens auf etwas noch Tieferes hin (4)

Froh sein müßte demnach, wem nicht aufgebürdet wird, glauben zu müssen und sich dem Joch der Moral des Glaubens der katholischen Kirche zu beugen. Das irrige Gewissen, das einen leichter leben läßt und einen menschlicheren Weg zeigt, wäre dann die eigentliche Gnade, der normale Weg zum Heil. Die Unwahrheit, das Fernbleiben der Wahrheit, wäre dem Menschen besser als die Wahrheit; nicht die Wahrheit würde ihn befreien, sondern von ihr müßte er befreit werden. Der Mensch wäre besser im Dunkel zu Hause als im Licht; der Glaube nicht gutes Geschenk des guten Gottes, sondern eher ein Verhängnis. Wie sollte, wenn es so steht, Freude am Glauben aufkommen? Wie gar der Mut, ihn anderen weiterzugeben? Wäre es dann nicht besser, andere damit zu verschonen oder gar sie davon abzuhalten? Vorstellungen dieser Art haben in den letzten Jahrzehnten zusehends die Bereitschaft zur Evangelisierung gelähmt: Wer den Glauben als schwere Last, als moralische Zumutung sieht, mag andere nicht dazu einladen; er läßt sie besser in der vermeintlichen Freiheit ihres guten Gewissens.

38/31

Freiheit meines Gewissens auf etwas noch Tieferes hin (5)

Der so sprach, war ein redlicher Gläubiger und, ich würde sagen: ein strenger Katholik, der seine Pflicht mit Überzeugung und Genauigkeit erfüllte. Aber er drückte dabei eine Form von Glaubenserfahrung aus, die nur beunruhigen kann und deren Ausbreitung für den Glauben tödlich sein müßte. Die geradezu *traumatische Aversion* vieler gegen das, was sie für *»vorkonziliaren« Katholizismus* halten, beruht meiner Überzeugung nach auf der *Begegnung mit* solchem *nur noch Last gebliebenem Glauben.* Hier stehen freilich Fragen der grundsätzlichsten Art auf: Kann solcher Glaube eigentlich Begegnung mit der Wahrheit sein? Ist die Wahrheit über Mensch und Gott so traurig und so schwer, oder liegt die Wahrheit nicht gerade in der Überwindung solcher Gesetzlichkeit? Liegt sie nicht doch in der Freiheit? Aber wohin führt dann die Freiheit? Welchen Weg weist sie uns? Wir werden auf diese Grundprobleme christlicher Existenz im Heute zurückkommen müssen; vorab müssen wir aber zum Kern unseres Themas, zur Sache des Gewissens zurückkehren. Am erwähnten Argument hatte mich, wie schon gesagt, zunächst die Karikatur von Glaube erschreckt, die ich darin zu finden glaubte.

38/31f

Freiheit meines Gewissens auf etwas noch Tieferes hin (6)

In einem zweiten Überlegungsgang erschien mir aber auch der Gewissensbegriff falsch, der dabei vorausgesetzt wurde. Das irrige Gewissen schützt den Menschen vor den Zumutungen der Wahrheit und rettet ihn dadurch – so hatte ja das Argument gelautet. Das Gewissen erschien hier nicht als das Fenster, das dem Menschen den Durchblick zur gemeinsamen, uns alle gründenden und tragenden Wahrheit öffnet und uns so Gemeinschaft des Wollens und der Verantwortung aus der Gemeinsamkeit des Erkennens heraus ermöglicht. Gewissen ist da nicht die Erschlossenheit des Menschen für den ihn tragenden Grund, die Kraft des Vernehmens für das Höchste und Wesentliche. Es erscheint vielmehr als der Schutzmantel der Subjektivität, in dem der Mensch sich vor der Wirklichkeit bergen und verbergen kann. Insofern war hier eigentlich die Gewissensidee des Liberalismus vorausgesetzt. Das Gewissen öffnet nicht den Weg zur rettenden Straße der Wahrheit, die es entweder gar nicht gibt oder die uns überfordert. Es wird so zur Rechtfertigung für die Subjektiviät, die sich nicht in Frage stellen lassen möchte, wie auch für den sozialen Konformismus, der als Mittelwert zwischen den verschiedenen Subjektivitäten das Zusammenleben ermöglichen soll. Verpflichtung zur Wahrheitssuche wie Zweifel an der Durchschnittshaltung und ihren Gewohnheiten entfallen.

38/32f

Freiheit meines Gewissens auf etwas noch Tieferes hin (7)

Was mir an diesem Gespräch nur am Rande bewußt geworden war, zeigte sich wenig später in greller Deutlichkeit bei einem Disput im Kollegenkreis über die rechtfertigende Kraft des irrigen Gewissens. Irgend jemand warf gegen diese These ein, wenn das allgemein gelten würde, dann wären ja auch die SS-Leute gerechtfertigt und im Himmel zu suchen, die in fanatischer Überzeugung und mit einer völligen Gewissenssicherheit ihre Untaten vollbracht hatten. Ein anderer antwortete darauf mit großer Selbstverständlichkeit, so sei es in der Tat. Es bestehe überhaupt kein Zweifel, daß Hitler und seine Mittäter, zutiefst von ihrer Sache überzeugt, gar nicht anders handeln durften und daher – bei aller objektiven Schrecklichkeit ihres Tuns – subjektiv moralisch gehandelt hätten. Da sie nun einmal ihrem – wenn auch fehlgeleiteten – Gewissen folgten, müsse man ihr Handeln als für sie moralisch anerkennen und könne daher auch an ihrer ewigen Rettung nicht zweifeln. Seit jenem Gespräch weiß ich mit aller Sicherheit, daß irgend etwas an der Theorie von der rechtfertigenden Kraft des subjektiven Gewissens nicht stimmt, daß – mit anderen Worten – ein Gewissensbegriff falsch ist, der zu solchen Ergebnissen führt. Das feste subjektive Überzeugtsein und das daraus folgende Fehlen von Zweifel und Skrupel rechtfertigt den Menschen nicht.

38/33f

Freiheit meines Gewissens auf etwas noch Tieferes hin (8)

Etwa dreißig Jahre später fand ich bei dem Psychologen *Albert Görres* in knappen Worten die Erkenntnisse zusammengefaßt, die ich damals langsam auf den Begriff zu bringen versuchte und deren Entfaltung den Kern unserer Überlegungen bilden soll. *Görres* weist darauf hin, daß das Schuldgefühl, die Fähigkeit Schuld zu erkennen, zum seelischen Haushalt des Menschen wesentlich gehört. Das Schuldgefühl, das eine falsche Gewissensruhe aufbricht und die Wortmeldung des Gewissens gegen meine selbstzufriedene Existenz genannt werden könnte, ist dem Menschen so nötig wie der körperliche Schmerz als Signal, das Störungen der normalen Lebensfunktion erkennen läßt. Wer nicht mehr fähig ist, Schuld zu sehen, ist seelisch krank, »ein lebendiger Leichnam, eine Charaktermaske«, wie *Görres* sagt. »Keine Schuldgefühle haben unter anderem Unmenschen, Monstren. Vielleicht hatte Hitler keine oder Himmler oder Stalin. Vielleicht haben Mafia-Patrone keine, aber vermutlich sind deren Leichen nur gut im Keller versteckt. Auch die abgetriebenen Schuldgefühle ... Alle Menschen brauchen Schuldgefühle.«

38/34f

Freiheit meines Gewissens auf etwas noch Tieferes hin (9)

An dieser Stelle unserer Überlegung ist es möglich, erste Konsequenzen zur Beantwortung der Frage nach dem Wesen des Gewissens zu ziehen. Wir können jetzt sagen: *Es geht nicht an*, das *Gewissen* des Menschen mit dem *Selbstbewußtsein* des Ich, *mit* seiner *subjektiven Gewißheit* über sich und sein moralisches Verhalten zu *identifizieren*. Dieses Bewußtsein kann einerseits bloßer Reflex des sozialen Umfelds und der dort verbreiteten Meinungen sein. Es kann andererseits auf einen Mangel an Selbstkritik, an Hören auf die Tiefe der eigenen Seele verweisen. Was nach dem Sturz der marxistischen Systeme im Osten Europas zutage kam, bestätigt diese Diagnose. Die wachsten und lautersten Geister der befreiten Völker sprechen von einer ungeheuren seelischen Verwahrlosung, die in den Jahren der geistigen Verbildung eingetreten sei; von einer Abstumpfung des moralischen Sinns, die als Verlust und Gefahr schwerer wiege als die wirtschaftlichen Schäden, die eingetreten sind. Der Moskauer Patriarch hob dies zum Beginn seines Wirkens im Sommer 1990 eindrucksvoll hervor: Die Wahrnehmungsfähigkeit des Menschen, die in einem System des Betrugs lebten, habe sich verdunkelt. Die Gesellschaft habe die Fähigkeit zur Barmherzigkeit eingebüßt, und die menschlichen Gefühle seien verlorengegangen. Eine ganze Generation sei für das Gute, für Taten der Menschlichkeit verloren. »Wir müssen die Gesellschaft zu den ewigen moralischen Werten zurückführen«, das heißt: das fast erloschene Gehör für den Zuspruch Gottes im Herzen des Menschen wieder entwickeln.

38/37f

APRIL

Österliche Lebensspuren wiederfinden in einer weltlichen Welt

»WAS MUSS ICH TUN ...?« (1)

Lukas 10,25–37

Das Gespräch zwischen Jesus und dem Gesetzeslehrer handelt von einer Frage, die uns alle angeht: Wie lebe ich richtig? Was muß ich tun, damit mein Menschsein gelingt? Dazu genügt es nicht, Geld zu verdienen und Einfluß auszuüben: Man kann sehr reich sein und trotzdem am eigentlichen Leben vorbeileben, sich und andere unglücklich machen. Man kann mächtig sein und dabei mehr zerstören als aufbauen. Wie kann ich also erlernen, ein Mensch zu sein? Was gehört dazu?

Der Gesetzeslehrer nennt schon in seiner Frage eine Voraussetzung, an die wir heute gewöhnlich nicht mehr denken: Damit *dieses* Leben gelinge, muß ich mitten darin auf das *ewige* Leben zugehen. Ich muß daran denken, daß Gott mir eine Aufgabe in der Welt zugedacht hat und daß er mich einmal danach fragen wird, was ich mit meinem Leben angefangen habe. Heute behaupten viele, der Gedanke an das ewige Leben hindere den Menschen daran, in dieser Welt das Richtige zu tun. Aber das Gegenteil ist wahr: Wenn wir den Maßstab Gottes, den Maßstab der Ewigkeit aus den Augen verlieren, dann bleibt eigentlich nur noch der Egoismus als Leitlinie übrig. [...] Wenn wir dagegen unser Leben so bauen, daß es vor den Augen Gottes bestehen kann, dann wird es auch für die anderen einen Schimmer von Gottes Güte sichtbar machen. So ist ein erster Maßstab: Lebe nicht für dich allein; lebe unter den Augen Gottes; lebe so, daß er dir zusehen darf und daß du einmal ewig in der Gesellschaft Gottes und seiner Heiligen willkommen sein kannst.

1/108f

»Was muss ich tun ...?« (2)

Lukas 10,25–37

Das kann manchmal sehr schwer sein. Es kann z. B. sein, daß ein Mensch mit vielerlei Krankheiten und Behinderungen geschlagen ist. Einem anderen macht die Armut das Leben unerträglich schwer. Wieder ein anderer verliert die Menschen, an deren Liebe sein Leben hing. Und so kann es vielerlei Unglücke geben. Da ist die Gefahr sehr groß, daß der Mensch erbittert wird und sagt: Gott *kann* gar nicht gut sein, sonst dürfte er doch nicht so mit mir umgehen. Wenn Gott mich lieben würde, müßte er mich anders geschaffen, mir andere Eigenschaften und andere Lebensumstände gegeben haben.

Solcher Aufruhr gegen Gott ist sehr verständlich, manchmal scheint die Zustimmung zu Gott fast unmöglich. Aber wer sich dieser Rebellion überläßt, vergiftet sein Leben. Das Gift des Neinsagens, des Zornes gegen Gott und gegen die Welt zerfrißt ihn von innen her. Gott aber verlangt gleichsam einen Vorschuß an Vertrauen von uns. Er sagt uns: Ich weiß, du verstehst mich jetzt nicht. Aber traue mir doch; glaube mir doch, daß ich gut bin, und wage es, von diesem Vertrauen her zu leben. Dann wirst du entdecken, daß hinter deinem Leid, hinter dem Schweren deines Lebens sich eine Liebe verbirgt. Dann wirst du erkennen, daß ich gerade so dir Gutes getan habe. Es gibt viele Beispiele von Heiligen und großen Menschen, die dieses Vertrauen gewagt haben und die so gerade im größten Dunkel das wahre Glück gefunden haben – für sich und für viele andere.

1/109f

»WAS MUSS ICH TUN ...?« (3)

Lukas 10, 25–37

Die Heilige Schrift gebraucht für die Beschreibung der Nächstenliebe ein sehr weises und tiefes Wort. »Lieben wie dich selbst.« Sie verlangt keinen abenteuerlichen und unwahren Heroismus. Sie sagt nicht: Du sollst dich selber verneinen und nur ganz für den anderen dasein; du mußt aus dir selber weniger machen und dergleichen mehr. Nein, wie dich selbst. Nicht mehr und nicht weniger. Ein Mensch, der mit sich selbst in Unfrieden ist, wird auch dem anderen nicht wirklich gut sein. Wer sich nicht annimmt, stößt sich auch am anderen. Die wahre Liebe ist gerecht: sich als eines der Glieder am Leibe Christi lieben, dazu führt sie uns. Sich wie die anderen – frei werden von jener falschen Perspektive, mit der wir alle geboren werden, als drehe sich die Welt um unser Ich.

Wir müssen durch den Glauben alle eine Art von kopernikanischer Wende erlernen. *Kopernikus* entdeckte, daß sich nicht die Sonne um die Erde dreht, sondern daß diese Erde mit den anderen Planeten die Sonne umkreist. Jeder von uns sieht sich zunächst wie eine kleine Erde an, um die alle Sonnen kreisen müssen. Der Glaube lehrt uns, aus diesem Irrtum herauszutreten und geschwisterlich mit allen anderen zusammen gleichsam in den Reigen der Liebe um die eine Mitte einzutreten – um die Mitte, die Gott ist. Nur wenn es Gott gibt, nur wenn er Mitte meines Lebens wurde, dann ist dieses »Lieben wie mich selbst« möglich. Aber wenn es ihn gibt, wenn er meine Mitte wurde, dann ist es auch möglich, zu dieser inneren Freiheit der Liebe zu gelangen.

1/111f

Das Leid der Verwandlung

Ich denke an Mt 5,38 und 41: »Ihr habt gehört, daß gesagt worden ist: Aug um Auge und Zahn um Zahn. Ich aber sage euch: Leistet dem, der euch etwas Böses antut, keinen Widerstand, sondern wenn dich einer auf die rechte Wange schlägt, dann halte ihm auch die andere hin.« Um diesen Text recht zu verstehen, müssen wir uns zunächst gegenwärtig halten, daß das alttestamentliche Prinzip »Aug um Auge, Zahn um Zahn« (Ex 21,24; Lev 24,20; Dt 19,21) keineswegs die Kanonisierung der Rachsucht ist, sondern ganz im Gegenteil das Prinzip des Rechts an die Stelle des Prinzips Rache setzen will. Der Grundsatz der Söhne Kains war (und ist!): »Siebenfach wird Kain gerächt, Lamech dagegen siebenundsiebzigmal.« Demgegenüber wird hier das Prinzip der Entsprechung aufgestellt: Delikt und Strafe müssen im Gleichgewicht zueinander stehen. Das Recht muß gewahrt werden, aber seine Durchsetzung darf nicht zur Rache entarten.

Jesus lehnt das Gleichheitsprinzip als Rechtsgrundsatz keineswegs ab, wohl aber will er dem Menschen hier eine neue Dimension seines Verhaltens eröffnen. Ein isoliertes und verabsolutiertes Recht wird zu einem circulus vitiosus, zu einem Kreislauf der Vergeltungen, aus dem am Ende kein Weg mehr herausführt. Gott hat in seinem Verhältnis zu uns diesen Zirkel durchbrochen. [...] Damit Verwandlung geschehe, geht er uns voraus und nimmt das Leid der Verwandlung auf sich. Das Kreuz Christi ist die reale Einlösung dieses Wortes: nicht Aug um Auge, Zahn um Zahn, sondern das Böse verwandeln durch die Kraft der Liebe. [...] In der Gemeinschaft mit ihm wird es zu einer Möglichkeit auch für unser eigenes Leben.

1/104f

MASS DER GLÜCKSFÄHIGKEIT

Leid kommt in dieser Welt wahrlich nicht nur aus der Ungleichheit von Besitz und Macht. Und Leid ist nicht nur das Lästige, das der Mensch abschütteln sollte: Wer das will, muß in die Scheinwelt des Rauschgiftes fliehen, um so nur erst recht sich selbst zu zerstören und in den Widerspruch der Wirklichkeit zu geraten. Nur im Durchleiden seiner selbst und im Sich-frei-Leiden von der Tyrannis des Egoismus findet sich der Mensch, findet er seine Wahrheit, seine Freude, sein Glück. Er wird um so glücklicher sein können, je mehr er bereit ist, die Abgründe des Daseins in ihrer Mühsal auf sich zu nehmen. Das Maß der Glücksfähigkeit hängt vom Maß der eingezahlten Prämie, vom Maß der Bereitschaft zur vollen Passion des Menschseins ab. Daß man aus ihr flüchten will, daß man uns vorgaukelt, man könne ohne das Bestehen seiner selbst, ohne die Geduld des Verzichts und die Mühsal der Überwindung Mensch werden, daß man uns vormacht, die Härte des Stehens zum Übernommenen und das geduldige Erleiden der Spannung zwischen dem Sollen des Menschen und seinem tatsächlichen Sein brauche es nicht, das macht ganz wesentlich die Krise unserer Stunde aus. Ein Mensch, dem die Mühsal genommen und der ins Schlaraffenland seiner Träume entführt wird, verliert sein Eigentliches, sich selbst. Der Mensch wird in der Tat nicht anders als durch das Kreuz erlöst. Alle Angebote, die es billiger versprechen, werden scheitern, sich als trügerisch erweisen.

12/37f

»Geschmack« für das Göttliche

Was in der christlichen Erneuerung konkret zu geschehen hat, hängt von der Frage ab: Was ist das eigentlich Christliche? – nicht aber von der Frage: Was verlangen die modernen Zeiten? Das Christentum ist nicht ein Kaufhaus, das ängstlich besorgt seine Werbung auf Geschmack und Stimmung des Publikums einstellen muß, weil es eine Ware losschlagen will, die die Kunden eigentlich weder wollen noch brauchen – so wird es freilich nicht selten betrieben; wäre es so, dann könnte man den Bankrott des Unternehmens ruhig hinnehmen. In Wahrheit ist christlicher Glaube viel eher (mit einem freilich recht einseitigen und schwachen Bild geredet) die göttliche Medizin, die sich nicht nach den Kundenwünschen und dem, was ihnen schmeckt, richten darf, wenn sie dabei die Kunden nicht zugrunde richten will; sie muß ihrerseits verlangen, daß die Menschen sich von ihrem eingebildeten Bedürfen, das in Wahrheit ihre Krankheit ist, abwenden und sich der Wegweisung des Glaubens anvertrauen. Von diesem Bild aus können wir bereits wahre und falsche Erneuerung scheiden, indem wir sagen dürfen: Die wahre Reform ist jene, die sich um das verdeckte wahrhaft Christliche müht, sich von ihm fordern und formen läßt; die falsche Reform ist jene, die hinter dem Menschen herläuft, anstatt ihn zu führen, und damit das Christentum in einen schlechtgehenden Krämerladen umwandelt, der um Kundschaften schreit. Damit soll nichts gesagt sein gegen das, was man heute »nachgehende Seelsorge« nennt.

6/95f

Varianten menschlicher Vermessenheit (1)

Die erste Variation der »Vermessenheit«, von der die Rede sein soll, ist der bürgerlich-liberale Pelagianismus, der etwa auf folgender Überlegung beruht: Wenn es Gott schon geben und wenn er sich tatsächlich um den Menschen kümmern sollte, kann er nicht so schrecklich anspruchsvoll sein, wie es vom Glauben der Kirche hingestellt wird. Schließlich bin ich nicht schlechter als die anderen; ich tue meine Pflicht, und die kleinen menschlichen Schwächen können ja nun wahrhaftig so gefährlich nicht sein. In dieser weitverbreiteten Lebenseinstellung steckt die [...] Selbstverkleinerung des Menschen und seine Selbstgenügsamkeit der unendlichen Liebe gegenüber, die er in seiner bürgerlichen Selbstzufriedenheit nicht zu brauchen meint. Vielleicht kann man in ruhigen Zeiten ziemlich lange in dieser Einstellung dahinleben. Aber im Augenblick der Krise wird einer sich entweder davon bekehren oder der Verzweiflung verfallen.

1/81

Varianten menschlicher Vermessenheit (2)

Das andere Gesicht des gleichen Lasters ist der Pelagianismus der Frommen: Sie wollen keine Ver-gebung und eigentlich überhaupt keine Gabe von Gott haben. Sie wollen selbst in Ordnung sein – nicht Vergebung, sondern gerechten Lohn. Sie möchten nicht Hoffnung, sondern Sicherheit. Mit einem harten Rigorismus religiöser Übungen, mit Gebeten und Aktionen wollen sie sich ein Recht auf die Seligkeit schaffen. Ihnen fehlt die für jede Liebe wesentliche Demut – die Demut, über unser Verdienen und Leisten hinaus Geschenktes zu empfangen. Die Verleugnung der Hoffnung zugunsten der Sicherheit, vor der wir hier stehen, beruht auf der Unfähigkeit, die Spannung auf das Kommende hin zu ertragen und sich der Güte Gottes zu überlassen. So ist solcher Pelagianismus eine Apostasie, ein Abfall von der Liebe und von der Hoffnung, im tiefsten damit aber auch vom Glauben. Das Herz des Menschen wird dabei hart gegen sich selbst, gegen die anderen und letztlich gegen Gott: Der Mensch braucht ja Gottes Gottsein, seine Liebe nicht mehr. Er setzt sich selbst ins Recht und ein Gott, der da nicht mittut, wird sein Feind. Die Pharisäer des Neuen Testaments sind die immer gültige Darstellung dieser Deformation von Religion. Der Kern dieses Pelagianismus ist eine Religion ohne Liebe, die so zur traurigen Karikatur von Religion entartet.

1/82

Varianten menschlicher Vermessenheit (3)

Wenn wir vom Zusammenhang zwischen Hoffnung und Liebe sprechen, muß zuletzt auch noch das Thema Furcht berührt werden. Der Pelagianismus der Frommen ist ein Kind der Furcht, einer gelähmten Hoffnung, die die Spannung auf das nicht erzwingbare Geschenk der Liebe nicht aushalten kann. So wird aus Hoffnung Angst, und die wieder gebiert das Streben nach Sicherheit, in der keine Ungewißheit bleiben darf. Nun überwindet nicht die Liebe die Furcht, weil der Selbstsüchtige sich ihrer Art der immer »nur« dialogischen Gewißheit nicht anvertrauen will. Furcht muß bei diesem Ausgangspunkt gebannt werden, unabhängig von dem anderen durch das, was in meiner eigenen Verfügung steht – durch mein eigenes Machen, mein »Werk«.

Solches Streben nach Sicherheit beruht auf der totalen Selbstbehauptung des Ich, das sich dem Wagnis weigert, aus sich herauszugehen und sich dem anderen anzuvertrauen. Dies ist geradezu die Probe für das Fehlen wahrer Liebe. Demgegenüber ist festzuhalten an einer Weise der Furcht, die mit der Liebe nicht nur vereinbar ist, sondern notwendig aus ihr folgt: der Furcht, den Geliebten zu verletzen, durch eigene Schuld die Grundlagen der Liebe zu zerstören. Liberalismus und Aufklärung wollen uns eine Welt ohne Furcht einreden; sie versprechen die totale Beseitigung jeder Art von Furcht. Sie möchten jedes Noch nicht, jede Angewiesenheit auf den anderen und deren innere Spannung austreiben, die aber doch wesentlich zu Hoffnung und Liebe gehört. Wer den Menschen in dieser Weise von Furcht »befreit«, »befreit« ihn von Hoffnung und Liebe.

1/83f

Varianten menschlicher Vermessenheit (4)

In unserer Zeit, die dem Menschen die Heils- und Sündenangst genommen und ihn so angeblich frei von Furcht gemacht hat, wuchern diese neuen Ängste und nehmen vielfach schon die Form kollektiver Psychosen an: Furcht vor der Geißel der großen Krankheiten, die den Menschen zerstören; Angst vor den Folgen unserer technischen Macht; Angst vor der Leere und der Sinnlosigkeit des Daseins. Wer an die überreizten Reaktionen nach Tschernobyl denkt, sieht, wie die unbewältigte Furcht auf dem Grund des menschlichen Herzens jederzeit in irrationalen Explosionen ans Licht drängen kann. All diese Ängste sind Masken der Furcht vor dem Tod, des Erschreckens vor der Endlichkeit unseres Seins. Solche Art von Furcht und Erschrecken stellt sich ein, nachdem man dem Unendlichen statt mit Liebe mit Angst begegnet war und diese Angst durch seine Leugnung glaubte abgeschüttelt zu haben. Aber die Furcht vor der Endlichkeit ist erschreckender und trostloser, als die abgeworfene Furcht vor dem Unendlichen je sein könnte, in der immer das Geheimnis des Trostes verborgen auf uns wartet.

1/84f

Die Unverzichtbarkeit des Christentums in der modernen Welt (1)

Das Christentum hat entgegen seinen Verkehrungen den Messianismus gerade nicht im Politischen angesiedelt. Es hat ganz im Gegenteil von Anfang an darauf bestanden, das Politische in der Sphäre der Rationalität und des Ethos zu belassen. Es hat die Annahme des Unvollkommenen gelehrt und ermöglicht. Anders ausgedrückt: Das Neue Testament kennt politisches Ethos, aber keine politische Theologie. Genau in dieser Unterscheidung verläuft die Grenzlinie, die Jesus selbst und dann sehr nachdrücklich die Apostelbriefe zwischen Christentum und Schwärmerei gezogen haben. So fragmentarisch und zufällig die verschiedenen Äußerungen des neuen Testaments zum politischen Bereich im einzelnen auch sein mögen, in diesem Grundentscheid sind sie durchweg einig und klar: Ob man an die Erzählung von den Versuchungen Jesu mit ihren politischen Implikationen denkt, an die Geschichte von der Steuermünze, die des Kaisers ist, an die politischen Ermahnungen in den Paulus- und Petrusbriefen oder auch an die in vieler Hinsicht so ganz anders gelagerte Apokalypse – immer wird der Enthusiasmus abgelehnt, der Gottes Reich zum politischen Programm zu erheben versucht. Immer gilt, daß die Politik nicht der Bereich der Theologie, sondern des freilich zuletzt nur theologisch zu begründenden Ethos ist. Gerade so bleibt das Neue Testament seiner Absage an die Gerechtigkeit aus Werken treu, denn politische Theologie im strengen Sinn des Wortes besagt, daß die vollendete Gerechtigkeit der Welt durch unser Werk produziert werden muß, daß Gerechtigkeit als Werk und nur so entsteht. Sie ist machbar und wird gemacht. Wo dagegen der Staat auf das Ethos gegründet wird, ist der Mensch zwar ganz in Pflicht genommen, aber Gottes bleibt, was Gottes ist.

37/243f

Die Unverzichtbarkeit des Christentums in der modernen Welt (2)

Der christliche Glaube erweckt das Gewissen und begründet das Ethos. Er gibt der praktischen Vernunft Inhalt und Weg. Die eigentliche Gefahr unserer Zeit, der Kern unserer Kulturkrise, ist die Destabilisierung des Ethos, die darauf beruht, daß wir die Vernunft des Moralischen nicht mehr begreifen können und Vernunft auf das Berechenbare reduziert haben. Der Versuch, den Menschen und die menschlichen Dinge von außen her, vom quantitativen und Machbaren aus zu stabilisieren oder zu befreien, muß seinem Wesen nach fehlschlagen. Er bedeutet seinem Ansatz nach die Unterordnung des Geistigen unter das Quantitative, die Unterordnung der Freiheit unter den Zwang. Die Befreiung von der Moral kann daher ihrem Wesen nach nur Befreiung zur Tyrannis sein. Nach alledem ist es auch kein Ausweg, das Moralische ins Subjektive abzudrängen und es damit als öffentlich wirksame Kraft formell abzuschaffen. Ebensowenig ist es ein Ausweg, Moral in Berechnung umzusetzen, weil sie damit als Moral wiederum aufgehoben wird. Es führt kein Weg daran vorbei, daß wir uns wieder zu einer größeren Weite der Vernunft bekehren müssen. Für das Staatswesen heißt das, daß die Gesellschaft nie fertig ist, sondern immer wieder vom Gewissen her neu gebaut werden muß und nur von dorther gesichert werden kann. Das bedeutet des weiteren, daß der grundlegende Akt für die Entwicklung und für das Überdauern gerechter Gesellschaften die moralische Erziehung ist, in der der Mensch den Gebrauch seiner Freiheit erlernt.

37/244f

Die Unverzichtbarkeit des Christentums in der modernen Welt (3)

Aber das Ethos begründet sich nicht von selbst. Auch das aufgeklärte Ethos, das unsere Staaten noch zusammenhält, lebt von der Nachwirkung des Christentums, das ihm die Grundlagen seiner Vernünftigkeit und seines inneren Zusammenhangs gegeben hat. Wo der christliche Boden völlig weggezogen wird, hält nichts davon mehr zusammen. Wir sehen es heute in der allmählichen Auflösung der Ehe als Grundform des Zueinander der Geschlechter, der die Herabstufung des Sexuellen zu einer Art von leicht erhältlicher Lustdroge folgt. Der Kampf der Generationen gegeneinander, der Kampf der Geschlechter gegeneinander, die Zerspaltung von Geist und Materie folgen zwangsläufig daraus. Den gleichen Auflösungsprozeß beobachten wir im Verhältnis zum Leben. Wenn eine Art Einverständnis darüber erzielt ist, daß man vermutlich behinderte Kinder abtreiben soll, um ihnen und den anderen die Last ihrer Existenz zu ersparen – welche Verhöhnung aller Behinderten ist dies: Ihnen wird ja damit gesagt, daß es sie nur gibt, weil der Fortschritt der Wissenschaft noch nicht ausreichend war. So ließe sich fortfahren. Wesentlich ist dies: Die Vernunft, die sich in sich selbst abschließt, bleibt nicht vernünftig, so wie der Staat, der vollkommen sein will, tyrannisch wird. Die Vernunft braucht Offenbarung, um als Vernunft wirken zu können. Die Beziehung des Staates auf den christlichen Grund ist unerläßlich, gerade wenn er Staat bleiben und pluralistisch sein soll.

37/245f

Die Unverzichtbarkeit des Christentums in der modernen Welt (4)

Hier berühren wir nun allerdings den neuralgischen Punkt in der Zuordnung von Christentum und pluralistischer Demokratie. Niemand bestreitet bei uns dem Christentum das Recht, ähnlich wie die verschiedensten gesellschaftlichen Gruppen seine Wertvorstellungen zu pflegen und seine Lebensformen zu entwickeln, d. h. als eine gesellschaftliche Kraft unter anderen zu wirken. Aber dieser Rückzug ins Private, diese Einordnung ins Pantheon aller möglichen Wertsysteme widerspricht dem Wahrheitsanspruch des Glaubens, der als solcher ein Öffentlichkeitsanspruch ist. Robert Spaemann spricht in diesem Zusammenhang von der fatalen Neigung der christlichen Kirchen, sich selbst als Teil des Ensembles »gesellschaftlicher Kräfte« zu verstehen, die automatisch eine Rücknahme seines Wahrheitsanspruchs einschließt und damit gerade das aufhebt, worum es in der Kirche geht und was sie auch für den Staat »wertvoll« macht. Spaemann hält dem entgegen, daß Kirche sich nicht in die Repräsentanz eines »religiösen Bedürfnisses« zurückziehen dürfe, sondern sich verstehen müsse »als Ort einer absoluten, den Staat überbietenden Öffentlichkeit unter dem legitimierenden Anspruch Gottes«, wobei er sich darüber klar ist, daß gerade dieses Selbstverständnis in der Sphäre des staatlichen Rechts keine adäquate Darstellung finden kann. Wir stehen vor einer Aporie: Wenn Kirche diesen Anspruch aufgibt, bewirkt sie gerade auch für den Staat nicht mehr, was er von ihr braucht. Wenn der Staat ihn aber annimmt, hebt er sich als pluralistischer auf und dabei verlieren dann Staat und Kirche sich selbst.

37/246

Bildung zum rechten Menschsein

Priesterausbildung muß mehr als Ausbildung, sie muß Bildung zum rechten Menschsein anbieten. Dazu gehört zuallererst, die Tugenden gründlich zu erlernen, ohne die keine Familie auf Dauer zusammenhalten kann. Für den Priester ist dies deshalb so wichtig, weil er ja nicht nur fähig sein muß zum Mitsein in der Familie des Presbyteriums, der Orts- und der Gesamtkirche; seine Aufgabe ist es überdies, Menschen, die sich von Herkunft, Bildung, Temperament und Lebensumständen her fremd sind, in der Gemeinschaft des Glaubens zusammenzuführen und zusammenzuhalten. Er muß Menschen zur Fähigkeit des Versöhnens, des Vergebens und Vergessens, des Ertragens und der Großzügigkeit führen. Er muß ihnen helfen, den anderen in seiner Andersheit zu ertragen, Geduld miteinander zu haben, Vertrauen und Klugheit, Diskretion und Offenheit ins rechte Maß zu bringen und noch vieles mehr. Er muß vor allem auch fähig sein, den Menschen im Schmerz beizustehen – im körperlichen Leiden wie in all den Enttäuschungen, Erniedrigungen und Ängsten, die keinem erspart werden. Wie sollte er dies, wenn er es nicht zuerst selber gelernt hat? Die Fähigkeit, das Leid anzunehmen und zu bestehen, ist eine grundlegende Bedingung für das Gelingen des Menschseins; wo sie gar nicht erlernt wird, ist das Scheitern der Existenz unausweichlich. Die Aufgebrachtheit gegen alle und gegen alles verseucht sozusagen den Boden der Seele und macht sie zum toten Land. Schmerzbewältigung – jeder weiß, daß es Erfolg ohne Training und die dazugehörige Selbstüberwindung nicht gibt.

16/209

Das Kreuz – ein schreckliches Symbol?

In einer Hinsicht hat es natürlich einen Schrecken an sich, den wir nicht wegnehmen sollten. Es ist ja die grausamste Hinrichtungsart, die die Antike kannte und die auf Römer nicht angewendet werden durfte, weil man damit gleichsam die römische Ehre befleckt hätte. Zu sehen, daß der reinste der Menschen, der mehr als ein Mensch war, auf eine so grausame Weise hingerichtet wird, kann uns zunächst über uns erschrecken lassen. Aber wir brauchen auch das Erschrecken über uns selber und aus unserer Selbstbequemlichkeit heraus. Da, denke ich, hat Luther schon ein richtiges Wort gesagt, daß der Mensch zunächst einmal auch erschrocken sein muß über sich selber, damit er dann auf den richtigen Weg kommt.

Es bleibt aber eben nicht bei dem Schrecken, es ist nicht bloß ein Schrecken, weil von dem Kreuz herunter uns nicht ein gescheiterter, nicht ein verzweifelter, nicht eines der schrecklichen Opfer der Menschheit anschaut, weil uns dieser Gekreuzigte etwas anderes sagt als Spartakus und seine gescheiterten Anhänger, weil uns von diesem Kreuz ja eine Güte anschaut, die im Schrecken das Leben neu beginnen läßt. Es schaut uns die Güte Gottes selber an, der sich in unsere Hände gibt, sich uns ausliefert und sozusagen den ganzen Schrecken der Geschichte mit uns trägt. Tiefer gesehen, läßt uns dann dieses Zeichen, das uns die Gefährlichkeit des Wesens Mensch und seine ganzen Abscheulichkeiten ansehen läßt, zugleich den stärkeren, in seiner Schwachheit stärkeren Gott und das Geliebtsein von Gott anschauen. Es ist insofern ein Zeichen der Vergebung, das auch in den Abgründen der Geschichte noch Hoffnung setzt.

32/27f

Wahre Weisheit (1)

Lukas 12,16–21

»Auf den Feldern eines reichen Mannes stand eine gute Ernte. Da überlegte er hin und her: Was soll ich tun? Ich weiß nicht, wo ich meine Ernte unterbringen soll. Schließlich sagte er: So will ich es machen: Ich werde meine Scheunen abreißen und größere bauen; dort werde ich mein ganzes Getreide und meine Vorräte unterbringen. Dann werde ich zu meiner Seele sagen: ›Seele, nun hast du viel Gut da liegen, das auf Jahre hin reicht; nun ruhe dich aus, iß und trink und freue dich.‹ Gott aber sprach zu ihm: ›Du Tor! Noch in dieser Nacht wird man deine Seele von dir fordern. Wem wird dann all das gehören, was du angehäuft hast?‹ So geht es jedem, der nur für sich selbst Schätze sammelt und nicht reich ist für Gott.«

Der reiche Mann dieses Gleichnisses war ohne Zweifel intelligent; er verstand sich auf sein Geschäft. Er weiß die Marktchancen zu berechnen; er berücksichtigt die Unsicherheitsfaktoren in der Natur wie im menschlichen Verhalten gebührend. Seine Überlegungen sind wohl bedacht, der Erfolg gibt ihm recht. Wenn wir das Gleichnis ein wenig ausweiten dürfen, können wir sagen, daß dieser Mensch sicher viel zu gescheit war, um ein Atheist zu sein. Gelebt aber hat er als Agnostiker: »als ob es Gott nicht gäbe«. Mit so unsicheren Dingen wie der Existenz eines Gottes beschäftigt sich ein solcher Mann nicht. Er geht mit dem Sicheren, dem Berechenbaren um. Darum ist auch sein Lebensziel sehr innerweltlich, handgreiflich: der Wohlstand und das Glück des Wohlergehens. Aber siehe da, es geschieht genau das, was er nicht in Rechnung gezogen hatte: Gott spricht zu ihm, und er redet zu ihm von einer Angelegenheit, die er als zu unsicher und zu unwichtig aus seinem Kalkül ausgeklammert hatte.

1/19f

Wahre Weisheit (2)

Lukas 12,16–21

Der Mann, denn alle als intelligent und erfolgreich kannten, ist in den Augen Gottes ein Dummkopf: »Du Tor«, sagt er zu ihm, und im Angesicht des Eigentlichen erscheint er nun mit seinen Berechnungen als seltsam töricht und kurzsichtig, denn in allem Berechnen hatte er das Eigentliche vergessen – daß seine Seele nicht nur nach Besitz und Genuß verlange, sondern vor Gott stehen werde. Dieser törichte Intelligente erscheint mir als ein sehr genaues Bild unseres modernen Durchschnittsverhaltens. Unsere technischen und ökonomischen Fähigkeiten sind ins früher Unvorstellbare gewachsen. Die Genauigkeit unserer Berechnungen ist bewundernswert. Trotz aller Schrecklichkeiten dieser Zeit verstärkt sich bei vielen immer noch die Meinung, wir seien nun nah daran, das größtmögliche Glück der größtmöglichen Zahl von Menschen zu erwirken und endlich eine neue Phase der Geschichte heraufzuführen, eine Menschheitszivilisation, in der alle endlich nach Herzenslust essen, trinken und sich erfreuen können. Aber gerade in dieser scheinbaren Annäherung an die Selbsterlösung der Menschheit brechen die unheimlichen Explosionen aus der Tiefe der ungesättigten und unterdrückten menschlichen Seele hervor und sagen uns: Du Narr, du hast dich selbst vergessen, deine Seele und ihren unstillbaren Durst – ihr Verlangen nach Gott. Der scheinbar so vernünftige Agnostizismus unserer Zeit, der Gott Gott sein läßt, um den Menschen zum Menschen zu machen, erweist sich als kurzsichtige Torheit. Ziel sollte es sein, die Anrede Gottes zu hören, den Ruf unserer Seele zu vernehmen, auf ihrem Grunde das Geheimnis Gottes wiederzuentdecken.

1/20f

Der Mensch – Ausdruck Gottes

Was bedeutet Jesus Christus für mich? Von Jesus Christus her glaube ich zu ahnen, was Gott ist und was der Mensch ist. Gott ist so, wie er sich in Jesus Christus ausgedrückt hat. Gott ist nicht bloß der unendliche Abgrund oder die unendliche Höhe, die alles trägt, aber nie selber ins Endliche eintritt. Gott ist nicht bloß unendliche Distanz, sondern auch unendliche Nähe. Man kann sich ihm anvertrauen, zu ihm sprechen: Er hört und sieht und liebt. Obwohl er nicht Zeit ist, hat er doch Zeit: auch für mich. Er drückt sich im Menschen Jesus aus, freilich so, daß er darin nicht aufgeht, denn Jesus ist eins mit ihm und sagt doch zugleich zu ihm: Vater. Gott bleibt der, der unendlich hinausragt über alles zu Sehende. Nur durch die Einsamkeit von Jesu Beten, durch sein Vatersagen hindurch ist er zu erkennen; zugleich ist er uns freilich auch in diesem Vatersagen ganz nahe verbunden. – Die andere Seite sieht dann etwa so aus: Der Mensch ist derart, daß er den ganz guten Menschen, den wirklich gerechten, den wirklich liebenden, der keinem Unrecht tut, nicht ertragen kann. Nur einen Augenblick lang scheint es so, als würde Vertrauen in dieser Welt mit Vertrauen, Gerechtigkeit mit Gerechtigkeit, Liebe mit Liebe belohnt. Alsbald stört der, der dies allein rein verkörpert. Der Mensch kreuzigt den Menschen, den, der es wirklich ist. So ist der Mensch. So bin ich – das ist die erschreckende Erkenntnis, die von dem gekreuzigten Christus her auf einen zukommt. Daneben steht freilich auch die andere Einsicht: Der Mensch ist jenes Wesen, das fähig ist, Ausdruck Gottes selbst zu sein.

14/133f

Passionen in unserer Zeit

In den großen Passionskompositionen von Johann Sebastian Bach, die wir jedes Jahr in der Karwoche mit neuer Ergriffenheit hören, ist das unheimliche Geschehen des Karfreitags eingetaucht in eine verklärte und verklärende Schönheit. Diese Passionen sprechen zwar nicht von der Auferstehung – sie enden beim Begräbnis Jesu –, aber in ihrer reinen Würde leben sie von der Gewißheit des Ostertages. Inzwischen ist diese getroste Gelassenheit des Glaubens uns merkwürdig fremd geworden.

Dies ist der Karfreitag unseres Jahrhunderts: Das Antlitz des Menschen ist verspottet, bespieen, zerschlagen durch den Menschen selbst. Der furchtbarste Augenblick in der Passionsgeschichte Jesu ist doch wohl jene Stelle, an der er in äußerster Qual des Kreuzes laut aufschreit: »Mein Gott, mein Gott, warum hast du mich verlassen?« – Wenn wir den Karfreitag unseres Jahrhunderts in den Karfreitag Jesu hineinstellen wollen, müssen wir den Notschrei des Jahrhunderts in den Hilferuf an den Vater hineinversetzen – umwandeln in Gebet an den dennoch nahen Gott. Und wir müßten erlernen, daß es neben der Realpräsenz Jesu in der Kirche, im Sakrament, jene andere zweite Realpräsenz Jesu in den Geringsten, in den Getretenen dieser Welt, in den Letzten gibt, in denen Er von uns gefunden sein will. Das neu in uns aufzunehmen, ist die entscheidende Forderung, die der Karfreitag Jahr für Jahr an uns richtet.

14/327ff

Gottesfinsternis

Karsamstag, Tag des Begräbnisses Gottes – ist das nicht auf eine unheimliche Weise unser Tag? Fängt unser Jahrhundert nicht an, zu einem großen Karsamstag zu werden, einem Tag der Abwesenheit Gottes, an dem auch den Jüngern eine eisige Leere ins Herz steigt, so daß sie beschämt und verängstigt sich zum Heimweg rüsten und auf ihrem Emmaus-Gang dumpf und verstört sich in ihre Hoffnungslosigkeit hineinbohren, gar nicht bemerkend, daß der Totgeglaubte in ihrer Mitte ist? Gott ist tot, und wir haben ihn getötet: Haben wir eigentlich bemerkt, daß dieser Satz fast wörtlich der Sprache der christlichen Überlieferung entnommen ist, daß wir oft genug in unseren Kreuzweggebeten schon Ähnliches gelallt haben, ohne den erschreckenden Ernst, die unheimliche Wirklichkeit des Gesagten zu gewahren? [...]

Die Gottesfinsternis dieses Tages, dieses Jahrhunderts, das mehr und mehr zum Karsamstag wird, redet uns ins Gewissen. Sie hat auch mit uns zu tun. Aber sie hat trotz allem etwas Tröstendes an sich. Denn Gottes Sterben in Jesus Christus ist zugleich Ausdruck seiner radikalen Solidarität mit uns. Das dunkelste Geheimnis des Glaubens ist zugleich das hellste Zeichen einer Hoffnung, die ohne Grenzen ist. Und noch eins: Erst durch das Scheitern des Karfreitags, erst durch die Todesstille des Karsamstags hindurch konnten die Jünger zum Begreifen dessen geführt werden, wer Jesus wirklich war, was seine Botschaft in Wahrheit meinte. Gott mußte sterben für sie, damit er wahrhaft leben konnte in ihnen.

29/18f

Uns überfallen lassen von einer grossen Möglichkeit

Was das Geheimnis der Osternacht – die Auferstehung des Herrn – bedeutet, versucht die Kirche in dieser heiligen Nacht in ihrer Sprache zu sagen: in der Sprache der Symbole. Drei große Symbole sind es, die die Liturgie der Auferstehungsnacht beherrschen: das Licht, das Wasser und »das neue Lied«, das Halleluja. Wenn wir in der nachtdunklen Kirche des österlichen Lichtes warten, soll es uns wie ein Trost überkommen: Gott weiß um diese Nacht. Und mitten in ihr hat er sein Licht schon entzündet: »Lumen Christi« – »Deo gratias«. Die Nacht läßt uns erst innewerden, was das Licht ist. Es ist Helligkeit, Wärme, Leben, es ist Vorausschau auf das große eschatologische Lichtfest, Vorwegnahme der Hochzeitstafel Gottes. Werde ich mit ihm zu Tische sitzen? Wird meine Ampel Öl haben zum ewigen Hochzeitsmahl?

Das zweite österliche Element ist das Wasser, mit dem sich das Licht gleichsam vermählt in der dreimaligen Eintauchung der Osterkerze. Das Wasser verkörpert die Köstlichkeit der Erde. Die Osternacht will uns sagen, daß ein weit köstlicherer Quell noch, als je auf Erden es ihn gab, aus der geöffneten Seite des Herrn entsprungen ist. In der Taufe fließt dieser Quell von Christi Kreuz als machtvoller Strom durch die ganze Kirche und »erfreut die Gottesstadt« (Ps 45,5).

Das dritte österliche Element ist »das neue Lied«: das Halleluja. Das Halleluja ist einfach das wortlose Sich-Aussingen einer Freude, das Singen wird zum »Jubilus«. Der Jubilus ist nämlich ein Klang, der da zeigt, daß das Herz verkünden will, was es doch nimmer sagen kann …

14/337ff

Antwort auf leidenschaftliche Sehnsucht (1)

Das ist der Tag, den der Herr gemacht hat. An ihm laßt uns jubeln und fröhlich sein.« So singen wir mit einem Psalmvers Israels, der von innen her auf den Auferstandenen gewartet hat und so zum Osterlied der Christen werden mußte. Wir singen das Alleluja, in dem ein Wort der hebräischen Sprache zum zeitlosen Ausdruck für die Freude der Erlösten wurde.

Aber dürfen wir uns eigentlich freuen? Oder ist Freude nicht fast etwas wie Zynismus, wie Spott in einer Welt, die so voller Leiden ist? Sind wir erlöst? Ist die Welt erlöst?

Die Schüsse, mit denen der Erzbischof von San Salvador während der Wandlung ermordet wurde, sind nur ein grelles Blitzlicht auf die Entfesselung der Gewalt, auf die Barbarisierung des Menschen, die um den ganzen Erdkreis geht. In Kambodscha erlischt langsam ein ganzes Volk – und niemand mag Notiz davon nehmen. Und allüberall gibt es dies, daß Menschen um ihres Glaubens, ihrer Überzeugung willen leiden, daß ihre Rechte getreten werden. *Dimitrij Dudko*, der russische Priester, hat [...] wohl in Vorahnung seiner baldigen Verhaftung eine Botschaft an alle Christen gerichtet, von der er sagt, er spreche von Golgota aus und zugleich von der Stätte aus, an der der auferstandene Herr durch verschlossene Türen erschienen ist.

35/31f

Antwort auf leidenschaftliche Sehnsucht (2)

Wer so in die Welt hineinschaut, mag sich wohl fragen, ob wir eigentlich Zeit haben, an Gott und an die göttlichen Dinge zu denken, oder ob wir nicht lieber alle Kräfte anspannen sollten, um es auf der Erde besser zu machen. *Bert Brecht* hat seinerzeit aus solcher Gesinnung heraus gedichtet: »Laßt euch nicht verführen, ihr sterbt mit allen Tieren, und es kommt nichts nachher.« Den Glauben an das Jenseitige, an die Auferstehung sah er als eine Verführung des Menschen an, die ihn hindert, diese Welt, dieses Leben voll zu ergreifen. Aber wer der Gottähnlichkeit des Menschen seine Tiergleichheit entgegenstellt, der achtet ihn auch bald nur als ein Tier. Und wenn wir – wie ein anderer moderner Dichter sagt – wie die Hunde sterben, dann werden wir sehr bald auch leben wie Hunde und uns behandeln wie die Hunde, oder vielmehr so, wie man keinen Hund behandeln sollte.

Tiefer gesehen hat da der jüdische Philosoph *Theodor Adorno*, der aus der leidenschaftlichen, messianischen Sehnsucht seines Volkes heraus danach gefragt und immer neu danach gesucht hat, wie man eigentlich eine gerechte Welt, Gerechtigkeit in der Welt schaffen könne. Er kam schließlich zu der Einsicht: Damit wirklich Gerechtigkeit sei in der Welt, müßte es Gerechtigkeit für alle und für immer sein; das heißt Gerechtigkeit auch für die Verstorbenen. Es müßte eine Gerechtigkeit sein, die auch das unwiderruflich vergangene Leiden widerruft und gutmacht. Damit aber dies sein könnte, müßte es die Auferstehung der Toten geben.

35/32f

Antwort auf leidenschaftliche Sehnsucht (3)

Auf diesem Hintergrund können wir – glaube ich – die Osterbotschaft neu vernehmen. Christus ist auferstanden! Ja, es gibt die Gerechtigkeit für die Welt! Es gibt die ganze Gerechtigkeit für alle, die imstande ist, auch das unwiderruflich Vergangene zu widerrufen, weil es Gott gibt und weil er die Macht dazu hat. Gott kann zwar nicht leiden, aber mitleiden, hat der heilige *Bernhard von Clairvaux* einmal formuliert. Er kann mitleiden, weil er lieben kann. Diese Macht des Mitleidens aus der Macht der Liebe heraus ist die Macht, die das Unwiderrufliche widerrufen und Gerechtigkeit geben kann. Christus ist auferstanden – das heißt, es gibt die Kraft, die Gerechtigkeit zu schaffen imstande ist und sie erschafft. Deswegen ist die Botschaft von der Auferstehung nicht nur ein Hymnus auf Gott, sondern ein Hymnus auf die Macht seiner Liebe, und darum ein Hymnus auf den Menschen und auf die Erde und auf die Materie. Das Ganze wird gerettet. Gott läßt nicht einen Teil seiner Schöpfung lautlos im Gewesenen versinken. Er hat alles geschaffen, damit es sei, wie das Weisheitsbuch sagt. Er hat alles geschaffen, damit alles eins sei und ihm zugehöre, damit gelte: Gott alles in allem.

35/33f

Antwort auf leidenschaftliche Sehnsucht (4)

Aber nun entsteht die Frage: Wie können wir dieser Auferstehungsbotschaft entsprechen? Wie kann sie unter uns hereintreten und Wirklichkeit werden? Ostern ist ja gleichsam der Schein der offenen Tür, die aus dem Unrecht der Welt hinausführt und die Aufforderung, diesem Lichtschein nachzugehen, ihn den anderen zu zeigen, wissend, daß es nicht Träumerei ist, sondern das wirkliche Licht, der wirkliche Ausgang. Aber wie können wir dort hineingehen? Darauf antwortet die Lesung des Ostersonntags, wo Paulus den Kolossern schreibt: Christus ist auferstanden. Darum sucht das, was droben ist, wo er ist! Sinnt auf das, was oben ist, nicht auf das, was unten ist (Kol 3,1f).

Wer mit modernen Ohren diese Anweisung des heiligen Paulus in die Osterbotschaft, in die Osterwirklichkeit hinein hört, der wird wahrscheinlich versucht sein, zu sagen: also doch Flucht in den Himmel, Flucht weg von der Welt. Aber dies ist ein grobes Mißverständnis. Es gilt ja für das menschliche Leben das Grundgesetz: Nur wer sich verliert, findet sich. Wer sich selbst festhalten will, sich nicht überschreitet, gerade der kommt nicht zu sich selber. Wer nur sich besitzen möchte und sich nicht gibt, der empfängt sich auch nicht. Dieses Grundgesetz des Menschseins, das aus dem Grundgesetz der trinitarischen Liebe folgt, aus dem Wesen des Seins Gottes selber, der im Sich-Geben als Liebe die wahre Wirklichkeit und die wahre Macht ist, es gilt für den ganzen Bereich unseres Verhältnisses zur Wirklichkeit.

35/34f

AUFBRECHEN NACH INNEN – UND OBEN (1)

Die erste Botschaft des Auferstandenen, die er durch die Engel und durch die Frauen den Seinen übermitteln läßt, lautet: Geht mir nach, ich gehe euch voraus! Auferstehungsglauben ist ein Gehen, Auferstehungsglaube kann nicht anders sein als im Nachgehen hinter Christus, in der Nachfolge Christi. Wohin er gegangen ist, in welcher Weise, wohin wir ihm nachgehen sollen, das hat Johannes in seinem Osterevangelium sehr deutlich ausgedrückt: »Ich steige hinauf zu meinem Gott und zu euerem Gott, zu meinem Vater und zu euerem Vater« (Joh 20,17). Er sagt zu Magdalena, daß sie jetzt ihn nicht berühren kann, sondern nur, wenn er aufgestiegen ist. Wir können ihn nicht so anrühren, daß wir ihn in diese Welt zurückholen, sondern anrühren können wir ihn, indem wir ihm nachgehen, indem wir aufsteigen mit ihm. Deswegen hat die christliche Überlieferung sehr bewußt nicht einfach von Nachfolge Jesu, sondern von Nachfolge Christi gesprochen. Wir folgen nicht dem Toten, sondern dem Lebendigen. Wir suchen nicht ein vergangenes Leben nachzuahmen oder es in ein Programm mit allerlei Kompromissen und Umdeutungen umzuwandeln [...]

Das bedeutet dann zugleich, jenen Vorrat an Freude zu finden, dessen die Welt so dringend bedarf. Es ist nicht nur unser Recht, es ist unsere Pflicht, uns zu freuen, weil der Herr die Freude geschenkt hat, und weil die Welt auf sie wartet.

35/36f

Aufbrechen nach innen – und oben (2)

Dazu ein kleines Beispiel aus jüngster Zeit. Die britische Ärztin *Sheila Cassidy*, die 1978 in den Orden des heiligen *Benedikt* eintrat, geriet 1975 in Chile in Folter- und Kerkerhaft, weil sie einen Revolutionär ärztlich behandelt hatte. Kurz nach der Folterung wurde sie in eine andere Zelle verlegt, in der sie eine abgegriffene Bibel fand. Sie schlug sie auf und begegnet als erstes einem Bild, auf dem ein Mensch war, völlig zerschlagen von dem Blitz und Donner und Hagel, die auf ihn hereinbrechen. Augenblicklich hat sie sich mit diesem Menschen identifiziert, in ihm *sich* erkannt. Aber dann schaut sie weiter und entdeckt auf der oberen Bildhälfte eine mächtige Hand, die Hand Gottes, und dazu die Unterschrift aus dem 8. Kapitel des Römerbriefes aus der Mitte des Auferstehungsglaubens heraus: »Nichts kann uns trennen von der Liebe Christi« (8,39). [...]

Sie wurde mit marxistischen Frauen zusammengelegt, denen sie Gottesdienste hielt und die mit ihr diese Freiheit vom Haß entdeckten und die große Freiheit, die daraus kam. Sie sagt: Wir wußten, daß diese Freiheit, die wir hinter dicken Mauern hatten, keine Einbildung war, sondern ganz reale Wirklichkeit. Nach acht Wochen wurde sie entlassen. Aber ihr blieb, daß sie seitdem immerfort im Alltag in den Menschen, in den Dingen Christus findet, so daß sie nun das Wort von *Chesterton* verstehen konnte, »daß die Menschen, gezeichnet mit dem Kreuz Christi, fröhlich durchs Dunkel schreiten«.

35/37ff

Aufbrechen nach innen – und oben (3)

Es hat mich erschüttert, wie ich vor einiger Zeit von einer indischen Missionarin las, daß wir eigentlich den Indern Christus noch gar nicht zeigen konnten, weil die meisten Missionare ganz nach auswärts ins Tun hineingewandt nach indischen Maßstäben nicht wirklich zu beten vermöchten. Dies Unvermögen aber bewirke, daß sie den Punkt des inneren Einsseins zwischen Gott und Mensch inwendig gar nicht berührten; so aber könne es nicht gelingen, das Geheimnis des Menschgewordenen der Welt zu zeigen und sie zu der Freiheit zu führen, die aus diesem Geheimnis kommt. Hier liegt der tiefste Anruf von Ostern: Es fordert uns auf zum Aufbruch nach innen und oben, auf die verborgene wahre Wirklichkeit zu, die wir als Wirklichkeit entdecken müssen. Wir können dem Auferstandenen nur glauben, wenn wir ihm begegnet sind. Wir können ihm nur begegnen, wenn wir ihm nachgegangen sind. Nur wenn wir beides sind, können wir ihn bezeugen und sein Licht hineintragen in diese Welt.

Einer der Psalmen Israels, den die Kirche als Passionspsalm Jesu Christi versteht und lange Zeit als Anfang jeder Messe gebetet hat, lautet: »Schaffe mir Recht, o Gott!« Es ist der Ruf einer ganzen in Passion stehenden Welt. Schaffe Recht, o Gott! Er hat Ja gesagt. Christus ist auferstanden! Das Unwiderrufliche ist widerrufbar. Die Kraft der Verwandlung ist da. Leben wir auf sie zu! Suchen wir, was oben ist!

35/39f

Der das stumpfe Herz brennend macht

Sehen wir uns die Geschichte von den Emmaus-Jüngern [...] etwas näher an! Fürs erste erweckt sie den Eindruck, als sei hier eine ganz irdisch-massive Auferstehungsvorstellung am Werk; als sei nichts übriggeblieben von dem Geheimnisvollen und Unbeschreiblichen, das wir in den paulinischen Berichten finden. Es sieht so aus, als hätte die Tendenz zur Ausmalung, zur legendarischen Konkretheit, unterstützt von der nach Handgreiflichem strebenden Apologetik, völlig die Oberhand gewonnen und den auferstandenen Herrn wieder ganz in die irdische Geschichte zurückgeholt. Aber dem widerspricht zunächst schon sein geheimnisvolles Auftauchen und sein nicht minder geheimnisvolles Entschwinden. Noch mehr widerspricht ihm, daß er auch hier dem gewöhnlichen Auge unerkennbar bleibt. Man kann ihn nicht feststellen wie zur Zeit seines irdischen Lebens; er wird allein im Bereich des Glaubens entdeckt; durch die Schriftauslegung macht er den beiden Wanderern das Herz brennend, und durch das Brotbrechen öffnet er ihnen die Augen.

Das ist ein Hinweis auf die beiden Grundelemente des frühchristlichen Gottesdienstes, der sich aus dem Wortgottesdienst (Schriftlesung und -auslegung) und dem eucharistischen Brotbrechen zusammensetzt. Auf diese Weise läßt der Evangelist deutlich werden, daß die Begegnung mit dem Auferstandenen auf einer ganz neuen Ebene liegt; mit den Chiffren der liturgischen Gegebenheiten versucht er, das Unbeschreibbare zu beschreiben. [...] Dem Auferstandenen begegnet man im Wort und im Sakrament; der Gottesdienst ist die Weise, wie er uns berührbar, als der Lebendige erkenntlich wird. Und umgekehrt: Liturgie gründet im Ostergeheimnis; sie ist zu verstehen als das Zutreten des Herrn auf uns, der darin zu unserem Weggefährten wird, uns das stumpfe Herz brennend macht und die gehaltenen Augen öffnet.

15/255f

MAI

Von der grossen Hoffnung des kleinen Senfkorns – Symbol menschlicher Sehnsucht

Das Himmelreich ist wie ein Senfkorn

Der historische Sinn der Wachstumsgleichnisse Jesu (hier Mt 13,31f) ist uns heute klarer als früheren Generationen (so meinen wir jedenfalls), aber ihre gegenwärtige Aussage entzieht sich uns nur um so mehr. Was das Senfkorngleichnis angeht, so sagen uns die Exegeten, es sei ursprünglich ein Kontrastgleichnis gewesen, das der Beunruhigung der Jünger über die armselige Gestalt des in der Verkündigung Jesu beginnenden Gottesreiches antworten wollte: Sie sollten dem Senfkorn trauen, dem Geheimnis der Hoffnung, das gerade über diesem irdisch so armseligen Beginn steht. In der Evangelienüberlieferung glaubt man schon einen anderen Ton mitzuhören: Die Jünger hatten die Auferstehung des gestorbenen Weizenkorns erleben dürfen, und vor ihren Augen begann in der Bewegung der christlichen Mission aus dem armseligen Korn ein Baum hervorzuwachsen, der schon seine Zweige über die ganze Erde hinbreitete. So schwingt inzwischen beinahe ein triumphales Moment mit, eine Freude, die aus der Gewißheit des Erfahrenen kommt.

Wir stehen heute viel eher wieder auf der Seite der Fragenden und der Beunruhigten; die Antwort Jesu will uns nicht recht in den Sinn. Zwar – der Baum, der aus dem Senfkorn gewachsen ist, steht noch da, aber er scheint uns herbstlich müde und entlaubt. [...]

Löst sich also das Gleichnis von der anderen Seite her wieder auf? Oder müssen wir, um es zu verstehen, an seinen Anfang zurückkehren? Der Akzent bei Jesus liegt ja nicht auf dem Baum, sondern auf dem Senfkorn, das Hoffnung ist in all seiner Unansehnlichkeit. In Wahrheit bleibt Kirche immer Senfkorn: Für sie ist immer Karfreitag, Ostern und Pfingsten zugleich (*Hans Urs von Balthasar*).

8/23ff

Der Wettlauf zum Auferstandenen

Den ersten Höhepunkt des johanneischen Berichts von der Osternacht (Joh 20,1–18) bildet die rätselvolle Geschichte vom Wettlauf der beiden Jünger zum Grabe Jesu. Was besagt sie eigentlich? Vielleicht müssen wir uns durch unser Wissen um die literarische Eigenart des vierten Evangeliums nicht unbedingt daran hindern lassen, darin auch einen Ausdruck realer Erinnerung an die erregte Stimmung jenes Morgens zu sehen: Das Grab sei leer, aber nicht geplündert – so hatte Maria gemeldet. Was sollte das heißen? Sollte man dem glauben? Hoffnung und Resignation, Glaubenwollen und Realismus aus Erfahrung heraus widerstreiten einander, Neugier treibt zur Eile und in alledem bleibt es Nacht [...]

Nicht umsonst bleibt der zweite Jünger das ganze Evangelium hindurch anonym; ungenannt verkörpert er die namenlose Schar derer, die Jesus kennen, wie ihn die Liebe kennt, und so die bleibende Kraft der Kirche sind. Beide sind auf dem Wettlauf zum Grab des Herrn. Der Ungenannte läßt Petrus den Vortritt, er macht ihm seinen Rang nicht streitig, sein »Primat« ist anderer Art. Und beide gewinnen so je auf ihre Art den Wettlauf. Vielleicht geht uns heute angesichts der Rivalität, die zwischen Amt und Geist so gern beschworen wird, dieser Text auf eine ganz besondere Weise an: Es gibt verschiedene Aufträge in der Kirche. Es gibt einen Primat des Amtes, und es gibt einen Primat der anonymen, unbeamteten Liebe. Die einzig rechtmäßige Rivalität in der Kirche aber ist der Wettlauf zum Herrn. Der Wettlauf um mehr Nähe. Um mehr Nachfolge. Um mehr Glaube. Um mehr Leben aus dem Glauben.

8/15f

Botschaft in Symbolen

Ostern handelt vom Unvorstellbaren; sein Ereignis begegnet uns zunächst nur durch das Wort, nicht durch die Sinne. Um so mehr kommt es darauf an, sich einmal von der Größe dieses Wortes gewinnen zu lassen. Aber weil wir nun einmal mit den Sinnen denken, hat der Glaube der Kirche das österliche Wort seit je auch in Symbole übersetzt, die das Ungesagte des Wortes erahnen lassen.

Das Symbol des Lichtes (und mit ihm des Feuers) spielt eine besondere Rolle; der Gruß an die Osterkerze, die in der nachtdunklen Kirche Zeichen des Lebens wird, gilt dem Sieger über den Tod. Das Ereignis von einst wird so übersetzt in unsere Gegenwart: Wo Licht das Dunkel besiegt, geschieht etwas von Auferstehung.

Die Wasserweihe rückt ein anderes Schöpfungselement als Symbol der Auferstehung in den Vordergrund: Wasser kann etwas Drohendes an sich haben, Waffe des Todes sein. Aber das lebendige Wasser der Quelle ist Fruchtbarkeit, die inmitten der Wüste Oasen des Lebens baut.

Ein drittes Symbol ist von ganz anderer Art: Der Gesang des Alleluja, das festliche Singen der Osterliturgie zeigen, daß die menschliche Stimme nicht nur schreien, stöhnen, klagen, reden, sondern eben – singen kann. Daß der Mensch überdies die Stimmen der Schöpfung zu rufen und in Harmonie zu verwandeln vermag – läßt uns das nicht auf wunderbare Weise ahnen, welcher Verwandlung wir selbst und die Schöpfung fähig sind? Ist das nicht ein wundervolles Zeichen der Hoffnung, in dem wir Kommendes erahnen und es zugleich als Möglichkeit und Gegenwart empfangen dürfen?

3/55f

Schon eine Kerze genügt

In den beiden großen heiligen Nächten des Kirchenjahres, Weihnachten und Ostern, verschmilzt die Symbolik des Lichts mit derjenigen der Nacht. Beide Male stellt die Kirche im Widerspiel von Nacht und Licht symbolisch dar, was der jeweilige Inhalt des Festes ist: das Zusammentreffen von Gott und Welt, der sieghafte Einbruch Gottes in die Welt, die ihm keinen Platz geben will und ihn dennoch am Ende den Platz nicht verwehren kann. Dieses Christusdrama von Licht und Finsternis, von Gott und Welt, die einander begegnen, beginnt an Weihnachten mit dem Anklopfen Gottes an die Tür der Welt, die ihn nicht aufnimmt, obgleich sie sein Eigentum ist (Joh 1,5.11). Aber sie kann damit doch nicht hindern, daß er kommt. Er wird selbst »Welt«, indem er Mensch wird. Es ist wie eine Niederlage des Lichts, das Finsternis wird, und es ist doch sein erster verborgener Sieg: Die Welt hat Gott nicht wehren können zu kommen, wie sorgfältig sie auch die Tür ihrer Herbergen verschloß. Noch ist es Nacht, und auch der Gläubige erschrickt oft genug über die scheinbare Abwesenheit Gottes, der sich nicht finden läßt im Getriebe der Welt ... Wer müßte nicht mitunter in eine Nacht hinein mit Kardinal *John Henry Newman* die Bitte stellen: »O Gott, Du kannst das Dunkel erleuchten. Du kannst es allein«? Und wer wüßte nicht, wie sehr sich die Menschen gegenseitig stoßen und im Wege sind in dieser Weltennacht, die uns das Nächste (den Nächsten!) so oft verdeckt? Die Welt ist dunkel, ja. Aber schon eine Kerze genügt, um das ärgste Dunkel zu lichten. Hat uns Gott nicht in der Taufe eine Kerze gegeben und das Feuer dazu?

14/337ff

Mit den Augen des Herzens (1)

In einer Predigt habe ich kürzlich den Satz gelesen: »Christus ist für die edelste Sache der Menschheit gestorben.« Nein, er ist nicht für eine Sache gestorben, und darin liegt der Sieg Gottes und der Sieg für den Menschen. Die Sachen bleiben nicht edel, wenn für sie die Menschen getötet werden. Der Auferstandene ist der Sieg der Person, die mehr ist als die Sachen, denn Gott ist Person und hat den Menschen mit ewiger Liebe gerufen, damit er ewig sei und damit seine Liebe ewig wird. Auferstehung Jesu bedeutet ferner die Überordnung des Geistes über die Materie. Wir wagen dies heute kaum noch zu sagen, denn wir sind beschämt über den Mißbrauch, den der Geist mit der Materie, mit der Schöpfung betreibt. Aber solcher Mißbrauch beruht eben darauf, daß die Sache der Person übergeordnet wird. So aber wird der Geist »sachlich« und grausam: wenn er sich der Materie unterordnet, gerade dann vergewaltigt er sie, weil die innere Ordnung der Wirklichkeit zerstört ist. Beispiele dafür, daß heute der Geist in den Dienst der Materie tritt und damit beides gestört und zerstört, gibt es genug. [...]

Auf diese Weise ist dieses unser Jahrhundert zu einem Jahrhundert der großen moralischen und materiellen Unglücke für den Menschen geworden.

35/43ff

Mit den Augen des Herzens (2)

So ist Glaube an die Auferstehung die radikalste und dramatischste Absage an jede Form von Materialismus. Wir sollten uns aber, ehe wir auf den marxistischen Materialismus hindeuten, darüber klar werden, daß wir ihm und seinen Idealen, die er immerhin hat, seine Chance nur dadurch geben, daß wir in einem ideenlosen Materialismus des Konsums und des Genusses leben, die Materie anbeten und sie eben darin zerstören und vergewaltigen. [...]

Endlich ist die Auferstehung Jesu Christi das Bekenntnis zum Vorrang der Liebe und des Lebens gegenüber den Strategien des Klassenkampfes und einer Bewußtseinsbildung, die auf die Weckung des Neides abzielt. Das aber ist eine Strategie des Todes. Jesus Christus ist jedoch nicht gegen jemand gestorben, sondern für alle. Sein Blut fordert nicht Blut, sondern Versöhnung und Liebe, das Ende der Feindschaft und des Hasses. Seine Auferstehung ist die persongewordene Wahrheit des Satzes: Die Liebe ist stärker als der Tod. [...]

Die Jünger Jesu haben am Ölberg geschlafen. Aber wir schlafen inmitten des Ostertages und schauen vorbei an dem, was das Eigentliche ist. In dieser Stunde sollten wir unser Herz treffen lassen von der Größe der Botschaft, damit auch wir aufbrechen, sein Licht weiterzutragen.

35/45ff

WER KANN IHN SEHEN? (1)

Der Glaube an den Auferstandenen ist Glaube an wirklich Geschehenes. Auch heute bleibt bestehen, daß Christentum nicht Legende und Dichtung ist, nicht bloßer Appell oder bloße Vertröstung: Der Glaube steht auf dem festen Grund geschehener Wirklichkeit; in den Worten der Schrift können wir gleichsam auch heute noch die verklärten Wundmale des Herrn anrühren und mit Thomas dankbar und freudig sagen: Mein Herr und mein Gott (Joh 20,28).

Da taucht freilich immer wieder eine Frage auf. Nicht alle haben Jesus gesehen, den Auferstandenen. Warum eigentlich nicht? Warum ist er nicht triumphierend zu den Pharisäern und zu Pilatus gegangen, um ihnen zu zeigen, daß er lebe und gerade sie an seine Wundmale rühren zu lassen? Bei solchen Fragen vergessen wir, daß Jesus nicht ein wiedergekehrter Toter war, wie Lazarus oder der Jüngling von Naim, die noch einmal in das bisherige biologische Leben zurückkehren durften, das dann irgendwann später doch unausweichlich und endgültig mit dem Tod endigen mußte. Was bei Jesus geschah, war anderes: Er ist nicht zurückgekehrt ins alte, sondern aufgebrochen ins neue, in das endgültige Leben, das nicht mehr dem Todesgesetz der Natur unterworfen ist, sondern in der Freiheit Gottes steht und deshalb endgültig ist. [...]

Den Auferstandenen sieht man nicht wie ein Stück Holz oder Stein. Ihn sieht nur, wem er sich offenbart. Und er offenbart sich nur dem, den er senden kann. Er offenbart sich nicht der Neugier, sondern der Liebe – die ist das Organ, das zu solchem Sehen und Vernehmen unerläßlich ist.

35/58f

Wer kann ihn sehen? (2)

Das bedeutet nicht, daß der vom Herrn Angesprochene unbedingt schon ein Gläubiger sein muß. Paulus war es nicht; Thomas war es nicht; auch die Elf waren es nicht, denn auch sie waren in Zweifel und Trauer versunken. Für sie gab es nur den Sieg Jesu mit der Errichtung des messianischen Reichs oder seinen Untergang. Auferstehung, wie sie ihnen nun begegnete, gehörte nicht zu dem, was sie sich vorstellen konnten und was sie erwarteten. Nicht ein vorheriger Glaube läßt eine Auferstehungsvision entstehen, nein: Die Wirklichkeit des Auferstandenen schafft Glauben, wo Unglaube und Kleinglaube ist. Aber was der Herr voraussetzt, ist eine wartende Bereitschaft des Herzens, die offen ist, sich von ihm in Dienst stellen zu lassen. Sehen darf nicht Sehen bleiben; es muß Lieben und es muß Zeugenschaft werden. Noch etwas ist wichtig: Jesus zeigt sich – am deutlichsten in der Emmaus-Geschichte und bei Maria von Magdala – im Weggehen. Er ruft ins Mitgehen. Auferstehung ist nicht Antwort auf Neugier, sondern Sendung: Sie will die Welt verwandeln. Sie will eine aktive Freude, die Freude dessen, der selbst den Weg des Auferstandenen mitgeht. Das gilt auch heute: Nur im Mitgehen zeigt er sich. Das erste Wort des Engels an die Frauen lautete: Er ist nicht hier; er geht euch voraus; dort werdet ihr ihn sehen (Mk 16,6f). Damit ist der Ort des Auferstandenen für immer beschrieben und die Weise, ihm zu begegnen: Er geht euch voraus. Im Vorausgehen ist er da. In der Nachfolge können wir ihn sehen.

35/60f

DER GRAUE SCHLEIER DES ZWEIFELS

Der graue Schleier des Zweifels und seiner Freudlosigkeit hat sich weithin über das Herz der Christenheit gebreitet; bis mitten in die Gemeinschaft der Gläubigen hinein lähmt er die österliche Freude. *Rudolf Bultmann* hat die Angst der modernen Christenheit sehr drastisch ausgesprochen. Er konnte sich nicht vorstellen, daß mit dem toten Jesus wirklich etwas geschehen sei; aber er fügte hinzu: Selbst wenn etwas geschehen wäre, was würde das schon bedeuten? Wem könnte – so formuliert er wörtlich – »das Mirakel einer wiederbelebten Leiche« nützen? Weniger gelehrt ausgedrückt lautet die Frage: Was bedeutet schon *ein* Auferweckter gegenüber dem Heer von Toten die Weltgeschichte hindurch? Angesichts aller ihrer Schrecknisse scheint das österliche Licht ins Bedeutungslose zusammenzuschrumpfen.

Ist also Ostern überholt, ein Wort ohne Hoffnung? Um den wirklichen Rang des Ostertages zu erkennen, müssen wir einmal umgekehrt fragen: Was wäre eigentlich, wenn Ostern, die Auferstehung Jesu, tatsächlich nicht stattgefunden hätte? Wäre dann nur *ein* Toter mehr, was bei den Zahlen der Weltgeschichte nicht viel besagen könnte, oder ginge das tiefer? Nun, wenn es keine Auferstehung gäbe, dann würde die Geschichte Jesu mit dem Karfreitag enden. Er wäre verwest und so ein Ge-wesener. Das aber würde bedeuten, daß Gott nicht in die Geschichte eingreift, daß er entweder nicht imstande oder nicht willens ist, diese unsere Welt, unser menschliches Leben und Sterben zu erreichen.

35/48f

Eine Tür – eigens für uns geschaffen (1)

Irgendwie scheint die Botschaft von der Auferstehung Christi merkwürdig unsere Vorstellungskraft zu überfordern. Sie kann bei weitem nicht so unmittelbar in unser Gemüt eindringen, wie die Botschaft von Weihnachten. Geburt gehört zu unserem Erfahrungsbereich, und sie trägt immer etwas von Hoffnung und Freude in sich. So kann die Geschichte von dem Gottessohn, der im Stall als Menschenkind geboren wurde, unmittelbar unser Herz ergreifen und selbst demjenigen noch etwas bedeuten, der an die Göttlichkeit des Kindes nicht glaubt. Aber die Auferstehung liegt außerhalb unseres Erfahrungsraumes; wir kennen nur Leben, das Sterben ist. [...] Selbst falls dies so geschehen wäre, was würde uns schon das Mirakel einer wiederbelebten Leiche zu sagen haben?

Dies ist die Frage: Ist Jesu Auferstehung nur ein abstruses Mirakel, das an der Verfassung des Menschen selbst dann nichts ändert, wenn es geschehen ist? Die Liturgie der Kirche versucht uns hier weiterzuhelfen, indem sie das Unfaßbare in Bilder und Vorstellungen übersetzt, die uns geläufig sind oder wenigstens Anknüpfungspunkte bieten, die unser Herz auf den Weg bringen in Richtung des Osterglaubens. Sie arbeitet mit Symbolen wie Licht und Wasser; sie schöpft aber vor allem aus dem großen Schatz menschlichen Leidens, Betens, Zweifelns, Ringens und Hoffens, den das Alte Testament in sich enthält.

35/52f

Eine Tür – eigens für uns geschaffen (2)

Aus der Vielzahl der biblischen Worte, mit denen die Liturgie seit frühester Zeit das Ostergeheimnis beleuchtet, greife ich nur eines heraus, das zugleich Weihnachten und Ostern verbindet und so die innere Einheit des Christentums sichtbar werden läßt. Es steht im Psalm 24 (23) und lautet: »Ihr Tore, hebt euch nach oben, hebt euch, ihr uralten Pforten; denn es kommt der König der Herrlichkeit« (V. 7). Unser Adventslied »Macht hoch die Tür« ist aus diesem Psalmwort entwickelt. Ursprünglich war dieser ganze Psalm Bestandteil einer Tor-Liturgie, einer Liturgie des Einzugs und der Türe. Man sang dies bei dem feierlichen Einzug der Heiligen Lade in den Tempel. Man wollte ja Gott einladen, in diesem Haus zu wohnen, sich unter den Menschen niederzulassen, ihr Nachbar und Mitbewohner zu werden. Er sollte in ein Menschenhaus eingehen, es so zum Gotteshaus machen und darin die Menschenwelt zur Gotteswelt umwandeln. Zugleich empfand man, wie wenig selbstverständlich solches ist, ja wie unmöglich es eigentlich erscheinen muß: Kein Menschenhaus ist groß genug, Gott einzulassen. Er überragt die Maße unserer Menschenträume; wo und wie sollte er eintreten können?

35/53f

EINE TÜR – EIGENS FÜR UNS GESCHAFFEN (3)

Die Menschenwelt hat keine Türen zu Gott hin, so scheint es. Sie ist versperrt in sich selbst. Sie ist ein Gefängnis, ein Totenhaus. Die Menschen des Alten Testaments und anderer früher Kulturen haben zunächst den Gedanken des Gefängnisses nur auf die Totenwelt angewandt: Wer stirbt, kehrt nicht wieder. Man stellte sich die Unterwelt wie ein riesiges dunkles Gefängnis vor, in dem der Tod als unerbittlicher Tyrann regiert. Es ist ein Haus ohne Wiederkehr. Immer mehr kam aber allmählich das Gefühl auf, daß dann, wenn unser aller Weg ins Gefängnis führt, das nur Eingänge, aber keinen Ausgang hat, wir alle Gefangene sind. Dann ist auch schon *diese* Welt ein Totenhaus, das Vorzimmer eines schrecklichen Kerkers. In der Tat: Wenn der Tod das letzte Wort hat, dann ist die Welt der Warteraum zum Nichts.

Die Dichter unseres Jahrhunderts haben diese Empfindung in erschreckenden Visionen dargestellt. Am tiefsten ist in diesen Abgrund der Angst wohl der jüdische Dichter Franz Kafka hinabgestiegen, der in der Vorstellung der totalitär verwalteten Welt zugleich das Menschenleben selbst interpretiert. [...] Im »Prozeß« stellt sich das Leben selbst als ein Prozeß dar, der mit der Hinrichtung endet. Die Geschichte endet mit dem Gleichnis von dem Menschen, der sein ganzes Leben lang vor einer Tür wartet und nicht durch sie hineingelangen kann, obwohl sie eigens für ihn geschaffen ist.

35/54f

Ostern müsste ein Durchbruch sein

Es geht in dem Bekenntnis zur Auferstehung letzten Endes ganz einfach darum, ob Gott ist oder nicht. Es geht nicht um irgendein verlegenes Mirakel vor 2000 Jahren, es geht darum, ob Gott ist. Der Glaube zur Auferstehung, das Bekenntnis dazu ist einfach unser Glaube daran, daß Gott wirklich ist, daß er sich als mächtig genug erwiesen hat, um Gott zu sein und herunterzureichen bis in diese unsere menschliche Geschichte. Auferstehung ist einfach das Wirklichwerden, das Greifbarwerden des Glaubens Israels an den Gott Abrahams, der der Gott der Lebenden ist, der der Gott ist, der Macht hat über diese unsere Welt und unser Leben. Gewiß, das moderne Weltbild geht davon aus, daß nur vorkommt, was wir berechnen können, daß also Gott nicht handelt. In ihren Grenzen ist die Naturwissenschaft völlig respektiert. Denn sie beruht ja darauf, daß in der Welt Vernunft ist, Abglanz der schöpferischen Vernunft Gottes. Aber wo über ihre Einsicht und die Grenzen ihrer Methode hinaus gesagt wird, daß Gott nicht handeln könne, setzen wir ganz schlicht die Wirklichkeit entgegen: Er hat gehandelt. [...]

Das Wort vom ewigen Leben ist zu leise gesprochen worden in der Kirche, als schämten wir uns dessen. Aber wir brauchen uns dessen nicht zu schämen. Dies erst macht den Menschen groß und reich und gibt ihm Verantwortung und Hoffnung zugleich. Ostern müßte für uns der Durchbruch sein, daß wir wieder furchtlos und froh auf das ewige Leben hin leben und es bezeugen in dieser Welt ...

MKK/1

Frömmigkeit mit Farbe und Klang (1)

Bei dem Wort Maiandacht wachen für mich, wie wohl für die meisten katholischen Christen, vielerlei Erinnerungen auf. Die geschmückte Kirche steht vor mir, die vom Duft der Frühlingsblumen erfüllt ist; die Lichter gehören dazu und die Lieder, in denen Wärme, Herzlichkeit und Zuversicht aufklingen. Nicht die strengen Formgesetze der Liturgie regieren, sondern die einfache Frömmigkeit des Volkes, das Farbe und Klang und starke Gefühle liebt. Die Stimmung des Frühlings überträgt sich in den Kirchenraum; das Blühen in der Natur, die laue Luft der Maienabende, die Fröhlichkeit der Menschen in einer sich erneuernden Welt – das alles schwingt mit. In dieser ganz besonderen Stimmung hat die Verehrung Marias ihren Platz, weil sie, die Jungfrau, den Glauben als Jugend darstellt, als den Neubeginn Gottes in einer vergreisten Welt; sie verkörpert Christsein als Jungsein des Herzens, als Schönheit und als wartende Bereitschaft auf das Kommende hin.

Man kann natürlich sagen, dies alles sei Sentimentalität, aber vielleicht leidet eher umgekehrt unsere Zeit an einer gewaltsamen Unterdrückung des Gefühls, nicht nur an einer Unfähigkeit zu trauern, sondern auch an einer Unfähigkeit zur Freude. Solche Unterdrückung des Gefühls führt zur Kälte des Geistes und zur Verrohung des Herzens. Ein anderer Einwand sagt, da dringe doch Heidnisches ins Christliche ein; eigentlich werde da Naturreligion betrieben, der Kult des Frühlings, der seine Zusammenfassung in der Gestalt der jungen Frau findet, der man nun den Namen Maria beigelegt habe.

35/87f

Frömmigkeit mit Farbe und Klang (2)

Mir scheint, man müsse auch hier genau von der umgekehrten Seite her die Dinge betrachten. In Maria hat die Erde ein menschliches Gesicht bekommen, mehr: ein christliches Gesicht, das Gesicht der Mutter Jesu. In der Zuwendung zu ihr wird die Naturfrömmigkeit umgewandelt in Glaube, in eine Begegnung mit der Geschichte Gottes an den Menschen, die in Marias Leben ihre wahre Frucht empfängt: die Menschwerdung Gottes. So kann man ruhig auch sagen, daß in Maria Glaube und Naturfrömmigkeit versöhnt sind. Mir scheint, daß eine engherzige Furcht vor dem Heidnischen unseren Glauben genauso belastet und bedroht wie die Angst vor der Sentimentalität, die längst in einen rationalistischen Komplex umgeschlagen ist.

Natürlich gibt es ein Heidnisches, das gegen Christus steht und als Furcht vor unheimlichen Mächten oder als Anbetung von Kreaturen den Menschen verknechtet. Aber es gibt *auch* eine Naturfrömmigkeit, in der sich die wahre Natur des Menschen ausdrückt und Antwort auf die Natur der Schöpfung geschieht. Diese Art von Naturreligion zu unterdrücken heißt die wartende Gebärde des menschlichen Herzens auf Christus hin zertreten und damit die menschlichen Wurzeln des Glaubens abschneiden.

35/88f

Raum für alle (1)

Da ist die merkwürdige Geschichte von den 153 Fischen (Joh 21,1–14). Man darf wohl für sicher halten, daß Johannes diese Zahl nicht aus purer Lust am Anekdotischen in sein Evangelium aufgenommen hat. Sein Evangelium und noch mehr die Apokalypse spricht immer wieder durch den Symbolismus der Zahl zu uns, und so haben die Väter wohl recht gehabt, nach der Bedeutung zu suchen, die der Evangelist in der Zahlenangabe verschlüsseln wollte. Sicherheit über die rechte Auslegung wird man hier wohl nicht gewinnen können. Das widerspräche gerade dem Wesen der symbolischen Botschaft, die den Blick für das wachrufen will, was nicht in exakten Begriffen festzulegen ist. [...]

Die eine [Auslegung], schon von den Vätern vertreten, weist darauf hin, daß der Zahl 153 die Zahl 17 zugrunde liegt. 17 aber ist die Zahl der Völker, die der Pfingstbericht des heiligen Lukas erwähnt. Es ist eine Zahl der Ganzheit, der Fülle. Wie jene 17 Völker des Pfingstberichts auf die Kirche aus allen Völkern verweisen, so die 153 Fische auf die Weite der Kirche Jesu Christi, die alle Arten von Fischen in sich bergen, ihnen Raum geben soll. Es ist ein Bild der Katholizität der Kirche, in der viele Wohnungen sind: Raum für alle. Die Kirche der vielen Wohnungen – die Kirche der vielen Fische, durch die die Netze zu zerreißen drohen –, welch schönes und zugleich anspruchsvolles Bild. Denn das heißt zunächst, daß der erste Gedanke Gottes über die Kirche nicht die örtliche Gemeinde, sondern die katholische Kirche in ihrer Ganzheit und Einheit ist.

9/57f

Raum für alle (2)

Das ist ganz klar die Botschaft des lukanischen Pfingstberichts: Noch ehe es Gemeinden gab, gab es schon die katholische Kirche, die Kirche aller Völker, sagt uns der heilige Lukas damit. Das Netz mit den 153 Fischen wiederholt uns in der Symbolsprache des heiligen Johannes dieselbe Erkenntnis. Zuerst ist die Einheit; sie gebiert die Vielheit, und sie gibt ihr Sinn.

Das ist eigentlich auch ganz klar, wenn man den inneren Ursprung der Kirche bedenkt: Christus steht zur Kirche ja nicht wie ein Vereinsgründer zu seinem Verein. Als Verein hat er sie nämlich gerade nicht gegründet, wie uns die heutige Exegese zeigt. Er hat sie begründet nicht durch einzelne Akte, sondern durch sein Sein als gestorbenes Weizenkorn. Das bedeutet dann aber eine ganz andere Beziehung. Christus ist nicht ein Vereinsgründer, an dessen Willen man sich gelegentlich erinnert. Er ist der gegenwärtige Ursprung der Kirche in der Eucharistie. Darum ist die Kirche nicht zuerst durch allerlei Rechtsverordnungen an ihn gebunden, sondern in der Gemeinschaft des Seins von ihm getragen. Paulus treibt das so weit, daß er sagt: Es gibt überhaupt nur einen Erwählten, aber wir alle sind einer durch die Gemeinschaft mit Christus (Gal 4,15–29).

Dasselbe ergibt sich auch aus dem äußeren Ursprung der Kirche: Sie ist gar nicht eine Neuschaffung Jesu. Das Volk Gottes ist seit Abraham unterwegs und kann immer nur eines sein; durch Jesus werden lediglich seine Grenzpflöcke hinausgesteckt bis an die Enden der Erde und tiefer eingerammt – bis in die trinitarische Liebe Gottes hinein.

9/58

Der wahre Lazarus (1)

Das Helle und Freudige, das sich mit dem Gedanken an Ostern wohl für die meisten von uns verbindet, kann doch nichts daran ändern, daß der innere Gehalt jenes Tages für uns viel schwerer nachzuvollziehen ist als etwa derjenige von Weihnachten. Die Geburt, das Kindsein, die Familie, dies alles gehört unserer eigenen Erlebniswelt zu. [...]

Die ungeheure Neugierde, mit der in den letzten Jahren Berichte von Klinisch-Toten aufgenommen wurden, die das Unerfahrbare erfahren haben wollen und scheinbar sagen können, was nach dem dunklen Tor des Todes kommt – diese Neugierde zeigt ja, wie brennend die Frage nach dem Tod in uns allen bohrt. Aber nach allen Berichten bleibt ein Ungenügen, weil ja all diese Zeugen nicht wirklich tot waren, sondern nur die besondere Erfahrung eines bestimmten extremen Zustands menschlichen Lebens und Bewußtseins durchgekostet haben. Niemand kann sagen, ob sich ihre Erfahrung bestätigen würde, wenn sie wirklich tot gewesen wären. Der aber, von dem Ostern spricht – Jesus Christus – war wirklich »hinabgestiegen in das Reich des Todes«. Jesus hat der Bitte des reichen Prassers entsprochen: Schicke doch jemand aus der Totenwelt herüber, dann werden wir glauben (vgl. Lk 16,27f)! Er, der wahre Lazarus, ist herüberkommen, damit wir glauben. Tun wir es nun? Er kam nicht mit Enthüllungen und nicht mit aufregenden Schilderungen von »drüben«. Aber er hat uns gesagt, daß er »Wohnungen bereitet« (Joh 14,23). Ist das nicht die aufregendste Neuigkeit der Geschichte, auch wenn sie ohne Nervenkitzel gesagt ist?

33/93f

Der wahre Lazarus (2)

Ostern handelt vom Unvorstellbaren; sein Ereignis begegnet uns zunächst nur durch das Wort, nicht durch die Sinne. Um so mehr kommt es darauf an, sich einmal von der Größe dieses Wortes gewinnen zu lassen. Aber weil wir noch einmal mit den Sinnen denken, hat der Glaube der Kirche das österliche Wort seit je auch in Symbole übersetzt, die das Ungesagte des Wortes erahnen lassen. Das Symbol des Lichtes (und mit ihm des Feuers) spielt eine besondere Rolle; der Gruß an die Osterkerze, die in der nachtdunklen Kirche Zeichen des Lebens wird, gilt dem Sieger über den Tod. Das Ereignis von einst wird so übersetzt in unsere Gegenwart: Wo Licht das Dunkel besiegt, geschieht etwas von Auferstehung. Die Wasserweihe rückt ein anderes Schöpfungselement als Symbol der Auferstehung in den Vordergrund: Wasser kann etwas Drohendes an sich haben, Waffe des Todes sein. Aber das lebendige Wasser der Quelle ist Fruchtbarkeit, die inmitten der Wüste Oasen des Lebens baut. Ein drittes Symbol ist von ganz anderer Art: Der Gesang des Alleluja, das festliche Singen der Osterliturgie zeigt, daß die menschliche Stimme nicht nur schreien, stöhnen, klagen, reden, sondern eben – singen kann. Daß der Mensch überdies die Stimme der Schöpfung zu rufen und in Harmonie zu verwandeln vermag – läßt uns das nicht auf wunderbare Weise ahnen, welcher Verwandlungen wir selbst und die Schöpfung fähig sind? Ist das nicht ein wundervolles Zeichen der Hoffnung, in dem wir Kommendes erahnen und es zugleich als Möglichkeit und Gegenwart empfangen dürfen?

33/94f

Der wahre Lazarus (3)

Dazu also lädt uns Ostern ein, auf Jesus nicht nur zu hören, sondern hörend auch von innen her sehen zu lernen. Dieses größte Fest des Kirchenjahres ermutigt uns, im Blick auf ihn, den Getöteten und Auferstandenen, den offenen Spalt im Himmel zu entdecken. Wenn wir die Auferstehungsbotschaft begreifen, dann erkennen wir, daß der Himmel über der Erde nicht ganz geschlossen ist. Dann dringt – noch scheu und doch mächtig – etwas vom Licht Gottes in unser Leben herein. Dann wird in uns die Freude aufgehen, auf die wir sonst vergeblich warten, und jeder, in den etwas von dieser Freude eingedrungen ist, kann auf seine Weise ein Spalt sein, durch den der Himmel auf die Erde blickt und zu ihr kommt. So kann dann wahr werden, was die Geheime Offenbarung voraussieht: Alle Geschöpfe im Himmel und auf der Erde, unter der Erde und auf dem Meer, alles was in der Welt ist, ist erfüllt von der Freude der Erlösten (vgl. Apk 5,13). Im Maß, als wir solches erkennen, erfüllt sich das Wort des scheidenden und im Scheiden doch wieder neu kommenden Jesus: Eure Trauer wird sich in Freude kehren (Joh 16,20). Und wie Sara können österlich glaubende Menschen sagen: »Gott ließ mich lachen; jeder, der davon hört, wird mit mir lachen« (Gen 21,6).

33/101

DER »WAHNSINN DES MYSTERIUMS« (1)

Das Ostergedicht von *Reiner Kunze* aus dem Jahre 1984 bringt wohl recht genau die Empfindungen unserer Zeit der Osterbotschaft gegenüber ins Wort:

Die glocken läuteten, / als überschlügen sie sich vor freude /
über das leere grab /
Darüber, daß einmal / etwas so tröstliches gelang, /
und daß das staunen währt / seit zweitausend jahren /
Doch obwohl die glocken / so heftig gegen die mitternacht
hämmerten – / nichts an finsternis sprang ab

Beim Nachsinnen über dieses Wort fiel mir ein, daß eigentlich schon *Goethes* Faust in anderer Sprache das gleiche sagt. Im Augenblick der Verzweiflung ob der Armseligkeit des Menschseins, ob der Unmöglichkeit, dem Göttlichen zu nahen, will er seinem Leben ein Ende setzen. Das Widersprüchliche der menschlichen Existenz wird ihm unerträglich: Da ist die nicht abzuwerfende Sehnsucht nach dem Unendlichen, dem Höchsten, die mit der Unmöglichkeit zusammengeht, aus den Grenzen unseres Erkennens auszubrechen und zu sehen, was eigentlich ist; zu sehen, ob es ein Wozu unseres Daseins gibt. Derselbe Faust wird später erleben, daß es seinem Assistenten Wagner gelingt, im Glas Menschen zu produzieren; aber diese Ausweitung der menschlichen Macht kann die Verzweiflung über das Dunkel unserer Existenz nicht widerlegen, sondern nur steigern. Denn blinde Macht ist noch schrecklicher und vor allem gefährlicher als Blindheit in Ohnmacht. [...] Die Abschaffung des Menschen erscheint so als die beste Lösung, und Faust nimmt sie symbolisch in die Hand, indem er die Trunkenheit des tödlichen Saftes sucht: Wenn er den Tod schon nicht schlagen kann, dann will er ihn wenigstens selber machen. *3/46f*

Der »Wahnsinn des Mysteriums« (2)

In diesem Augenblick, in dem Faust verzweifelt zur Erlösung durch das Selbermachen des Todes ansetzt, ertönen die Osterglocken, ertönt die Botschaft: Christ ist erstanden. Beim Lautwerden dieser Kunde trägt sich gerade das zu, was *Kunze* beschreibt: Freude, daß einmal etwas so Tröstliches gelang, und daß das Staunen währt seit zweitausend Jahren. Freilich: auch Faust ist nicht imstande, der Botschaft zu glauben; aber würde er auch sagen: »Nichts an Finsternis sprang ab«? Er glaubt nicht, aber die Erinnerung an das Staunen bewegt seine Seele; die Erinnerung an das, was einmal Glaube war, holt ihn in den Mut des Daseins zurück. Ist also nicht doch etwas an Finsternis abgesprungen? Ist nicht doch selbst nach dem Verlust des Glaubens ein Nachklang des Leuchtens geblieben, das er geweckt hatte? Ist es nicht doch so, daß auch im Zweifel und im Unglauben die seltsame Botschaft vom leeren Gab eine geheime Unruhe hinterläßt, die wir ableugnen, weil wir ja aufgeklärte Menschen sind. [...] Die Väter haben die Kirche als Frau bezeichnet, und vielleicht hat schon Johannes in Maria von Magdala, die als erste den Auferstandenen sah, ein Bild der Kirche selbst gesehen: Sie kommt auch heute mit der sehenden Einfalt ihres Herzens in unsere ganz versachlichte Welt und sagt ihr, was in sie gar nicht hineinzupassen scheint: Christus ist auferstanden. Und irgendwie kann niemand mehr ganz an dieser Botschaft vorbeigehen. Sie könnte ja wahr sein ... Wer dürfte es ausschließen, seitdem uns die neueste Wissenschaft belehrt, daß eigentlich alles möglich und andererseits nichts wirklich sicher und verläßlich ist?

3/47f

DER »WAHNSINN DES MYSTERIUMS« (3)

Was sollen wir in solcher Lage tun, wie Ostern feiern? Der Zweifel an allen Gewißheiten, der zwar nichts mehr für unmöglich, aber eben nichts für endgültig sicher halten kann, führt uns aus der Ver-zweiflung Fausts nicht heraus; er nimmt ihr nur noch alles Pathos weg. Gewiß, es ist schon etwas wert, wenn die Mauern der beinharten Gewißheiten einstürzen, mit denen der Geist der Neuzeit endgültig die Welt und den Menschen hatte umgrenzen wollen. Aber Skepsis ist keine Lebensgrundlage. »Man spielt nicht um sein eigenes Schicksal mit den Würfeln einer Hypothese«, hat *Georges Bernanos* einmal gesagt, um freilich damit die Tragödie eines Theologen zu beleuchten, für den die Hypothese zur einzigen Quelle seiner Analyse geworden war. Wie können wir uns dem Osterglauben nahen, wie die Botschaft so an uns, uns an sie heranholen, daß ein Stück Finsternis abspringt und daß wir neu zu leben lernen? [...]

Die Antwort der alten Kirche war: Man muß sich auf den Weg machen, man muß das Wort als Weg nehmen, sich in es einleben, um dann mit dem Experiment des Lebens an die Erfahrung der Wirklichkeit heranzukommen. Aus diesem Grund wurde das Katechumenat geschaffen. Das will sagen: Glaube wurde nicht rein intellektuell, als bloße Information verkündet, sondern in einem Prozeß des Einlebens und des Mitlebens stufenweise erprobt und erworben.

3/48f

DER »WAHNSINN DES MYSTERIUMS« (4)

Was uns die Osterbotschaft sagt, reicht in eine Tiefe, die man nicht mit ein paar intellektuellen Handgriffen erreichen kann. Das Erregende und Neue daran ist doch, daß Gott – wie der Beiruter Theologe *Jean Corbon* formuliert – uns nicht von oben herab das Evangelium predigt, sondern es uns sagt, indem er den Kelch des Todes trinkt. Dann können aber auch wir ihn nicht von oben herab anhören, sondern müssen ihm begegnen, wie er uns begegnet ist – mit dem ganzen Realismus unserer dem Tod ausgelieferten Existenz. [...] Der »Wahnsinn des Mysteriums«, von dem der heilige Paulus spricht (1 Kor 1,17–25), »liegt darin, in den Tod einzutreten.« Dazu kommt ein weiteres, worauf ebenfalls *Corbon* hingewiesen hat. Alle empirischen Ereignisse vergehen; sie sind an einen bestimmten Zeitpunkt der ablaufenden Geschichte geknüpft und dann vorüber, auch wenn jedes davon eine mehr oder minder tiefe Spur in der Gestalt der Geschichte zurückläßt. Aber das Ereignis, daß der Tod tot ist, bricht aus dem Ablauf des Stirb und Werde aus. Es ist ein Loch in der Mauer der Vergänglichkeit, das nun offensteht. Es sinkt nicht einfach in die Vergangenheit hinab. Es ist zwar einmal geschehen, aber – wie der Hebräerbrief sagt – dieses Einmal ist ein Ein-für-alle-mal, eröffnet ein Immer. So ist es seitdem. Das Geschehene bleibt, und den Zugang zu dieser Gegenwart müssen wir suchen, zu diesem Immer, damit wir dann auch das Einmal erkennen können – nicht umgekehrt.

3/51f

DER »WAHNSINN DES MYSTERIUMS« (5)

Wie kommt man an diese Gegenwart des Vergangenen heran, an dieses Immer des Einmaligen, an das Heute von Ostern? Als erste Grundregel können wir sagen: Auf diesem Weg braucht man Zeugen. Das war von Angang an so, es gehört zur Struktur dieser Erkenntnis. Der Auferstandene zeigt sich nicht in einem großen öffentlichen Spektakel vor der Masse. Das ist überhaupt nicht die Weise der Wahrnehmung, die ihm näherkommen könnte. Er zeigt sich Zeugen, die ein Stück seines Todeswegs mitgegangen sind; im Mitgehen mit ihnen kann man der Wahrheit begegnen. Dieser Weg hat vielfältige Stufen und Weisen. Ich möchte als Beispiel nur an einen Bekehrungsweg unserer Zeit, an *Tatjana Goritschewa* erinnern. Sie hatte gelernt, das Ziel des Lebens sei es, sich auszuzeichnen, »klüger zu sein als die anderen, fähiger, stärker ... Nie jedoch hatte mir jemand gesagt, daß das Höchste im Leben darin liegt, die anderen einzuholen und zu besiegen, sondern zu lieben.« In der stufenweisen Begegnung mit Jesus erkennt sie dies von innen her, bis ihr dann eines Tages im Beten des Vaterunsers eine neue Geburt widerfährt und sie in einer das ganze Sein umstürzenden Erkenntnis wahrnimmt, »nicht etwa mit meinem lächerlichen Verstand, sondern mit meinem ganzen Wesen – daß Er existiert«. Das ist durchaus wirkliche Erkenntnis, Erfahrung, nachvollziehbare und insofern nachprüfbare Erfahrung – nachprüfbar freilich nicht in der Pose des Zuschauers, sondern nur im Eintreten in das Experiment des Lebens mit Gott. [...]

3/52f

Auf sein Wort hin (1)

Johannes 21,1–14

Der Evangelist hat in die Bilder der Erinnerung, die er vor uns ausbreitet, zugleich ein ganzes Bild der Kirche verwoben, das Verheißung und Wegweisung in einem ist. Dieses Bild ist sehr vielschichtig; ich möchte versuchen, nur zwei Züge daraus etwas deutlicher werden zu lassen. Da ist zuerst die Begegnung mit Jesus nach der langen vergeblichen Nacht. Er steht am Ufer – er hat die Wasser der Zeit und des Todes durchfahren; nun ist er auf dem Ufer der Ewigkeit, aber gerade von dort aus sieht er die Seinigen, ist er mit ihnen. Er bittet die Jünger um etwas zu essen.

Das gehört zum Geheimnis Jesu, des Auferstandenen, zur Demut Gottes: Er bittet die Menschen um ihren Einsatz. Er braucht ihr Ja. Der Herr bittet uns, für ihn auszufahren. Er bittet uns, für ihn Fischer zu werden. Er bittet uns, ihm zu trauen und nach der Weisung seines Wortes zu handeln. Er mutet uns zu, dieses sein Wort wichtiger zu nehmen als unsere Erfahrungen und Erkenntnisse. Er bittet uns, auf sein Wort hin zu handeln und zu leben.

Aber dann geschieht etwas Merkwürdiges. Als die Jünger zurückkommen, bedarf Jesus ihrer Fische nicht. Er hat das Frühstück schon bereitet, und nun lädt er die Jünger ein; ist er der Gastgeber, der ihnen zu essen gibt. Die Gabe ist geheimnisvoll und doch nicht schwer zu enträtseln. Das Brot ist er selbst: »Ich bin das Brot des Lebens.« Er ist das gestorbene Weizenkorn, das nun hundertfältige Frucht trägt und reich ist für alle bis ans Ende der Zeiten. [...] Nur die Liebe kann die wahre Brotvermehrung bewirken. Die materiellen Gaben, das Quantitative, wird immer weniger durch Teilen.

9/52f

Auf sein Wort hin (2)

Johannes 21,1–14

Damit wird ein erstes Bild von Kirche deutlich: Kirche ist zuallererst Eucharistiegemeinschaft. Dort ereignet sich das Neue, das die Kirche von allen anderen Gemeinschaften unterscheidet. Gott rührt uns an. Gott gibt sich uns. Gott wird unser Brot, so daß wir anfangen, von ihm zu leben und damit wirklich zu leben. Zeit und Ewigkeit durchdringen sich; in unsere Zeit tritt das herein, was stärker ist als der Tod. Wir empfangen eine Nahrung, die nicht im Stirb und Werde auf- und untergeht; wir empfangen eine Nahrung, die bleibt und uns ins Bleibende hineinführt. Und so werden wir Gemeinschaft: von der Eucharistie, vom Ostergeheimnis des gestorbenen Weizenkorns her.

Aber was bedeutet das? Wie geht das zu? Wenn wir diese praktische Frage richtig beantworten wollen, dann scheint mir das Paradox ganz wichtig zu sein, das wir vorhin kurz beobachtet hatten. Zuerst bittet Jesus die Jünger um etwas zu essen – sie müssen ausfahren, seinem Wort nach handeln, um dieser Bitte zu entsprechen. Heimgekehrt aber zeigt sich, daß er der Gebende ist. Dieser scheinbare Widerspruch ist nicht ein Mangel an Logik des Erzählers oder gar an Logik des Herrn. Er deckt vielmehr die inneren Dimensionen der Eucharistie und die inneren Dimensionen des christlichen Lebens überhaupt auf. Es geht da nicht um eine Art Schikane: Zuerst müßt ihr geben, dann bekommt ihr etwas dafür. Es geht vielmehr um einen unverzichtbaren inneren Zusammenhang.

9/53f

Auf sein Wort hin (3)

Johannes 21,1–14

Als Jesus die Jünger bittet, kennen sie ihn noch nicht. Sie müssen dem hungernden Unbekannten geben. Erst wenn sie selbst dieses Geben lernen, reift in ihnen die Liebe, die sie aufnahmefähig macht für die neue Nahrung, für das ganz andere Brot, das Gott uns in Christus selber wird. Die soziale Dimension ist der Eucharistie nicht von außen her angehängt, sondern sie ist der Raum, ohne den sich überhaupt Eucharistie nicht bilden kann.

So war es ja auch bei der Brotvermehrung gewesen: Zuerst mußte der Bub die köstlichen Gaben seiner Mutter weitergeben; dann mußte jeder einzelne von dem, was gerade nur für ihn zu reichen schien, austeilen. So geschah Brotvermehrung. So geschieht sie immer. Und darin vollzieht sich noch Tieferes: Die Jünger, die ausfahren, um für Jesus Fische zu fangen, müssen im Grunde sich selber geben. Erst wer sich selber gibt, entdeckt, daß ihm alles schon geschenkt ist, daß er immer nur gibt, »de tuis donis ac datis« – von dem, was er selbst empfangen hat. Zuerst müssen wir uns selber geben, um dann Gottes Gabe zu empfangen. Am Ende kommt alles von Gott. Und doch kann Gottes Gabe uns nicht erreichen, wenn wir nicht zuerst selber Gebende geworden sind. Am Ende ist alles Gnade – denn die großen Dinge der Welt, das Leben, die Liebe, Gott – die kann man nicht machen, nur geschenkt bekommen. Und doch können wir nur dann beschenkt werden, wenn wir selbst Schenkende sind. Nur indem wir schenken, werden wir beschenkt; nur indem wir folgen, werden wir frei; nur indem wir opfern, empfangen wir, was wir durch nichts verdienen können.

9/54f

Auf sein Wort hin (4)

Johannes 21,1–14

Wir hatten gesagt: Im neuen Bedenken der Bilder der Erinnerung steigen für Johannes die Bilder des Wesentlichen und des Bleibenden auf. In den Bildern des Morgens von Galiläa läßt er uns das Bild der Kirche erkennen, das Wesen christlichen Lebens. Ein erstes Bild von Kirche, das wir fanden, ist der Hinweis auf ihre eucharistische Mitte. Kirche ist Eucharistiegemeinschaft. Sie ist Einheit mit dem Herrn. Zugleich ist sichtbar geworden, welchen Abgrund menschlicher und göttlicher Wirklichkeit das einfache Wort des Auferstandenen umschließt: Kommt und eßt!

Die Eucharistie empfangen, heißt, alle Dimensionen des Menschseins ausschreiten; wir empfangen sie nur, wenn wir den ganzen Weg des österlichen Geheimnisses Jesu durchwandern, das er uns mitteilt. Dazu aber gehört nicht nur Liturgisches und nicht nur Geistliches, sondern scheinbar ganz Weltliches: unsere Bereitschaft, dafür zu sorgen, daß die essen können, die wir nicht kennen, aber die unserer Hilfe bedürfen. Weil Eucharistie so sehr das ganze Wesen des Menschen und die ganze Wirklichkeit Jesu Christi umfaßt, nur darum kann sie Kirche bauen, die mehr ist als ein Freizeitclub – eine Gemeinschaft, die in die Ewigkeit hinüberreicht.

9/56

Friede der Religionen

Das Problem der Ökumene der Religionen stellt sich heute auf dem Hintergrund einer Welt, die einerseits immer enger zusammenrückt, immer mehr ein einziger gemeinsamer Raum menschlicher Geschichte wird, und die anderseits von Kriegen erschüttert, von wachsenden Spannungen zwischen Arm und Reich zerrissen und endlich durch den Mißbrauch der technischen Verfügung über die Erde in ihren Grundlagen bedroht ist. Von dieser dreifachen Bedrohung her hat sich ein neuer Kanon sittlicher Werte gebildet, der in den Dreiklang von Friede, Gerechtigkeit, Bewahrung der Schöpfung die wesentliche moralische Aufgabe der Menschheit in dieser ihrer Geschichtsstunde zu definieren versucht. Religion und Moral sind nicht identisch, aber doch unlöslich miteinander verbunden.

So ist es klar, daß in dieser Stunde, in der der Menschheit die Möglichkeit der Selbstzerstörung und Zerstörung ihres Planeten zugewachsen ist, die Religionen in eine gemeinsame Verantwortung für die Überwindung dieser Versuchung genommen sind. Sie werden in besonderer Weise an diesem Wertekanon geprüft, der immer mehr als ihr gemeinsamer Auftrag und insofern geradezu auch als ihre Vereinigungsformel erscheint. *Hans Küng* hat als Sprecher vieler die Formel in die Welt gestellt: »Kein Weltfriede ohne Religionsfriede«, und damit Religionsfrieden, die Ökumene der Religionen, zur Pflichtaufgabe für alle religiösen Gemeinschaften erklärt.

13/99f

CHRISTSEIN – EINFACH UND UMWÄLZEND

Auf christliche Weise lieben, heißt: Daß wir nicht nur den lieben, der uns sympathisch ist, der uns gefällt, der zu uns paßt, und erst recht nicht bloß den, der uns etwas zu bieten hat oder von dem wir Vorteile zu erhoffen haben. Christlich, das heißt im Sinne Christi lieben, bedeutet, daß wir gut sind zu dem, der unsere Güte braucht, auch wenn er uns nicht sympathisch ist. Es heißt, sich auf den Weg Jesu Christi einlassen und damit so etwas wie eine kopernikanische Wende des eigenen Lebens vollziehen. Denn in einem gewissen Sinne leben wir sozusagen alle noch vor *Kopernikus.* Nicht nur, daß wir dem Augenschein nach meinen, daß die Sonne auf- und untergeht und sich um die Erde herumdreht, sondern in einem viel tieferen Sinne. Denn wir alle tragen jene angeborene Illusion mit uns, kraft deren ein jeder sein Ich als den Mittelpunkt nimmt, um den herum sich die Welt und die Menschen zu drehen haben. Wir alle müssen uns immer wieder dabei entdecken, daß wir die anderen Dinge und Menschen nur in Beziehung zum eigenen Ich konstruieren und sehen, sie gleichsam als Satelliten betrachten, die sich um den Mittelpunkt unseres Ich herumdrehen. Christwerden ist nach dem Gesagten etwas sehr Einfaches und dennoch sehr Umwälzendes. Es ist genau dieses, daß wir die kopernikanische Wende vollziehen und uns nicht mehr als den Weltenmittelpunkt betrachten, um den die anderen sich zu drehen haben, weil wir statt dessen anfangen, im vollen Ernst zu bejahen, daß wir eins von vielen Geschöpfen Gottes sind, die gemeinsam sich um Gott als die Mitte bewegen.

36/57f

JUNI

CHANCEN UND HERAUSFORDERUNGEN DER ZEIT, IN DER WIR LEBEN

Ankommen im Herzen des Menschen – Christi Himmelfahrt (1)

In die Geschichte von Christi Himmelfahrt hat der Evangelist Lukas eine Bemerkung eingeflochten, die mir immer wieder erstaunlich scheint, sooft ich sie mir auch theologisch schon zu erklären versucht habe. Lukas sagt nämlich in seinem Evangelium, daß die Jünger voll großer Freude waren, als sie vom Ölberg zurückgingen nach Jerusalem. Mit unserer normalen Psychologie will das nicht recht zusammenstimmen: Die Himmelfahrt des Herrn war die letzte Erscheinung des Auferstandenen; die Jünger wußten, daß sie ihn nun in dieser Welt nicht mehr sehen würden. Gewiß ist dieser Abschied nicht demjenigen des Karfreitags vergleichbar. Denn damals war Jesus offensichtlich gescheitert, und alle vorangegangenen Hoffnungen mußten nun als ein großer Irrtum erscheinen. Der Abschied am vierzigsten Tag nach der Auferstehung hat demgegenüber etwas Triumphales und Zuversichtliches an sich: Jesus ist ja diesmal nicht in den Tod, sondern in das Leben hinein weggegangen. Er ist nicht besiegt, sondern Gott hat ihm Recht gegeben. So ist ohne Zweifel Grund zur Freude da. Aber wenn Verstand und Wille sich freuen, muß das Gefühl noch nicht unbedingt mittun. Es könnte mitten im Verstehen von Jesu Sieg unter dem Verlust der menschlichen Nähe leiden.

3/65

Ankommen im Herzen des Menschen – Christi Himmelfahrt (2)

Die Angst des Verlassenseins könnte aufsteigen, noch dazu im Blick auf die unermeßliche Aufgabe, die bevorstand: ins Unbekannte hinauszugehen und von Jesus Zeugnis zu geben vor einer Welt, die in den Jüngern nur etwas aus den Fugen geratene kleine Leute aus dem Judenland sehen konnte.

Aber da steht unverrückt das Wort von der großen Freude der Heimkehrenden. Ganz werden wir dieses Wort nie aufschlüsseln können, sowenig wie wir die Freude der Märtyrer zu verstehen vermögen: das Singen eines *Maximilian Kolbe* im Hungerbunker; den freudigen Lobpreis Gottes, den *Polykarp* auf dem Scheiterhaufen sprach, und so vieles andere. Bei den Heiligen der Nächstenliebe finden wir die gleiche große Freude gerade in den Augenblicken, in denen sie den Kranken und Leidenden die schwierigsten Dienste erwiesen – und gottlob sind dies ja nicht nur vergangene Geschichten. So können wir von solchen Erfahrungen her etwas ahnen davon, wie die Freude des Sieges Christi nicht nur den Verstand trifft, sondern sich auch dem Herzen mitteilen kann und damit erst wirklich ankommt. Erst wenn etwas davon auch in uns selber aufgeht, haben wir das Fest Christi Himmelfahrt verstanden. Was hier geschehen ist, ist das Ankommen der Endgültigkeit der Erlösung im Herzen des Menschen, so daß Erkenntnis Freude wird.

3/65f

Ankommen im Herzen des Menschen – Christi Himmelfahrt (3)

Christi Himmelfahrt ist also nicht ein Schauspiel für die Jünger, sondern ein Vorgang, in den sie selbst hineingenommen sind. Es ist ein *Sursum corda*, eine Bewegung nach oben, in die wir alle hineingerufen werden. Es sagt uns, daß der Mensch nach oben zu leben kann, daß er der Höhe fähig ist. Mehr – die Höhe, die allein den Maßen des Menschseins angemessen ist, ist die Höhe Gottes selbst. Auf dieser Höhe kann der Mensch leben, und nur von dieser Höhe her verstehen wir ihn recht. Das Bild des Menschen ist aufgehoben, aber wir haben die Freiheit, es herabzureißen oder uns aufheben zu lassen. Man versteht den Menschen nicht, wenn man nur danach fragt, woher er kommt. Man versteht ihn erst, wenn man auch fragt, wohin er gehen kann. Erst von seiner Höhe her erhellt sich sein Wesen wirklich. Und nur wenn diese Höhe wahrgenommen wird, erwächst eine unbedingte Ehrfurcht vor dem Menschen, die ihn auch in seinen Erniedrigungen noch heilig hält; nur von dorther kann man das Menschsein in sich und in den anderen wirklich lieben lernen. Deshalb darf die Anklage nicht zum wichtigsten Wort über den Menschen werden.

3/70

Das bissige Wort Blaise Pascals

Ich glaube, daß der Kern der seelischen Krise unserer Zeit in der Verdunkelung der Gnade der Vergebung begründet ist. Merken wir aber zunächst das Positive der Gegenwart an: Das Moralische kommt allmählich wieder zu Ehren. Es wird erkannt, ja es ist evident geworden, daß aller technische Fortschritt fragwürdig und schließlich zerstörerisch ist, wenn ihm nicht ein moralischer Aufstieg entspricht. Es wird erkannt, daß es Reform des Menschen und der Menschheit ohne moralische Erneuerung nicht gibt. Aber der Ruf nach Moral bleibt schließlich doch kraftlos, weil die Maßstäbe sich in einem Nebel von Diskussionen verbergen. In der Tat kann der Mensch die bloße Moral nicht ertragen, nicht von ihr leben: Sie wird ihm zum »Gesetz«, das den Widerspruch hervorruft und die Sünde gebiert. Deswegen muß Moral, wo Vergebung – wahre, vollmächtige Vergebung – nicht erkannt oder nicht geglaubt wird, so zurechtgeschneidert werden, daß die Bedingungen des Sündigens für den einzelnen eigentlich nie eintreten können. Die heutige Moraldiskussion läuft in weiten Stecken darauf hinaus, die Menschen dadurch von der Schuld zu befreien, daß die Bedingungen ihrer Möglichkeit nie eintreten können. Das bissige Wort Blaise Pascals kommt einem in den Sinn: Ecce patres, qui tollunt peccata mundi! (Seht, die Väter, die die Sünden der Welt hinwegnehmen). Es gibt nach diesen »Moralisten« einfach keine Schuld mehr.

41/140f

Es geht um Verwandlung

Eugen Ionesco, einer der Väter des absurden Theaters, hat 1975 in einem Interview mit der ganzen Leidenschaft eines suchenden und dürstenden Menschen dieser unserer Zeit ausgesprochen. Ich zitiere ein paar Sätze daraus: »Die Kirche will ihre Kundschaft nicht verlieren, sie will neue Kunden dazugewinnen. Das ergibt eine Art von Verweltlichung, die wirklich jammervoll ist ... Die Welt verliert sich, die Kirche verliert sich in die Welt, die Pfarrer sind dumm und mittelmäßig (das würde er von den Bischöfen sicher ganz genauso sagen!), sie sind glücklich, nur Menschen wie alle anderen mittelmäßigen, linken Kleinbürger zu sein. Ich habe in der Kirche einen Pfarrer sagen hören: ›Laßt uns fröhlich sein, drücken wir uns die Hände ... Jesus wünscht euch jovial einen schönen, guten Tag!‹ Bald wird man zur Kommunion von Brot und Wein eine Bar einrichten, Sandwiches und Beaujolais reichen. Das scheint mir von unglaublicher Dummheit, von einer totalen Ungeistigkeit zu sein. Brüderlichkeit ist weder Mittelmäßigkeit noch Verbrüderung. Wir brauchen das Außerzeitliche, denn was ist Religion ohne das Heilige? Es bleibt uns Nichts, nichts Solides, alles ist in Bewegung. Wir indessen brauchen einen Felsen.« [...]

Ich glaube, wenn man diese Stimme von Menschen hört, die bewußt, lebend, leidend und liebend in der heutigen Welt stehen, dann wird einem sichtbar, daß man dieser Welt nicht mit banaler Betulichkeit dienen kann. Sie braucht nicht Bestätigung, sondern Verwandlung, die Radikalität des Evangeliums.

9/108ff

Das Problem Droge (1)

Ich erinnere mich eines Disputs, den ich zusammen mit einigen Freunden im Hause von *Ernst Bloch* geführt habe. Die Rede war zufällig auf das Problem der Droge gekommen, das sich damals – in den späten sechziger Jahren – eben erst zu stellen begann. Man fragte sich, wieso sich diese Versuchung jetzt plötzlich so ausbreiten könne und warum sie zum Beispiel im Mittelalter offensichtlich überhaupt nicht bestanden habe. Alle waren sich einig, daß die Antwort ungenügend sei, damals seien eben die Anbaugebiete zu weit entfernt gewesen. Phänomene wie das Auftreten der Droge sind nicht durch solche äußerlichen Bedingungen zu erklären; sie rühren aus tieferen Bedürfnissen oder Mängeln, an denen dann auch der Umgang mit den konkreten Problemen der Beschaffung hängt. So wagte ich die These, daß offenbar jene seelische Leere damals nicht bestanden habe, der man mit der Droge zu begegnen sucht; anders ausgedrückt: Der Durst der Seele, des inneren Menschen, fand eine Antwort, die die Droge erübrigte. Ich erinnere mich noch der fassungslosen Empörung, mit der Frau *Bloch* auf diesen Lösungsvorschlag reagierte. Vom Geschichtsbild des dialektischen Materialismus her war ihr der Gedanke geradezu ein Frevel, vergangene Zeiten könnten in nicht ganz unwesentlichen Dingen der unsrigen überlegen gewesen sein; im Mittelalter als einer Zeit der Unterdrückung und der religiösen Vorurteile konnten unmöglich die entrechteten Massen glücklicher und innerlich ausgeglichener leben als in unserer Zeit, die auf dem Weg der Befreiung schon einiges fortgeschritten ist: Die ganze Logik der »Befreiung« würde dabei zusammenstürzen Wie aber ist dann der Vorgang zu erklären? Die Frage blieb an jenem Abend unbeantwortet.

40/13f

Das Problem Droge (2)

Da ich das materialistische Weltbild nicht teile, halte ich meine These von damals noch immer für richtig. Aber sie muß natürlich konkretisiert werden. Dafür könnte sogar das Denken von Ernst Bloch einen hilfreichen Ansatz bieten. Für Bloch ist die Welt der Tatsachen eine schlechte Welt. Das Prinzip Hoffnung bedeutet, daß der Mensch energisch den Tatsachen widerspricht; er weiß sich verpflichtet, die schlechte Welt der Tatsachen zu überwinden, um eine bessere zu schaffen. Ich würde sagen: Die Droge ist eine Form des Protestes gegen die Tatsachen. Der sie einnimmt, weigert sich, sich mit der Welt der Tatsachen abzufinden. Er sucht eine bessere Welt. Die Droge resultiert aus der Verzweiflung an einer Welt, die als der Kerker der Tatsachen empfunden wird, in dem der Mensch es auf Dauer nicht aushalten kann. Natürlich kommt viel anderes dazu: die Sucht nach dem Abenteuer; der Konformismus mitzumachen, was andere tun; die Geschäftstüchtigkeit der Händler und dergleichen. Aber der Kern ist doch der Protest gegen eine als Gefängnis empfundene Wirklichkeit. Die »große Reise«, die die Menschen in der Droge versuchen, ist die Pervertierungsform der Mystik, die Pervertierung des menschlichen Unendlichkeitsbedürfnisses, das Nein zur Unübersteiglichkeit der Immanenz und der Versuch, die Grenze des eigenen Daseins ins Unendliche hinein zu entschränken. Das geduldige und demütige Abenteuer der Aszese, die sich in kleinen Schritten des Aufstiegs dem absteigenden Gott nähert, wird durch die magische Macht, den magischen Schlüssel der Droge ersetzt – der sittliche und religiöse Weg durch Technik.

40/14

Terrorismus als moralisches Problem (1)

Der Ausgangspunkt des Terrorismus ist demjenigen der Droge nahe verwandt: Auch hier steht am Anfang der Protest gegen die Welt, wie sie ist, und das Verlangen nach einer besseren Welt. Der Terrorismus ist von seiner Wurzel her ein Moralismus, allerdings ein fehlgeleiteter, der zur grausamen Parodie auf die wahren Ziele und Wege des moralischen wird. Es ist kein Zufall, daß der Terrorismus seinen Anfang an den Universitäten genommen hat und hier wieder im Umkreis moderner Theologie, bei ursprünglich stark vom Religiösen herkommenden jungen Menschen. Der Terrorismus der ersten Stunde war ein ins Irdische umgeleiteter religiöser Enthusiasmus, eine in politischen Fanatismus transportierte messianische Erwartung. Der Glaube ans Jenseits war zerbrochen oder jedenfalls belanglos geworden, aber der Maßstab der jenseitigen Erwartung wurde nicht preisgegeben, sondern nun an die gegenwärtige Welt angelegt. Gott wurde nicht mehr als wirklich Handelnder angesehen, aber die Erfüllung seiner Verheißungen nach wie vor und erst recht verlangt. »Gott hat keine anderen Arme als die unsrigen« – das hieß nun, daß die Einlösung dieser Verheißungen von uns selbst besorgt werden kann und muß. Der Ekel an der geistigen und seelischen Leere unserer Gesellschaft, das Verlangen nach dem Ganz-Anderen, der Anspruch auf das unbedingte Heil ohne Schranken und ohne Grenzen – das ist sozusagen die religiöse Komponente im Phänomen des Terrorismus, die ihm die Schwungkraft einer aufs Ganze gerichteten Leidenschaft, seine Kompromißlosigkeit und den Anspruch des Idealistischen gab.

40/15f

Terrorismus als moralisches Problem (2)

Das Unwahre an der Verheißung des Terrorismus wurde aber für den durchschnittlichen Teilnehmer überdeckt durch die Verbindung der religiösen Erwartung mit moderner Intellektualität. Die besteht zunächst darin, daß alle herkömmlichen moralischen Maßstäbe, vor das Tribunal der positivistischen Vernunft gezerrt, »hinterfragt« und als unbewiesen »durchschaut« werden. Die Moral liegt nicht im Sein, sondern in der Zukunft. Der Mensch muß sie selbst entwerfen. Der einzige moralische Wert, den es gibt, ist die zukünftige Gesellschaft, in der alles erfüllt sein wird, was es jetzt nicht gibt. Moral in der Gegenwart besteht daher darin, für diese künftige Gesellschaft zu arbeiten. Der neue moralische Maßstab lautet demgemäß: Moralisch ist, was der Herbeiführung der neuen Gesellschaft dient. Was ihr aber dient, kann mit den wissenschaftlichen Methoden der politischen Strategie, mit Psychologie und Soziologie ermittelt werden. Moral wird »wissenschaftlich«: Sie hat nicht mehr ein »Phantom« – den Himmel –, sondern ein machbares Phänomen, die neue Zeit, zum Ziel. So sind das Moralische und das Religiöse realistisch und »wissenschaftlich« geworden. Was will man mehr? Kann es wunder nehmen, daß gerade idealistische junge Menschen sich durch diese Verheißungen herausgefordert fühlten?

40/16

Terrorismus als moralisches Problem (3)

Erst aus der Nähe gesehen wird der Teufelsfuß des Ganzen sichtbar, das Grinsen des Mephistopheles hörbar. »Moralisch ist, was Zukunft schafft«: Unter diesem Maßstab kann auch Moral »moralisch« sein; auf dem Weg zur Menschlichkeit muß auch das Unmenschliche dienen. Im Grunde ist das keine andere Logik als diejenige, welche sagt, daß für »wirklich hochrangige wissenschaftliche Ergebnisse« schon einmal Embryonen geopfert werden dürfen. Und es ist kein anderer Begriff von Freiheit als derjenige, der uns darüber belehrt, daß es zur Freiheit der Frau gehören müsse, ein Kind zu beseitigen, das ihrer Selbstverwirklichung entgegensteht. So geht der Terrorismus heute auf etwas sublimeren Schlachtfeldern mit dem vollen Segen der Wissenschaft und des aufgeklärten Geistes unvermindert weiter. Gewiß, der grobe Terrorismus der Gesellschaftsveränderer ist in den westlichen Gesellschaften eingedämmt worden: Zu sehr hat er die Lebensgewohnheiten dieser Gesellschaften bedroht; zu augenfällig ist das Unmoralische seiner Moral sichtbar geworden. Aber eine wirkliche Abwendung von seinen Grundlagen hat noch nicht stattgefunden; man sieht es auch daran, daß man ihn ungeniert weiterhin Ländern der dritten Welt empfiehlt, die weit genug von uns entfernt liegen. Nach wie vor gilt nahezu als unmoralisch, wer für die dritte Welt die Parolen nicht lobt, die er im eigenen Umkreis nicht gerne angewendet sehen möchte.

40/16f

Wach für die Kraft aus der Stille – Pfingsten (1)

Der Variationen zum Thema Heiliger Geist sind so unzählige bis hin zur Hoffnung, das Reich des Geistes als Reich der Materie errichten zu können. Aber was ist eigentlich die Botschaft, die mit Pfingsten gemeint ist? Mit welcher Antwort trat die Kirche, von der das Thema ausging, den Variationen entgegen, die sich in ihrer Wirkung meist gegen sie wandten? Hat sie etwas zu dieser Sache zu sagen, das auch heute belangvoll ist und auch über den Kreis ihrer engeren Anhänger hinaus Bedeutung gewinnen kann? Eine Antwort, die in der ursprünglichen Überlieferung des Glaubens verbleibt, ist deswegen so schwer, weil den handgreiflichen Hoffnungen und Programmen da nichts gleich Anschauliches entgegenzustellen ist. [...]

Warum ist denn der Auferstandene nur im Kreis der Seinigen geblieben, anstatt machtvoll vor die Gegner hinzutreten und so jeden Zweifel zu zerschmettern? Warum läßt er sich die Geschichte hindurch nur mühsam durch das Wort des Evangelium ertasten, statt unzweideutig ein Reich des Geistes und der Liebe einzurichten? Die Antwort Jesu im Johannes-Evangelium ist sehr verschlüsselt. *Augustinus* hat sie auf die Formel gebracht: Das liegt daran, weil den Geist nur sehen kann, wer den Geist hat. Er erinnert dabei an ein Wort des von ihm verehrten Philosophen *Plotin*, das Goethe so ins Deutsche übertrug: Wäre nicht das Auge sonnenhaft, die Sonne könnt es nicht erkennen.

35/65f

Wach für die Kraft aus der Stille – Pfingsten (2)

Aber fragen wir noch einmal: Was ist es nun eigentlich mit Pfingsten und mit dem Heiligen Geist? Da man ihn nicht direkt vorzeigen kann, kann man nur von Bildern her versuchen, auf das Gemeinte hinzuführen.

Die kirchliche Liturgie fand ein hilfreiches Bild seit alters im Psalm 68 (67), den schon der Epheserbrief (4,7) als Triumphgesang auf Christi Himmelfahrt und damit als Schilderung des Zusammenhangs verstanden hat, der Ostern und Pfingsten verbindet. Der Vers 19 dieses Psalms lautet: »Du bist emporgezogen zur Höhe, hast Gefangene gemacht, hast Gaben unter Menschen empfangen.« In der Auslegung des Apostelbriefs bedeutet dies: Christus ist als Messias ein siegreicher König, der die entscheidende Schlacht der Weltgeschichte: die Schlacht mit dem Tod, dem Urfeind des Lebens, geschlagen und gewonnen hat. Nun nimmt er das Recht des Siegers in Anspruch, Beute zu verteilen. Aber was ist die Beute, die er austeilt? Die Antwort lautet: Die Gabe Gottes ist Gott selbst, der Heilige Geist.

Den Menschen war und ist dies zuviel und zuwenig in einem. Gewiß, Israel hatte einen Sieger erwartet, der Schlachten schlagen und Beute in nie gekanntem Wert zum erwählten Volk nach Hause tragen würde. Aber *diese* Schlacht – das Kreuz – und *diese* Beute: der Heilige Geist als Kraft in dem Glaubenden, das enttäuschte die Erwartung. Das war es gerade nicht, was man sich gewünscht hatte.

35/66f

Wach für die Kraft aus der Stille – Pfingsten (3)

Und wie steht es mit der Christenheit, mit uns, hier und heute? Von einem Erlöser würden auch wir ganz andere Geschenke erwarten, als sie da bei Paulus beschrieben sind. Was wir erwarten, ist doch dies: ein Haus, Geld, gutes Essen, schöne Reisen, Erfolg, Ansehen, Bequemlichkeit, unsere Ruhe, Sicherheit. Aber nicht den Heiligen Geist. Denn er ist in Wahrheit weithin das Gegenteil von alledem: Er macht uns unruhig mit unserem Besitz, mit unserer Bequemlichkeit, mit unserem Ansehen, das so oft auf zweifelhaften Kompromissen beruht. [...]

Aber – so fragt sich nun, ist das nicht eigentlich ein Widerspruch: Auf der einen Seite hören wir, daß der Heilige Geist etwas ist, was man nicht vorzeigen kann; daß er in einem sehr tiefen Sinn unsichtbar ist, so wie die Liebe, die den Menschen vom Grund her trifft und ihn umgestaltet, die man aber eben doch nicht vorzeigen kann, wie man etwa ein neues Auto vorführt. Andererseits wird gesagt, der Heilige Geist sei Sturm, Verwandlung und dies so sehr, daß er als Kraft der neuen Schöpfung bezeichnet wird, deren Eingriff in die Wirklichkeit nicht weniger grundlegend ist als eben »Schöpfung«. Wie verhält sich das? Nun, der Kern der Antwort ist schon gegeben mit dem Hinweis auf die Liebe, die man nicht vorzeigen kann und die doch die grundlegende Kraft menschlichen Lebens, ja, der Wirklichkeit überhaupt ist.

35/67ff

Wach für die Kraft aus der Stille – Pfingsten (4)

Vielleicht läßt sich das Gemeinte mit einer Parabel noch ein wenig weiter verdeutlichen. Vor einigen Jahren war ein eindrucksvoller Film unter dem Titel »Seelenwanderung« zu sehen. Er handelte von zwei armen Teufeln, die ob ihrer Gutmütigkeit nicht vorwärts kommen können. Der eine kommt eines Tages, da er nichts anderes mehr zu vergeben hat, auf den Gedanken, seine Seele zu verkaufen. Sie wird zu billigem Preis angenommen und in einer Schachtel verstaut. Von diesem Augenblick an ändert sich zu seinem größten Erstaunen alles in seinem Leben. Er steigt rasch auf, wird reicher und reicher, kommt zu hohen Ehren und stirbt als Konsul, mit Geld und Gut ausgiebig bedacht. In dem Augenblick, in dem er seine Seele los war, gab es keine Rücksicht, keine Menschlichkeit mehr. Er handelt skrupellos nur noch nach Gewinn und Erfolg. Der Mensch zählt nicht mehr. Er selbst ist ja seelenlos. In dem Film wird auf erschütternde Art gezeigt, wie sich hinter der Fassade des Erfolgreichen eine leere Existenz verbirgt. Scheinbar ist nichts verlorengegangen – aber die Seele fehlt und mit ihr alles.

Nun kann der Mensch gewiß nicht im eigentlichen Sinn seine Seele, das, was ihn zum Menschen macht, wegwerfen. Er bleibt Mensch. Und doch hat er die erschreckende Möglichkeit, als Mensch Un-Mensch zu sein. [...] Mich dünkt, dies sei ein Gleichnis, an dem vieles verständlich werden kann, worum es an Pfingsten geht.

35/69f

Die Kraft von Leiden und Hoffnungen (1)

Was ist denn nun eigentlich zusammengebrochen im Laufe der Jahre 1989 und 1990? Zunächst kann und muß man einfach sagen, daß der Marxismus als umfassende Deutung der Wirklichkeit und als Anweisung zu geschichtlichem Handeln gescheitert ist. Seine Verheißung von Freiheit, Gleichheit und Wohlstand für alle hat sich in den empirischen Fakten nicht bewahrheitet; sie ist von den politischen und wirtschaftlichen Tatsachen her falsifiziert worden. So richtig diese Feststellungen sind, man bliebe an der Oberfläche stehen, wenn man sich damit begnügen würde. Wir müssen vielmehr einen Schritt weitergehen und fragen: Was ist aber das eigentlich Falsche an dieser Interpretation der Welt und an der daraus abgeleiteten Praxis? Eine genaue Beobachtung der Vorgänge führt unmittelbar an den Kern der Sache heran: Die Kraft des Geistes, die Kraft von Überzeugungen, von Leiden und von Hoffnungen hat die bestehenden Strukturen umgestürzt. Das bedeutet: Zu Fall gekommen ist dabei jener Materialismus, der den Geist zur bloßen Folge materieller Strukturen, zum bloßen Überbau des wirtschaftlichen Systems herabdrücken wollte. An dieser Stelle aber reden wir bereits nicht mehr bloß vom Problem des Marxismus und von seiner Staatenwelt, sondern wir reden von uns selbst. Denn der Materialismus ist ein Problem, das uns alle angeht; sein Scheitern zwingt uns alle zur Gewissenserforschung.

40/60

DIE KRAFT VON LEIDEN UND HOFFNUNGEN (2)

Deshalb ist es nötig, an diesem Punkt noch etwas zu verweilen und zu fragen, was denn eigentlich der Kern einer materialistischen Ideologie sei. Sie besteht nicht darin, daß Geist überhaupt geleugnet würde: Auch der Materialismus gibt zu, daß an irgendeiner Stelle in der Geschichte Geist aufgetreten ist und von da an vom bloß Materiellen unterschieden werden muß. Das Wesen des modernen Materialismus ist subtiler: Es besteht in der Weise, wie die Beziehung zwischen Materie und Geist gedacht wird. Die Materie ist danach das Erste und Ursprüngliche; am Anfang steht die Materie und nicht der Logos. Aus ihr entwickelt sich alles in einem Prozeß der Zufälle, der zum Prozeß der Notwendigkeiten wird. Der Geist ist immer nur Produkt der Materie. Wenn man deren Gesetze kennt und sie zu handhaben weiß, dann kann man auch den Gang des Geistes lenken. Man verändert den Geist, indem man seine materiellen Bedingungen umbaut. So kann man auf mechanische Weise, durch den Umbau und Ausbau der Strukturen, Geschichte selbst umbauen und ausbauen.

Dieser materialistische Hochmut hat sich als Irrtum erwiesen. Der Geist hängt gewiß zu einem guten Teil von seinen materiellen Bedingungen ab, aber er überragt sie doch. Man kann den Menschen nicht von seiner Freiheit befreien, indem man die Kanäle betoniert, in denen sie sich bewegen muß. Die Anmaßung, man könne mit strukturellen Rezepten den perfekten Menschen und die perfekte Gesellschaft konstruieren, ist der eigentliche Kern des modernen Materialismus, und dieser Kern hat sich als Irrtum erwiesen.

40/60f

Die Kraft von Leiden und Hoffnungen (3)

Noch ein dritter Aspekt der Vorgänge scheint mir deutlich zu sein. In Frage gestellt ist durch das Geschehene auch eine bestimmte Fassung des Fortschrittsgedankens. Das Wort Fortschritt ist zu einem Trabanten der nachhegelianischen Geschichtsphilosophie geworden. Es setzt jene mechanische Deutung der Geschichte voraus, die wir soeben kritisiert haben. »Fortschritt« läßt sich dabei als ein gut verkäufliches Partei-Etikett gebrauchen. Im sozialistischen Lager galt ganz einfach, daß Fortschritt ist, was dem Ausbau des Sozialismus dient. Es gibt aber auch einen oberflächlichen Liberalismus, der nicht weniger parteilich ist. Freiheit wird mit Bindungslosigkeit identifiziert, und als Fortschritt erscheint alles, was Bindungen beseitigt. Und schließlich gibt es die technizistische Variante des Fortschrittsglaubens, die im Anwachsen des technischen Könnens als solchem schon einen Fortschritt des Menschen sieht. *Romano Guardini* hat in diesem Zusammenhang vom »Unsinn des Fortschrittsglaubens« gesprochen. Wo immer Fortschritt als ein notwendiger Prozeß gesetzlicher Entwicklung der Geschichte angesehen wird, ist er unterhalb des eigentlich Menschlichen angesiedelt und im tiefsten gegen den Menschen konzipiert. Personale Freiheit und ethische Eigenverantwortung können dann nur als Störfaktoren solcher Gesetzlichkeiten angesehen werden. Das massive Auftreten dieses »Störfaktors« in den letzten Jahren ist ein Vorgang, der Hoffnung gibt – zugleich eine Tatsache, die uns zum Nachdenken und zum Umdenken zwingt.

40/64f

Die Kraft von Leiden und Hoffnungen (4)

In diesem Zusammenhang ist als zweiter Faktor die Kraft der Religion zu nennen. Die Voraussage war gewesen, die Religion werde von selbst verschwinden, wenn sich die gesellschaftlichen Verhältnisse ändern würden, die die Projektion des Religiösen hervorriefen. Schon seit langem hatte man zugegeben, daß man die Schnelligkeit dieses Prozesses überschätzt habe; dann wurde schließlich immer mehr die Möglichkeit offengelassen, daß Religion wohl überhaupt nie gänzlich aufhören werde. Schließlich zeigte sich Überraschendes: Gerade in der naturwissenschaftlichen Intelligenz tauchte die Gottesfrage neu auf. Eine ihrer Grenzen innewerdende Wissenschaft erkannte, daß die eigentlichen Antworten außerhalb dessen liegen, was sie in sich selbst darstellen kann. Gleichzeitig mit diesem Aufblitzen der Gottesfrage mitten innerhalb der strengsten Rationalität meldete sich der Durst nach dem Ewigen aus der Tiefe der menschlichen Existenz neu zu Worte, der offensichtlich in den Grund unserer Seele eingebrannt ist. Aus vielfältigen Zeugnissen wissen wir, wie nun gerade in der ganz atheistisch aufgewachsenen akademischen Jugend Gott zum erregenden Thema wurde. Nicht immer führte das zur Konversion, zu konkretem christlichen Glauben. Aber eine neue Empfänglichkeit für die geheimnisvolle Botschaft der Ikonen, für die Nähe des Göttlichen in der ganz dem Mysterium verschriebenen orthodoxen Liturgie wuchs doch wie von selbst aus solchen Fragen. [...] Religion [...] trat wieder als öffentliche Kraft hervor, die die herrschende Macht relativierte. Sie gab die seelischen Kräfte, die schließlich stärker wurden als die äußeren Gewalten.

40/66f

Absage an den Fortschrittsglauben (1)

Eine erste These muß sich gegen den Mythos des Fortschritts wenden, der die Kräfte des Heute an ein imaginäres Morgen verschwendet und damit weder dem einen noch dem anderen dient. *Augustinus* hat sich unter Schmerzen dazu bekannt, daß keinem politischen Gebilde Ewigkeit verheißen ist und daß daher auch das römische Reich trotz seiner positiven Leistung, trotz seiner Macht und auch trotz seines Rechts untergehen könne. Auch heute gilt, daß keine politische und kulturelle Gestalt Ewigkeit in Anspruch nehmen kann. Auch Europa, auch die europäische Kultur kann untergehen. Das bedeutet nicht Resignation, sondern Nüchternheit. Denn das Wesentliche an dieser Aussage ist nicht die Feststellung eines möglichen Endes, sondern die Einsicht, daß niemand die endgültige, vollkommene Gestalt der Menschheit konstruieren kann. Die Zukunft ist immer offen, weil menschliches Zusammenleben immer unter dem Zeichen menschlicher Freiheit steht und daher immer auch in der Möglichkeit des Versagens. Das aber bedeutet: Das Feld des politischen Handelns ist nicht die Zukunft, sondern die Gegenwart. Der Politiker ist nicht der Arrangeur einer irgendwann kommenden besseren Welt, sondern er trägt Verantwortung dafür, daß die Welt heute gut sei, damit sie auch morgen gut sein könne.

40/98

Absage an den Fortschrittsglauben (2)

Die angebliche bessere Welt von morgen ist eine Fata Morgana, die dem Heute seine Kraft und seine Würde nimmt, dem Morgen aber dabei nicht dient. Denn die Vorstellung, man könne durch das Eingehen auf die Gesetze der Geschichte endlich doch als Produkt aller Wege und Umwege so etwas wie das irdische Paradies konstruieren, ist freiheitsfeindlich und darum unmenschlich. Sie setzt voraus, daß die Geschichte einmal nicht mehr auf Freiheit, sondern auf definitiven Strukturen beruhen wird. Die doppelte Paradoxie dieser Erwartung besteht darin, daß man den Menschen nicht zur Freiheit, sondern von seiner Freiheit befreien will; daß man absolute Maßstäbe – Gott – ausschalten und gerade so das Absolute – die endgültige Gesellschaft – erreichen möchte. *Hölderlin* hat mit Recht über derartige Bemühungen gesagt: »Immerhin hat das den Staat zur Hölle gemacht, daß ihn der Mensch zu seinem Himmel machen wollte.« Wie wahr das ist, wissen wir heute mehr, als man es damals sehen konnte. Vom Mythos innerweltlicher Eschatologien müssen wir Abschied nehmen lernen. Wir dienen dem Morgen dann am besten, wenn wir im Heute gut sind und wenn wir es gestalten in der Verantwortung vor dem, was heute und morgen das Gute ist.

40/98f

Fronleichnam – Stationen der Einung (1)

Eucharistie ist nicht eine Privatsache im Freundeskreis, in einem Club von Gleichgesinnten, in dem sich die treffen, die Zueinander passen; sondern: So wie der Herr öffentlich vor den Mauern der Stadt, vor dem Angesicht der Welt sich kreuzigen ließ und seine Hände ausstreckt auf alle hin, so ist Eucharistiefeier der öffentliche Gottesdienst aller, die der Herr ruft, ungeachtet ihrer Zusammensetzung. Zur Eucharistiefeier gehört daher wesentlich, was der Herr in seinem irdischen Leben vorgelebt hat: daß Menschen der verschiedenen Parteiungen, der verschiedenen Stände und Anschauungen zusammengeführt werden in dem Größeren seines Wortes und seiner Liebe. Zur Eucharistie gehörte es in der mittelmeerischen Welt, in die das Christentum zunächst eintrat, daß da nebeneinandersitzen der Aristokrat, der zum Christentum gefunden hat, und der korinthische Hafenarbeiter, der armselige Sklave, der nach dem römischen Recht nicht einmal als Mensch anzusehen ist, sondern unter das Sachenrecht fällt. Zu ihr gehört es, daß der Philosoph neben dem Analphabeten sitzt, die bekehrte Dirne und der bekehrte Zöllner neben dem Asketen, der seinen Weg zu Jesus Christus gefunden hat. Wir können aus den Texten des Neuen Testamentes noch sehen, wie immer wieder sich die Menschen gegen solches Miteinander sträubten, sich in ihren Kreis verschließen wollten und nur um so mehr jener Sinn der Eucharistie blieb.

35/78f

Fronleichnam – Stationen der Einung (2)

Als das Christentum an Zahl zunahm, war die Beschränkung auf einen einzigen Altar und eine einzige Eucharistie in den Städten nicht mehr durchzuhalten. Schon in der Verfolgungszeit bildeten sich etwa in Rom die Titelkirchen als Vorläufer der späteren Pfarreien heraus. Gewiß blieben auch hier die Öffentlichkeit und die Unbeliebigkeit des Gottesdienstes, der Menschen vereint, die sonst nicht zueinandertreten würden. Aber das Öffnende über einen Raum hin war nicht mehr genügend sichtbar. So schuf man deshalb die Einrichtung der Statio. Das heißt: Der Papst als der eine Bischof von Rom zelebriert, besonders im Laufe der Fastenzeit, quer durch die einzelnen Titelkirchen den Gottesdienst für ganz Rom. Die Christen versammeln sich, ziehen gemeinsam zur Kirche, und so wird in den Einzelkirchen das Ganze sichtbar, und das Ganze reicht ins Einzelne hinein.

Diesen Urgedanken nimmt Fronleichnam auf. Es ist statio urbis: Wir öffnen die Pfarrkirchen, wir öffnen uns von den verschiedenen Ecken und Enden dieser Stadt her, um versammelt zu werden beim Herrn, um von ihm her eins zu sein. Wir sind beieinander auch hier über die Grenzen von Parteien und Ständen hinweg, Regierende und Regierte, Männer des handwerklichen Tuns und der geistigen Bemühung, Menschen dieser und jener Richtung. Und gerade dies ist wesentlich, daß wir hier vom Herrn her versammelt sind, daß er uns zueinanderführt.

35/79f

Fronleichnam – Stationen der Einung (3)

Unsere Städte sind, wir wissen es alle, zu Orten einer früher nie gekannten Einsamkeit geworden. Nirgends sind Menschen so allein und so verlassen wie in den großen Blöcken, dort, wo sie am meisten zusammengedrängt sind. Ein Freund hat mir erzählt, daß er in einer Großstadt im Norden Deutschlands in einem solchen Bau Wohnung genommen hatte. Aus seinem Block herausgehend grüßt er einen Mitbewohner des Blockes, der ihn nur erstaunt ansieht und zu ihm sagt: »Sie irren sich!« Wo die Menschen nur Masse sind, wird Gruß zum Irrtum. Der Herr aber versammelt uns und öffnet uns, daß wir einander annehmen, einander zugehören, daß wir im Stehen zu ihm auch wieder zueinander zu stehen lernen. Gerade auch der Münchener Marienplatz erfährt auf solche Weise seine innerste Bestimmung. Wie oft hasten wir hier aneinander vorbei. Heute soll er Ort des Miteinander sein, das als Auftrag und als Geschenk mit uns weitergeht.

Gewiß gibt es viele Versammlungen, aber so oft verbindet doch mehr das, wogegen man steht als das, wofür man steht. Und fast immer ist es so, daß ein Interesse zusammenführt, das gegen andere Interessen gerichtet ist. Heute aber verbindet uns nicht ein Privatinteresse dieser oder jener Gruppe, sondern das Interesse, das Gott an uns nimmt und in das wir gelassen all unsere Interessen hineinlegen.

35/80f

Johannes der Täufer (1)

Lukas 1,57ff

Die Gestalt des heiligen Johannes des Täufers, dessen Fest wir heute begehen, kann uns bei aller Unvergleichbarkeit und Unwiederholbarkeit seiner Sendung dennoch helfen, etwas mehr von dem neuen Dienst des Pastoralassistenten in der Kirche zu verstehen. Der Täufer ist dazu da, die Menschen zu Jesus heranzurufen. Sein Dienst ist charakteristisch unterschieden von dem der Apostel und ihrer Nachfolger. Er vertritt nicht unmittelbar Christus selbst, wie sie es tun sollen, er tut die Tür auf für ihn. Er schafft den Raum, in dem er gehört werden kann. Er sammelt, reinigt, bereitet das Volk, damit die Möglichkeit sei, ihm zu begegnen. Er bringt die Menschen auf den Weg zu ihm. Solcher Dienst mochte in einer christlich gewordenen Welt eher zurücktreten. In einer Zeit, die immer weiter von ihm weglebt, in der die Organe für Gott und für Christus zu verkümmern drohen, ist solch katechumenal vorbereitender Dienst, der Raum auftut, damit Er selbst gehört werden könne, von einer neuen Dringlichkeit.

22/43

Johannes der Täufer (2)

Lukas 1,57ff

Ist Johannes der Täufer eigentlich nicht unser aller Vertreter? Sind wir nicht auf eine sehr ähnliche Weise alle zusammen nur taubstumm vor Gott, eingefangen in unsere Alltagsklugheit, in den Geist des Jahrhunderts und begrenzt in das, was wir von daher für richtig und verstehbar halten? [...] Und sind wir nicht auch in der Auslegung der Heiligen Schrift bei aller sorgfältigen Zergliederung der Texte, bei aller historischen und philosophischen Gelehrsamkeit oft taube Hörer, die von dem, was darin eigentlich auf uns zutritt, nichts, aber auch nichts hören, sondern im Vordergrund eines Wissens verbleiben, das bis zum Geheimnis Gottes nicht heranreicht. Die Zunge des Zacharias löst sich in dem Augenblick, in dem er in das vorgegebene Wort der Verheißung hineintritt. Und wir alle können nur wahrhaft recht reden vom Herrn, wenn wir uns von ihm überwältigen lassen, wenn wir uns von ihm herausreißen lassen aus dem bloß Eigenen unseres Denkens und unseres Verstehens. Nur wenn wir den Sprung wagen in den gemeinsamen Glauben der ganzen Kirche, wenn wir wagen, in das vorgegebene Wort einzutreten, dann können wir darin allmählich mitreden, mithören und so auch anderen das Ohr öffnen für die Geheimnisse Gottes. Der Verstand allein, so wichtig er ist – auch der Verstand eines Jahrzehnts oder eines Jahrhunderts –, ist zu klein für Gott. Das Wort Gottes braucht mehr. Es braucht den Ausbruch aus der Kleinheit unserer Welt, den Mut, sich dem Großen des Glaubens aller Jahrhunderte mit dem Herzen anzuvertrauen.

22/46

Das Leisesein Gottes (1)

1 Könige 19,4–13

Elija kommt am Gottesberg Horeb an, die Offenbarung muß sich neu zutragen, und sie trägt ihn in eine neue Phase hinein. Denn nun zeigt sich: Den er im Feuer gesucht hatte, ist nicht im Sturm und nicht in der Gewalt. Gott ist im leisen, stillen Wehen des Heiligen Geistes. Es zeigt sich, daß Gott anders ist, leise, verglichen mit dem Lauten dieser Welt.

Und so führt hier die Elija-Erfahrung direkt in das Neue Testament, in das Evangelium, zur Gestalt Jesu hinüber, in dem sich das Wort über den Gottesknecht erfüllt: *Er wird nicht schreien auf der Straße, er wird das geknickte Rohr nicht brechen, den glimmenden Docht nicht löschen.* In ihm erscheint nun der Gott endgültig, den Elija am Horeb hatte ahnen dürfen, der Gott, der nicht laut ist, der nicht mit den Mächten dieser Welt mithalten kann; der »arme« Gott, der Gott, der nur die demütigen Waffen der Liebe und der Wahrheit hat, der daher immer der Unterlegene zu sein scheint und der doch die einzig wahre und rettende Macht dieser Welt ist.

An dieser Stelle sollten wir, glaube ich, innehalten. Auch wir erleben diese Ohnmacht Gottes, der gleichsam immer der Besiegte zu sein scheint; und wir würden ihn uns stärker, greifbarer, mächtiger gegenüber allem Versagen, Gefährlichen und Drohenden dieser Welt wünschen. Wir müssen gleichsam selber dieses Geheimnis des Horeb, das in Christus Gestalt geworden ist, neu erlernen, erlernen, daß nun in dem Stillen, kaum Merklichen doch immer wieder das Große geschieht.

13/84f

Das Leisesein Gottes (2)

1 Könige 19,4–13

Damit es nicht zu inhaltslos bleibt, macht Paulus es uns konkret, so konkret, wie Gott selber es gemacht hat: *Liebt einander, wie Christus uns geliebt und sich für uns hingegeben hat als Gabe und als Opfer, das Gott gefällt.* Wir ahmen Gott nach, wir leben von Gott, mit Gott, wie Gott, indem wir in die Lebensweise Christi hineintreten, der von seinem Gottsein heruntergestiegen ist, einer wie wir geworden ist, einer von uns, sich gegeben hat und sich fortwährend gibt.

Und endlich macht Paulus dieses Kleinsein, dieses Leisesein Gottes, das doch gerade die wahre Göttlichkeit ist, noch konkreter, damit es nicht in hohen Spekulationen verfangen bleibt, die doch bis zum Alltag nicht herunterreichen.

Paulus zählt dieses auf, wie man die Weise Gottes lebt: *Jede Art von Bitterkeit, Wut, Zorn, Geschrei, Lästerung, alles Böse verbannt aus eurer Mitte, seid gütig zueinander, seid barmherzig, vergebt einander, weil auch Gott euch durch Christus vergeben hat.*

Diese täglichen, kleinen Tugenden, mit denen wir immer wieder aus unserer Bitterkeit heraustreten, aus dem Ärger über den andern, aus dem Nicht-Annehmen-Wollen der Andersheit des andern, mit denen wir immer wieder einander in der Vergebung uns öffnen, all dieses Kleine ist die Konkretisierung des Wie-Christus und So-wie-Gott-Lebens, des Gott-Nachahmens und so des Konkretwerdens des Mannawunders. Er hat sich uns gegeben, damit wir uns ihm und einander geben können.

13/90f

Paulus – Kämpfer und Leidender (1)

Am Aufgang zur Petersbasilika hat Papst Pius IX. im vergangenen Jahrhundert zwei machtvolle Figuren der Apostel Petrus und Paulus aufgestellt, beide leicht erkenntlich an ihren Attributen: die Schlüssel in der Hand des Petrus, das Schwert in den Händen Pauli. Wer ohne Kenntnis der Geschichte des Christentums die kraftvolle Gestalt des Völkerapostels betrachtet, könnte wohl zu der Meinung kommen, es handle sich um einen großen Feldherrn, um einen Krieger, der mit dem Schwert Geschichte gemacht und sich Völker unterworfen habe. So wäre er einer der vielen, die sich um den Preis des Blutes der anderen Ruhm und Reichtum geschaffen haben. Der Christ weiß, daß das Schwert in den Händen dieses Mannes die gegenteilige Bedeutung hat: Es ist das Werkzeug seiner Hinrichtung. Als römischer Bürger durfte er nicht, wie Petrus, gekreuzigt werden; er starb durch das Schwert. [...]

»Ich habe den guten Kampf gekämpft«, sagt er im Angesicht des Todes, rückschauend auf den Weg seines Lebens, zu seinem Lieblingsschüler Timotheus (2 Tim 4,7). Von solchen Worten her ist Paulus gern als Kämpfer, als Tatmensch, ja als Gewaltnatur beschrieben worden. Ein oberflächlicher Blick auf sein Leben scheint dem recht zu geben: In vier großen Reisen hat er einen bedeutenden Teil der damals bekannten Welt durchfahren und ist so wirklich zum Lehrer der Völker geworden, der das Evangelium Jesu Christi »bis an die Enden der Erde« trug.

3/32f

Paulus – Kämpfer und Leidender (2)

Das alles ist nicht falsch, aber es ist nicht der ganze Paulus; ja, wer ihn nur so sieht, läßt das Eigentliche an seiner Gestalt aus. Zunächst müssen wir festhalten, daß der Kampf des heiligen Paulus nicht der Kampf eines Karrieristen, eines Machtmenschen, schon gar nicht eines Herrschers und Eroberers war. [...] Der Kampf des heiligen Paulus war der Kampf eines Märtyrers, von Anfang an. Genauer gesagt: Am Anfang seines Weges hatte er zu den Verfolgern gehört und die Gewalt gegen die Christen betrieben. Vom Augenblick seiner Bekehrung an war er zu dem gekreuzigten Christus übergegangen und hatte selbst den Weg Jesu Christi gewählt. Er war kein Diplomat; wo er diplomatische Versuche machte, war ihm wenig Erfolg beschieden. Er war ein Mann, der keine andere Waffe hatte als die Botschaft Jesu Christi und den Einsatz seines eigenen Lebens für diese Botschaft. Schon im Philipperbrief (2,17) spricht er davon, daß sein Leben wie ein Trankopfer ausgegossen werde; am Abend seines Lebens, im letzten Wort an Timotheus (2 Tim 4,6), kehrt diese Formulierung noch einmal wieder. Paulus war ein Mensch, der bereit war, sich verwunden zu lassen, und das war seine eigentliche Stärke. Er hat sich selbst nicht geschont, nicht versucht, sich aus Ärger und Unannehmlichkeiten herauszuhalten, schon gar nicht, sich ein schönes Leben zu bereiten.

3/33f

Paulus – Kämpfer und Leidender (3)

Gerade, daß er sich selber stellte, sich nicht schonte, sich den Schlägen preisgab und sich verbrauchen ließ für das Evangelium, hat ihn glaubwürdig gemacht und Kirche aufgebaut: »Ich möchte am liebsten aufbrauchen und aufgebraucht werden für euere Seelen«: Dieses Wort aus dem Zweiten Korintherbrief (12,15) legt das innerste Wesen dieses Menschen frei. Paulus war nicht der Meinung, daß Ärger zu vermeiden die Hauptaufgabe der Pastoral sei, und er dachte nicht, daß ein Apostel vor allem eine gute Presse haben müsse. Nein, er wollte aufrütteln, den Schlaf der Gewissen aufreißen, und wenn es das Leben kostete. Aus seinen Briefen wissen wir, daß er alles andere als ein großer Redner war. Den Mangel an Rednertalent hatte er mit Mose gemein und mit Jeremia, die sich beide Gott gegenüber damit verteidigten, daß sie auf Grund mangelnder Rednergabe für die vorgesehene Sendung ganz ungeeignet seien. »Sein persönliches Auftreten ist matt, und seine Worte sind schwach« (2 Kor 10,10), sagten ihm seine Gegner nach. Über den Beginn seiner Mission in Galatien erzählt er selbst: »Ihr wißt, daß ich krank und schwach war, als ich zum ersten Mal das Evangelium verkündete« (Gal 4,13). Paulus hat nicht durch brillante Rhetorik und durch raffinierte Strategien gewirkt, sondern dadurch, daß er sich selbst einsetzte und aussetzte für seine Botschaft. Die Kirche wird auch heute nur in dem Maß Menschen überzeugen können, in dem ihre Verkünder bereit sind, sich verwunden zu lassen.

3/34f

JULI

Gewissheiten und Verunsicherungen des Glaubens in unserer Zeit

Ort wirklicher Menschlichkeit

Der zentrale Bereich des Lebens von heute ist nun tatsächlich derjenige der wirtschaftlichen und technischen Innovationen. Dort – und ganz speziell auch in der Unterhaltungswelt der Medien – wird Sprache gebildet, wird Verhalten geformt. Das ist sozusagen der Mittelbereich der menschlichen Existenz, der in den großen Massenbewegungen angesprochen wird. Religion ist dabei zwar nicht verschwunden, aber sie ist in den Bereich des Subjektiven abgewandert. Glaube wird dann als eine der subjektiven Religionsformen toleriert; oder er behält letztlich als Kulturfaktor einen bestimmten Raum.

Aber auf der anderen Seite wird das Christentum auf neue Weise Lebensmodelle anbieten und sich in der Einöde des technischen Daseins wieder als ein Ort einer wirklichen Menschlichkeit darstellen. Das geschieht jetzt schon. Ich meine, man kann gegen die einzelnen Bewegungen von Neokatechumene, Fokularini und so weiter immer Einwendungen erheben, aber hier sind in jedem Fall innovative Aufbrüche zu beobachten. Hier ist Christentum als Neuheitserlebnis da und wird von Menschen, die oft von sehr weit außen herankommen, plötzlich als die Chance zu leben und in diesem Jahrhundert leben zu können, empfunden. Von daher wird wohl die Öffentlichkeitsfunktion der Kirche nicht mehr die gleiche sein, die sie in der bisherigen Verschmelzungsgestalt von Kirche und Gesellschaft hatte, aber sie wird immer noch als eine neue Chance für den Menschen auch öffentlich sichtbar werden.

32/135f

»Bist du es wirklich?«

In Jesu Leben, in der Vorbehaltlosigkeit seines Seins für die Menschen, ist der Sinn der Welt Gegenwart, er gewährt sich uns als Liebe, die auch mich liebt und mit solch unfaßlichem Geschenk einer von keiner Vergänglichkeit, keiner egoistischen Trübung bedrohten Liebe das Leben lebenswert macht. Der Sinn der Welt ist das Du, freilich nur jenes, das nicht selbst offene Frage, sondern keines anderen Grundes bedürfender Grund des Ganzen ist. – So ist der Glaube das Finden eines Du, das mich trägt und in aller Unerfülltheit menschlichen Begegnens die Verheißung unzerstörbarer Liebe schenkt, die Ewigkeit nicht nur begehrt, sondern gewährt. Christlicher Glaube lebt davon, daß es nicht bloß objektiven Sinn gibt, sondern daß dieser Sinn mich kennt und liebt, daß ich mich ihm anvertrauen kann mit der Gebärde des Kindes, das im Du der Mutter all seine Fragen geborgen weiß. So ist Glaube, Vertrauen und Lieben letztlich eins, und alle Inhalte, um die der Glaube kreist, sind nur Konkretisierungen der alles tragenden Wende, des »Ich glaube an Dich« – der Entdeckung Gottes im Antlitz des Menschen von Nazaret. – Freilich hebt dies das Nachdenken nicht auf. – Bist du es wirklich: Das hat schon Johannes der Täufer angstvoll in einer dunklen Stunde gefragt. Bist Du es wirklich? Der Glaubende wird immer wieder jenes Dunkel erleben, in dem der Widerspruch des Unglaubens ihn wie ein düsteres unentrinnbares Gefängnis umgibt.

15/52f

Glauben – wozu? (1)

Christsein heißt, die Liebe haben. Das ist unerhört schwer und unerhört einfach zugleich. Aber wie schwer es in vieler Hinsicht auch sein mag – dies zu erfahren ist doch eine tief befreiende Erkenntnis. Indes, Sie werden wahrscheinlich sagen: Nun schön, so steht es also mit der Botschaft Jesu, und das ist trostvoll und gut. Aber was habt ihr Theologen und Priester, was hat die Kirche daraus gemacht? Wenn die Liebe genügt, warum dann euer Dogma, warum dann der Glaube, der ewig mit der Wissenschaft konkurriert? Ist dann nicht wirklich wahr, was die liberalen Gelehrten gesagt haben, es sei die Verderbnis des Christentums gewesen, daß man, anstatt mit Christus vom Vatergott zu reden und untereinander Bruder zu sein, eine Lehre von Christus aufgebaut hat; daß man, anstatt auf den gegenseitigen Dienst hinzuführen, ein unduldsames Dogma erfunden hat; daß man, anstatt zur Liebe aufzurufen, den Glauben verlangt und das Christsein von einem Bekenntnis abhängig gemacht hat?

Ohne Zweifel: In dieser Frage wohnt ein ungeheurer Ernst, und wie alle wahrhaft großen Fragen ist sie nicht im Handumdrehen, mit einer runden Formel zu bewältigen. Zugleich aber ist nicht zu übersehen, daß sie auch eine Vereinfachung enthält. Um das in Blick zu gewinnen, brauchen wir nur das bisher Bedachte realistisch auf unser Leben anzuwenden. Christsein heißt: die Liebe haben; es heißt: die kopernikanische Wende des Daseins vollziehen, in der wir aufhören, uns selber zum Weltenmittelpunkt zu machen und die anderen sich nur um uns drehen zu lassen.

36/59f

GLAUBEN – WOZU? (2)

Wenn wir ehrlich und ernsthaft auf uns selbst hinschauen, hat diese wunderbar einfache Botschaft nicht nur etwas Befreiendes, sondern auch etwas sehr Bedrängendes an sich. Denn wer von uns kann sagen, daß er nie an einem Hungernden oder Dürstenden oder sonstwie an einem Menschen, der ihn gebraucht hätte, vorübergegangen ist? Wer von uns kann sagen, daß er wirklich in aller Einfalt den Dienst des Gutseins auf die anderen hin tut? Wer von uns muß nicht zugeben, daß selbst in der Güte, die er für die anderen aufbringt, immer noch ein Stück Egoismus, ein Stück Selbstzufriedenheit und Zurückschauen auf das eigene Ich hin lebt? Wer von uns muß nicht zugeben, daß er mehr oder weniger in der vorkopernikanischen Illusion lebt und die anderen nur in ihrer Beziehung zum eigenen Ich betrachtet und realisiert? So kann aber die große, befreiende Botschaft von der Liebe als dem einzigen und genügenden Inhalt des Christseins auch etwas sehr Bedrückendes werden.

36/60f

GLAUBEN – WOZU? (3)

An dieser Stelle setzt der Glaube ein. Denn er bedeutet im Grunde gar nichts anderes, als daß dieses Defizit unserer Liebe, das wir alle haben, aufgefüllt worden ist durch den stellvertretenden Überfluß der Liebe Jesu Christi. Er sagt uns einfach, daß Gott selber seine Liebe im Überfluß ausgegossen hat unter uns und dadurch unser aller Defizit im voraus gedeckt hat. Glauben heißt letztlich gar nichts anderes als zugeben, daß wir ein solches Defizit haben; es heißt, die Hand aufmachen und sich beschenken lassen. In seiner einfachsten und innersten Form ist der Glaube nichts anderes als jener Punkt in der Liebe, an dem wir erkennen, daß wir auch selbst nötig haben, beschenkt zu werden. Glaube ist so jener Punkt in der Liebe, der sie erst als Liebe wirklich ausweist; er besteht darin, daß wir die Selbstgefälligkeit und Selbstzufriedenheit dessen überwinden, der sich genug ist und sagt: Ich habe alles getan, ich brauche keine Hilfe mehr. Erst in solchem »Glauben« endet der Egoismus, der eigentliche Gegenpol der Liebe. Insofern ist Glaube in der wahren Liebe mit anwesend; er ist einfach jenes Moment an der Liebe, das sie wahrhaft zu sich selbst führt: die Offenheit dessen, der nicht auf seinem eigenen Können besteht, sondern sich als Beschenkten und als Bedürftigen weiß.

36/61f

Jesus ja, Christus nein? – Kernzweifel mit Folgen (1)

Um die wirkliche Glaubensnot unserer Zeit zu verstehen, muß man tiefer gehen. Denn hinter der verbreiteten Entgegensetzung zwischen Jesus und Kirche steckt letztlich ein christologisches Problem. Der eigentliche Gegensatz, dem wir uns stellen müssen, wird nicht durch die Formel »Jesus ja, Kirche nein« ausgedrückt; er müßte eher mit dem Wort umschrieben werden »Jesus ja, Christus nein« oder »Jesus ja, Sohn Gottes nein«. Es gibt heute eine wahre Jesuswelle mit den verschiedensten Akzentuierungen: Jesus im Film, Jesus in der Rockoper, Jesus als Stichwort kritischer politischer Optionen – alle diese Phänomene drücken Formen der religiösen Begeisterung oder Leidenschaft aus, die sich an der geheimnisvollen Gestalt Jesu und ihrer inneren Kraft festhalten möchten, zugleich aber nichts wissen wollen von dem, was der Glaube der Kirche und ihn begründend, der Glaube der Evangelisten über Jesus sagt. Jesus erscheint als einer der »maßgebenden Menschen«, wie *Karl Jaspers* es ausgedrückt hat. Was an ihm berührt, ist das Menschliche; das Bekenntnis, er sei Gottes eingeborener Sohn, scheint ihn uns nur zu entfremden, ins Unnahbare und Unwirkliche zu entrücken und ihn zugleich der Verwaltung durch die kirchliche Macht auszuliefern. Die Trennung von Jesus und Christus ist zugleich die Trennung von Jesus und Kirche. Den Christus überläßt man der Kirche, er scheint ihr Werk zu sein; indem man ihn beiseite schafft, hofft man Jesus und damit eine neue Form von Freiheit, von »Erlösung« zu gewinnen.

16/47

JESUS JA, CHRISTUS NEIN? – KERNZWEIFEL MIT FOLGEN (2)

Aber fragen wir nach den Gründen dieser Einstellung in der Gegenwart. Deren gibt es selbstverständlich viele. Ein erster, ein wenig vordergründiger, aber höchst wirksamer liegt in der Konstruktion eines »historischen Jesus« hinter dem Jesus der Evangelien, der nach den Maßstäben des sogenannten modernen Weltbildes und der von der Aufklärung inspirierten Form von Geschichtsschreibung aus den Quellen und gegen die Quellen destilliert wird. Es gibt die Voraussetzung, daß in der Geschichte nur geschehen könne, was grundsätzlich immer möglich ist; die Voraussetzung, daß der normale Kausalzusammenhang nie unterbrochen wird und daß daher ungeschichtlich ist, was gegen diese uns bekannten Gesetzlichkeiten verstoßen würde. So kann der Jesus der Evangelien nicht der wirkliche Jesus sein; ein neuer muß gefunden werden, von dem alles das abgezogen werden muß, was nur von Gott her verständlich werden könnte. Das Konstruktionsprinzip, nach dem dieser Jesus gebaut wird, schließt also erklärtermaßen das Göttliche an ihm aus: Dieser historische Jesus kann nur ein Nicht-Christus, ein Nicht-Sohn sein. So spricht zum Menschen von heute, der sich bei seiner Lektüre der Bibel der Führung durch diesen Auslegungstypus anvertraut, nicht mehr der Jesus der Evangelien, sondern derjenige der Aufklärer, ein »erklärter« Jesus. Damit kommt ganz von selbst die Kirche zu Fall; sie kann dann nur eine menschengemachte Organisation sein, die sich mit mehr oder weniger Geschick, mit mehr oder weniger Menschenfreundlichkeit dieses Jesus zu bedienen versucht.

16/48

Jesus ja, Christus nein? – Kernzweifel mit Folgen (3)

Haben wir bisher von einer bestimmten Weltsicht gesprochen, so müssen wir nun eine Form von Existenzerfahrung oder vielleicht richtiger von Erfahrungsdefizit ins Auge fassen. Sagen wir es ganz einfach: Der Mensch von heute versteht die christliche Erlösungslehre nicht mehr. Sie findet keine Entsprechung in seiner eigenen Lebenserfahrung. Er kann sich unter Sühne, Stellvertretung, Genugtuung einfach nichts vorstellen. Das, was mit dem Wort Christus, Messias, gemeint war, kommt in seinem Leben nicht vor und bleibt damit leere Formel. Auf diese Weise fällt das Bekenntnis zu Jesus als Christus ganz von selbst dahin. Von da aus erklärt sich auch der ungeheure Erfolg psychologischer Interpretationen des Evangeliums, das nun zum symbolischen Vorvollzug erlösender Seelenheilung wird. Die breite Zustimmung, die die politische Erklärung des Christentums gefunden hat, wie wir sie in der inzwischen praktisch gescheiterten Befreiungstheologie vor uns haben, beruht auf denselben Gründen. Erlösung wird durch Befreiung im neuzeitlichen Sinn ersetzt, die mehr psychologisch-individuell oder mehr politisch-kollektiv verstanden werden kann und sich auch gern mit dem Mythos vom Fortschritt verbindet. Dieser Jesus *hat* uns nicht erlöst, aber er kann ein Leitbild sein, wie Erlösung d. h. Befreiung zustande kommt.

Wenn aber keine schon geschenkte Gabe der Erlösung zu vermitteln ist, sondern nur Anweisungen für unsere Selbsterlösung zu geben sind, dann ist wiederum die Kirche im überlieferten Sinn ein Unding, ja ein Ärgernis. [...] Alle Unerlöstheit meiner eigenen Existenz, alle Unzufriedenheit mit mir selbst und den anderen fallen auf sie zurück.

16/49f

Jesus ja, Christus nein? – Kernzweifel mit Folgen (4)

Dies alles, die Reduktion der Welt auf das Nachweisbare und die Reduktion unserer Existenz auf das Erlebbare, beruht schließlich auf einem dritten, entscheidenden Vorgang: auf dem Verblassen des Gottesbildes, das seit der Aufklärung unablässig voranschreitet. Der Deismus hat sich praktisch im allgemeinen Bewußtsein durchgesetzt. Man kann sich einen Gott nicht mehr vorstellen, der sich um den einzelnen Menschen kümmert und der überhaupt in der Welt handelt. Gott mag den Urknall angestoßen haben, wenn es ihn schon geben sollte, aber mehr bleibt ihm in der aufgeklärten Welt nicht. Es scheint fast lächerlich sich vorzustellen, daß ihn unsere Taten und Untaten interessieren, so klein sind wir angesichts der Größe des Universums. Es erscheint mythologisch, ihm Aktionen in der Welt zuzuschreiben. Unerklärliches mag es durchaus geben, aber dafür sucht man andere Ursachen: Der Aberglaube scheint begründeter als der Glaube, die Götter – d. h. die unerklärten Mächte im Laufe unseres Lebens, mit denen man zu Rande kommen muß – glaubhafter als Gott. [...]

Deshalb kann es natürlich auch keinen Sohn Gottes geben, der in die Welt kommt, um uns von der Sünde zu erlösen, und der dafür am Kreuz stirbt. Von daher erklärt sich noch einmal die grundlegende Veränderung im Verständnis von Kult und Liturgie, die in letzter Zeit – von langem her vorbereitet – vor sich gegangen ist: Ihr erstes Subjekt ist nicht Gott, auch nicht Christus, sondern das Wir der Feiernden.

16/50

Mut zur Sachlichkeit und Nüchternheit

Ich glaube, diesen Mut sollten wir auch wieder neu finden: Glaube als die wirkliche Sachlichkeit zu erkennen, als die Verständigkeit, die die Welt in ihrer wahren Sprache annimmt. Unser ganzes eigenes Sein sagt uns doch, daß wir uns weder selbst gemacht haben noch selbst machen können. Daß wir voneinander und letzten Endes alle miteinander von dem abhängig sind, was nicht in unseren Händen steht. Wenn wir wachen Herzens sind, können wir durch alle Verdunklungen der Welt und des Selbstgemachten hindurch wahrnehmen, daß dieses rätselhafte Andere, das sein Gesicht in Jesus Christus gezeigt hat, nicht ein gefährlicher Dämon, sondern der lebendige Gott ist, der uns liebt und für uns eintritt. Glaube ist Hinführung zur wirklichen Sachlichkeit. Moralisch und gläubig sind wir nur dann, wenn wir uns nicht bloß von irgendeiner großen Idee mitreißen lassen, sondern wenn wir nach der rechten Sachlichkeit fragen und ihre Nüchternheit festzuhalten den Mut haben.

Dies war eine der großen Aufgaben des Täufers in seiner Zeit: Gegenüber den schwärmerischen Befreiungsbewegungen, die da waren und denen es am Schluß gelang, Israel vollends zu zerstören und für fast 2000 Jahre von der Landkarte verschwinden zu lassen, den Mut der Nüchternheit und der Sachlichkeit auszurufen; den Menschen die Kraft zu geben, vom Blick auf Gott her die Geduld der Vernunft auszuhalten.

9/45f

Teilhaben an der Schau Jesu

Der »natürliche Glaube«, mit dem wir uns auf Ergebnisse verlassen, die wir selbst nicht prüfen können, findet seine Rechtfertigung – so sagten wir – im Wissen einzelner, die die Materie kennen und geprüft haben. Solcher Glaube bleibt für den einzelnen Glaube, beruft sich aber doch auf ein Sehen, das der andere hat. Beim ersten Anlauf auf die religiöse Frage schien uns, daß gerade dieses entscheidende Element im übernatürlichen, religiösen Glauben fehlt: Hier gebe es scheinbar den Sehenden nicht, sondern alle scheinen nur Glaubende zu sein, und dies erschien uns als der problematische Punkt im religiösen Glauben. Aber nun müssen wir sagen: So steht es gar nicht. Auch im übernatürlichen Glauben leben die Vielen von den Wenigen und die Wenigen für die Vielen. Auch in Sachen Gott sind wir nicht alle Blinde, die im Dunklen tappen. Auch hier gibt es die Personen, denen das Sehen geschenkt worden ist: »Abraham ... sah meinen Tag und freute sich«, sagt Christus über den Stammvater Israels (Joh 8,56). In der Mitte der Geschichte steht er selbst als der große Sehende, und alle seine Worte quellen aus dieser Unmittelbarkeit zum Vater. Und für uns alle gilt: »Wer mich sieht, hat den Vater gesehen« (Joh 14,9).

Der christliche Glaube ist seinem Wesen nach Teilhabe an der Schau Jesu, vermittelt durch sein Wort, das der authentische Ausdruck seiner Schau ist. Die Schau Jesu ist der Bezugspunkt unseres Glaubens, seine konkrete Verankerung.

1/33f

Glaube aus »zweiter Hand«

Wenn wir uns der Schau Jesu anvertrauen und seinem Wort Glauben schenken, begeben wir uns keineswegs in völliges Dunkel hinein. Die Botschaft Jesu antwortet auf eine innere Erwartung unseres Herzens; sie entspricht einem inneren Licht unseres Seins, das sich nach der Wahrheit Gottes ausstreckt. Sicher, zunächst sind wir Glaubende »zweiter Hand«. Aber Thomas von Aquin charakterisiert mit Recht den Glauben als einen Prozeß, einen inneren Weg, wenn er sagt: »Das Licht des Glaubens führt zum Sehen.« Johannes deutet in seinem Evangelium mehrfach, zum Beispiel in der Geschichte über Jesus und die Samariterin, auf diesen Prozeß hin. Die Frau berichtet von dem, was ihr mit Jesus widerfahren ist und daß sie in ihm den Messias erkannt hat – den Heilbringer, der den Weg zu Gott und so die lebengebende Erkenntnis eröffnet. Daß gerade diese Frau das sagt, läßt ihre Mitbürger aufhorchen; sie glauben an Jesus »wegen der Rede der Frau« – sie glauben von zweiter Hand. Aber weil es so ist, laden sie Jesus ein, bei ihnen zu bleiben, und so kommen sie ins Gespräch mit ihm. Am Ende können sie der Frau sagen: Wir glauben nicht mehr deiner Rede wegen, sondern nun *wissen wir*, daß dieser wahrhaft der Retter der Welt ist (Joh 4,42). Glauben ist im lebendigen Begegnen zu Erkenntnis, zu »Wissen« geworden.

Freilich – man würde sich täuschen, würde man sich nun den Weg des Glaubens schlicht als einen geradlinigen Prozeß des Fortschritts vorstellen. Weil er so eng mit unserem Leben zusammenhängt, das sich in vielerlei Auf und Ab bewegt, gibt es immer auch wieder Rückschritte, die zu neuem Beginn nötigen.

1/36f

Was und wie glauben? (1)

Was glaubt die Kirche? Diese Frage schließt die andere ein: Wer glaubt, und wie geht das, glauben? Der Katechismus hat die beiden Hauptfragen, die Frage nach dem »Was« und nach dem »Wer« des Glaubens, als innere Einheit behandelt. Anders ausgedrückt: Er zeigt Glaubensakt und Glaubensinhalt in ihrer Untrennbarkeit. Das klingt vielleicht etwas abstrakt; versuchen wir, ein wenig zu entfalten, was damit gemeint ist.

Es gibt in den Bekenntnissen sowohl die Formel »Ich glaube« wie die andere: »Wir glauben.« Wir sprechen vom Glauben der Kirche, und wir sprechen vom persönlichen Charakter des Glaubens, und schließlich sprechen wir vom Glauben als einem Geschenk Gottes, als einem »theologalen Akt«, wie man es heute in der Theologie gerne ausdrückt. Was bedeutet das alles?

Glauben ist eine Orientierung unserer Existenz im ganzen. Er ist ein Grundentscheid, der sich auf alle Bereiche unserer Existenz auswirkt und der auch nur zustande kommt, wenn er von allen Kräften unserer Existenz getragen wird. Glauben ist kein bloß intellektueller, kein bloß willentlicher, kein bloß emotionaler Vorgang, er ist alles dies zusammen. Er ist ein Akt des ganzen Ich, der ganzen Person in ihrer gesammelten Einheit. In diesem Sinn wird er von der Bibel als ein Akt des »Herzens« bezeichnet (Röm 10,9)

37/112

Was und wie glauben? (2)

Glauben ist ein höchst persönlicher Akt. Aber gerade weil er das ist, überschreitet er das Ich, die Schranken des Individuums. Nichts gehört uns so wenig wie unser Ich, sagt *Augustinus* einmal. Wo der Mensch als ganzer ins Spiel kommt, überschreitet er sich selbst; ein Akt des ganzen Ich ist zugleich immer auch ein Offenwerden für die anderen, ein Akt des Mitseins. Mehr noch: Er kann nicht geschehen, ohne daß wir unseren tiefsten Grund berühren, den lebendigen Gott, der in der Tiefe unserer Existenz anwesend ist und sie trägt.

Wo der Mensch als ganzer ins Spiel kommt, kommt mit dem Ich das Wir und das Du des ganz anderen, das Du Gottes, ins Spiel. Das bedeutet aber auch, daß in einem solchen Akt der Bereich des bloß eigenen Tuns überschritten wird. Der Mensch als geschaffenes Wesen ist in seinem Tiefsten nie nur Aktion, sondern immer auch Passion, nicht nur gebend, sondern empfangend. Der Katechismus drückt das so aus: »Niemand kann für sich allein glauben, wie auch niemand für sich allein leben kann. Niemand hat sich selbst den Glauben gegeben, wie auch niemand sich selbst das Leben gegeben hat« (166). Paulus hat in der Schilderung seiner Bekehrungs- und Tauferfahrung diesen radikalen Charakter des Glaubens in der Formel angedeutet: »Ich lebe, doch nicht mehr ich ...« (Gal 2,20). Glaube ist ein Untergehen des bloßen Ich und damit gerade ein Auferstehen des wahren Ich, ein Selbstwerden durch Freiwerden vom bloßen Ich in die Gemeinschaft mit Gott hinein, die durch die Gemeinschaft mit Christus vermittelt ist.

37/112f

Offen für die Stimme der Wahrheit

Wo die Inhalte nicht mehr zählen, wo die reine Praxeologie die Herrschaft übernimmt, wird das Können zum obersten Kriterium. Das aber bedeutet: Die Macht wird zur alles beherrschenden Kategorie – revolutionär oder reaktionär. Dies ist genau die perverse Form von Gottähnlichkeit, von der die Sündenfallsgeschichte spricht: Der Weg des bloßen Könnens, der Weg der reinen Macht ist Nachahmung eines Götzen und nicht Vollzug der Gottebenbildlichkeit. Das Kennzeichen des Menschen als Menschen ist es, daß er nicht nach dem Können, sondern nach dem Sollen fragt und daß er sich der Stimme der Wahrheit und ihres Anspruchs öffnet. Dies war, wie mir scheint, der letzte Inhalt des sokratischen Ringens, und es ist der tiefste Inhalt im Zeugnis aller Märtyrer: Sie stehen ein für die Wahrheitsfähigkeit des Menschen als Grenze aller Macht und als Gewähr seiner Gottähnlichkeit. Gerade so sind die Märtyrer die großen Zeugen des Gewissens, der dem Menschen verliehenen Fähigkeit, über das Können hinaus das Sollen zu vernehmen und damit wirklichen Fortschritt, wirklichen Aufstieg zu eröffnen.

38/48f

Am Anfang war der Sinn

Auch der Glaubende ist in der Tat nicht ein Mensch, der von Problemen, von Krisen, von Leiden, von inneren Nöten verschont ist. Aber er hat doch dies Besondere zu wissen, daß er gewollt ist, daß er gebraucht wird, daß er eine Aufgabe hat, daß eine Idee von ihm da ist. Den Beginn des Johannesevangeliums »Am Anfang war das Wort« kann man ja auch übersetzen: An Anfang war der Sinn! Und es ist für mich persönlich dies auch immer etwas ungeheuer Tragendes, zu wissen, daß vorausgehend ein Wille ist, der mich gedacht hat, ehe ich mich selber dachte und kannte, eine Liebe, die mich will und die mich auch noch trägt, wenn ich selber nichts Besonderes mehr ausrichten kann, wenn ich selber keinen Sinn mehr zu schaffen und zu leisten vermag. Dieses Stehen in einem Willen, dessen ich ganz sicher bin und von dem ich weiß, daß er Sinn und Liebe ist und mir einen Sinn zugedacht hat, ist das, was auch über Sinnbrüche im eigenen Leben hinwegträgt.

18/122

Zweifeln und Glauben

Der Glaubende wie der Ungläubige haben, jeder auf seine Weise, am Zweifel *und* am Glauben Anteil, wenn sie sich nicht vor sich selbst verbergen und vor der Wahrheit ihres Seins. Keiner kann dem Zweifel ganz, keiner dem Glauben ganz entrinnen; für den einen wird der Glaube gegen den Zweifel, für den andern *durch* den Zweifel und in der *Form* des Zweifels anwesend. Es ist die Grundgestalt menschlichen Geschicks, nur in dieser unbeendbaren Rivalität von Zweifel und Glaube, von Anfechtung und Gewißheit, die Endgültigkeit seines Daseins finden zu dürfen. Vielleicht könnte so gerade der Zweifel, der den einen wie den anderen vor der Verschließung im bloß eigenen bewahrt, zum Ort der Kommunikation werden. Er hindert beide daran, sich völlig in sich selbst zu runden, er bricht den Glaubenden auf den Zweifelnden und den Zweifelnden auf den Glaubenden hin auf, für den einen ist er seine Teilhabe am Geschick des Ungläubigen, für den anderen die Form, wie der Glaube trotzdem eine Herausforderung an ihn bleibt.

15/24

Die eigentliche Wirklichkeit des Ncht-zu-Sehenden (1)

Glauben [...] ist die nicht auf Wissen reduzierbare, dem Wissen nicht vergleichbare Form des Standfassens des Menschen im Ganzen der Wirklichkeit, die Sinngebung, ohne die das Ganze der Wirklichkeit, die Sinngebung, ohne die das Ganze des Menschen ortlos bliebe, die dem Rechnen und Handeln des Menschen vorausliegt und ohne die er letztlich auch nicht rechnen und handeln könnte, weil er es nur kann im Ort eines Sinnes, der ihn trägt. Denn in der Tat: Der Mensch lebt nicht vom Brot der Machbarkeit allein, er lebt als *Mensch* und gerade in dem Eigentlichen seines Menschseins vom Wort, von der Liebe, vom Sinn. Der Sinn ist das Brot, wovon der Mensch im Eigentlichen seines Menschseins besteht. Ohne das Wort, ohne den Sinn, ohne die Liebe kommt er in die Situation des Nicht-mehr-leben-Könnens, selbst wenn irdischer Komfort im Überfluß vorhanden ist. Wer wüßte nicht, wie sehr diese Situation des »Ich kann nicht mehr« inmitten des äußeren Überflusses auftauchen kann? Sinn aber ist nicht abkünftig von Wissen. Ihn auf diese Art, das heißt aus dem Beweiswissen der Machbarkeit, herstellen zu wollen entspräche dem absurden Versuch Münchhausens, sich selbst an den Haaren aus dem Sumpf ziehen zu wollen. Ich glaube, daß in der Absurdität jener Geschichte die Grundsituation des Menschen sehr genau zum Vorschein kommt. Aus dem Sumpf der Ungewißheit, des Nicht-leben-Könnens zieht sich niemand selbst empor, ziehen wir uns auch nicht, wie *René Descartes* noch meinen konnte, durch ein »Cogito ergo sum«, durch eine Kette von Vernunftschlüssen heraus. Sinn der selbst gemacht ist, ist im letzten kein Sinn. Sinn, das heißt der Boden, worauf unsere Existenz als ganze stehen und leben kann, kann nicht gemacht, sondern nur empfangen werden.

15/46f

Die eigentliche Wirklichkeit des Nicht-zu-Sehenden (2)

Damit sind wir, von einer ganz allgemeinen Analyse der Grundhaltung Glaube ausgehend, unmittelbar bei der christlichen Weise des Glaubens angelangt. Christlich glauben bedeutet ja, sich anvertrauen dem Sinn, der mich und die Welt trägt; ihn als den festen Grund nehmen, auf dem ich furchtlos stehen kann. Etwas mehr in der Sprache der Tradition redend könnten wir sagen: Christlich glauben bedeutet unsere Existenz als Antwort verstehen auf das Wort, den Logos, der alle Dinge trägt und hält. Er bedeutet das Jasagen dazu, daß der Sinn, den wir nicht machen, sondern nur empfangen können, uns schon geschenkt ist, so daß wir ihn nur zu nehmen und uns ihm anzuvertrauen brauchen. Dementsprechend ist christlicher Glaube die Option dafür, daß das Empfangen dem Machen vorangeht – womit das Machen nicht abgewertet oder gar für überflüssig erklärt wird. Nur weil wir empfangen haben, können wir auch »machen«. Und weiterhin: Christlicher Glaube – wir sagten es schon – bedeutet die Option dafür, daß das Nicht-zu-Sehende wirklicher ist als das zu Sehende. Er ist das Bekenntnis zum Primat des Unsichtbaren als des eigentlich Wirklichen, das uns trägt und daher ermächtigt, mit gelöster Gelassenheit uns dem Sichtbaren zu stellen – in der Verantwortung vor dem Unsichtbaren als dem wahren Grund aller Dinge.

15/47f

Die eigentliche Wirklichkeit des Nicht-zu-Sehenden (3)

Der christliche Glaube ist mehr als Option für einen geistigen Grund der Welt, seine zentrale Formel lautet nicht: »Ich glaube etwas«, sondern »Ich glaube an Dich«. Er ist Begegnung mit dem Menschen Jesu und erfährt in solchen Begegnungen den Sinn der Welt als Person. In Jesu Leben aus dem Vater, in der Unmittelbarkeit und Dichte seines betenden, ja, sehenden Umgangs mit ihm ist er der Zeuge Gottes, durch den hindurch der Unberührbare berührbar, der Ferne nahe geworden ist. Und mehr: Er ist nicht bloß der Zeuge, dem wir glauben, was er geschaut hat in einer Existenz, die wahrhaft die Wende vollzogen hatte von der falschen Bescheidung aufs Vordergründige in die Tiefe der ganzen Wahrheit hinein; nein, er ist die Anwesenheit des Ewigen selbst in dieser Welt. In seinem Leben, in der Vorbehaltlosigkeit seines Seins für die Menschen, ist der Sinn der Welt Gegenwart, er gewährt sich uns als Liebe, die auch mich liebt und mit solch unfaßlichem Geschenk einer von keiner Vergänglichkeit, keiner egoistischen Trübung bedrohten Liebe das Leben lebenswert macht. Der Sinn der Welt ist das du, freilich nur jenes, das nicht selbst offene Frage, sondern der keines anderen Grundes bedürfende Grund des Ganzen ist.

15/52f

Die eigentliche Wirklichkeit des Nicht-zu-Sehenden (4)

Freilich hebt dies das Nachdenken nicht auf – das haben wir oben bereits gesehen. Bist du es wirklich: das hat schon Johannes der Täufer angstvoll in einer dunklen Stunde gefragt, der Prophet also, der seine Jünger selbst zum Rabbi aus Nazareth gewiesen und ihn als den Größeren bekannt hatte, für den er nur Vorbereitungsdienste leisten konnte. Bist Du es wirklich? Der Glaubende wird immer wieder jenes Dunkel erleben, in dem der Widerspruch des Unglaubens ihn wie ein düsteres, unentrinnbares Gefängnis umgibt und die Gleichmütigkeit der Welt, die unverändert weitergeht, als ob nichts geschehen wäre, nur Hohn auf seine Hoffnung zu sein scheint. Bist du es wirklich – diese Frage müssen wir nicht nur stellen aus der Redlichkeit des Denkens heraus und wegen der Verantwortung der Vernunft, sondern auch aus dem inneren Gesetz der Liebe, die den mehr und mehr erkennen möchte, dem sie ihr Ja gegeben, um ihn mehr lieben zu können. Bist du es wirklich?

15/53

Glaube ist vernünftig (1)

Glaube ist nicht Resignation der Vernunft angesichts der Grenzen unserer Erkenntnis; er ist nicht Zurückweichen ins Irrationale angesichts der Gefahren einer bloß instrumentellen Vernunft. Der Glaube ist nicht Ausdruck der Ermüdung und der Flucht, sondern ist Mut zum Sein und Aufbruch ins Große und Weite des Wirklichen. Der Glaube ist ein Akt der Bejahung; er beruht auf der Kraft eines neuen Ja, das dem Menschen in der Berührung durch Gott möglich wird. Gerade in der Situation eines aufbrechenden Ressentiments gegen die technische Rationalität scheint es mir wichtig zu sein, die wesentliche Vernünftigkeit des Glaubens herauszustellen. Bei einer Kritik der Neuzeit, die seit langem im Gange ist, darf man nicht ihr Zutrauen zur Vernunft als solches tadeln, sondern lediglich die Verengung des Vernunftbegriffs, die damit irrationalen Ideologien die Tür geöffnet hat. Das Mysterium aber, wie der Glaube es sieht, ist nicht das Irrationale, sondern die äußerste Tiefe der göttlichen Vernunft, die wir mit unseren schwachen Augen nicht mehr zu durchdringen vermögen. Es ist und bleibt ein Grundwort des Glaubens, wenn Johannes – den Schöpfungsbericht des Alten Testaments aufnehmend und vertiefend – sein Evangelium mit den Worten beginnt: Im Anfang war der Logos, die schöpferische Vernunft, die sinngebende Kraft des göttlichen Erkennens. Nur von diesem Anfang her kann man das Geheimnis Christi richtig verstehen, in dem dann die Vernunft zugleich als Liebe sichtbar wird. Das erste Wort des Glaubens sagt uns also: Alles, was ist, [...] ist seinem Ursprung nach vernünftig, weil aus der schöpferischen Vernunft kommend.

40/75f

Glaube ist vernünftig (2)

Der Geist ist der schöpferische Ursprung aller Dinge, und daher tragen sie alle Vernunft in sich, die nicht von ihnen kommt und sie unendlich überschreitet, aber eben doch ihr Wesensgesetz bildet. Die schöpferische Vernunft, die die objektive Vernünftigkeit der Dinge, ihre verborgene Mathematik und ihre inneren Ordnungen schafft, ist zugleich moralische Vernunft, und sie ist Liebe. Der Mensch ist dazu da, die Spuren dieser Vernunft zu erkennen und so die Dinge ihrem Wesen gemäß zu entfalten. Sein Herrschen ist ein Dienen, und seine Freiheit ist Bindung, nämlich an die innere Wahrheit der Dinge und so Offenwerden für die Liebe, die ihn gottähnlich macht.

Die Neuzeit ist durch ein eigentümliches Hin und Her zwischen Rationalismus und Irrationalität gekennzeichnet. Angesichts dieses Zwiespalts scheint es mir wichtig, die Alternativen richtig zu kennzeichnen. Die grundlegende Alternative, vor die uns der Gang der Neuzeit stellt, besteht in der Frage: Steht am Anfang aller Dinge das Unvernünftige, ist die Unvernunft der eigentliche Ursprung der Welt, oder kommt sie aus der schöpferischen Vernunft? Glauben heißt, die zweite Alternative ergreifen, und nur sie ist im tiefsten Sinn des Wortes »vernünftig« und menschenwürdig. In der Krise der Vernunft, vor der wir heute stehen, muß dieses eigentliche Wesen des Glaubens wieder sichtbar werden, der die Vernunft rettet, gerade weil er sie in ihrer ganzen Weite und Tiefe faßt und sie gegen die Verengungen eines bloß auf das experimentell zu Überprüfende schützt. Das Mysterium steht nicht gegen die Vernunft, sondern rettet und verteidigt die Vernünftigkeit des Seins und des Menschen.

40/76f

Das Evangelium begann erst

In zwanzig Jahrhunderten christlicher Verkündigung war offenbar die Welt nicht besser geworden, denn die Greuel, die nun geschahen, blieben an Schrecklichkeit hinter denen vorchristlicher Zeiten zumindest um nichts zurück. Konnte man die Jahre seit Christus wirklich noch »Jahre des Heils« nennen? Hatten wir nicht schreckliche Unheilsjahre hinter uns, und mußten wir nicht womöglich noch schlimmerer gegenwärtig sein.

Fünfzig Jahre später fand ich die Fragen, die mich damals bewegten, in aller Schärfe formuliert bei *Julien Green*, freilich mit einer Antwort, die ich nicht teilen kann. Am Ende seines Franziskus-Buches schreibt der große Schriftsteller: »Der Zweite Weltkrieg traf mich innerlich wie ein Keulenschlag ... Die Welt, die sich bekämpfte, erschien mir grauenhaft, und in meinem Inneren bildete sich langsam die Vorstellung heraus, daß das Evangelium gescheitert war. Christus selbst hatte sich gefragt, welchen Glauben er bei seiner Wiederkunft auf dieser Erde antreffen würde. Die Seelen, die er angerührt und an sich gezogen hatte, wirkten wie ein paar Versprengte in diesem von Narren entfesselten Sturm. Fast in der Mitte zwischen der ersten Weihnacht und der Hölle, in der die Menschheit sich jetzt zerfleischte, war ein anderer Christus auf Erden erschienen, der *Franziskus von Assisi* meiner Jugend. Auch er war gescheitert. War er wirklich gescheitert? Es schien nur so ... Er war überzeugt, daß durch das Evangelium das Heil kommen werde. Das Evangelium war die Ewigkeit. Das Evangelium begann erst. Was waren denn zwanzig Jahrhunderte in den Augen Gottes?«

40/46f

Der religiöse Urtrieb des Menschen (1)

Ich würde sagen, daß es zweifellos Regenerationserscheinungen gibt, die hoffen lassen – junge Bewegungen, in denen eine große Kraft des Glaubens wirkt, eine überzeugende sittliche Ernsthaftigkeit und eine Bereitschaft, das eigene Leben einzusetzen, die bewundernswert ist. Solche Bewegungen können Sauerteig werden, der von neuem den humanen Werten des Evangeliums, die unsere Verfassung prägen, Lebenskraft und Glaubwürdigkeit gibt. Aber wir können uns auch nicht darüber täuschen, daß der Auszug aus den Kirchen weitergeht und daß sie weiterhin von inneren Krisen geschüttelt werden. Insgesamt kann man in unserer Gesellschaft eine fortschreitende Auflösung der Religion in doppelter Richtung beobachten. Die erste Richtung ist uns schon beim Blick auf die Entwicklung des Jahres 1968 begegnet: Politik wird Religion, und Religion wandelt sich um in politische Leidenschaft. Der Glaube an die Transzendenz und an die Ewigkeitsbestimmung des Menschen zerfällt, er erscheint rational nicht begründbar und für die Lebensgestaltung in dieser Welt wertlos. Aber es bleibt die Erwartung des unbedingten Heils. Die Erfahrung der Unerlöstheit, der Entfremdung verstärkt sich, und die Erfüllung, die jenseits nicht sein kann und die von keiner Gnade geschenkt wird, muß nun in dieser Welt durch eigenes Handeln bewerkstelligt werden. Damit wird aber an die Politik eine Erwartung geknüpft, der sie nicht entsprechen kann. Die zur Politik gewordene Religion überfordert die Politik und wird damit zu einer Quelle der Desintegration des Menschen in der Gesellschaft.

40/113

Der religiöse Urtrieb des Menschen (2)

Die andere Auflösungsform der Religion führt in den Bereich, den man religionsgeschichtlich mit dem Stichwort Gnostizismus benennen kann und den man heute gern unter dem Etikett Esoterismus zusammenfaßt. Dahinter verbergen sich mannigfaltige Formen religiöser Ersatzgestalt mit oft seltsamen Mischungen von Rationalem und Irrationalem. Okkultismus und Magie werden anziehend; immer geht es um Religion, die nicht Glauben fordert, sondern auf dem Weg von Riten und psychologischen Praktiken in tiefere Schichten des Daseins führt, das Gefühl der Entschränkung und der Befreiung vermittelt und von den verborgenen Gründen her Macht gegen die Kräfte gibt, die unser Leben bedrohen. Auf der Suche nach einer Technik der Erlösung greift man nach außereuropäischen Religionsformen, die den Menschen nicht in der mühsamen Schwebe des Glaubens halten, sondern ihm praktisch anwendbare Formen der Selbsterlösung anbieten. Man spricht heute viel von der Säkularisierung unserer Gesellschaft. Das ist in dem Sinn richtig, daß Religion sich ins Private zurückzieht. Aber sie verschwindet nicht, sie ändert nur ihre Gestalt und damit freilich auch ihr inneres Wesen. Wer den Markt der Religionen ansieht, der sich heute bei uns ausbreitet, kann sowohl diese ihre Gegenwärtigkeit im Gestaltwandel wie die Wesensänderung des religiösen Phänomens deutlich beobachten. Das Wesen des christlichen Glaubens besteht religionsphänomenologisch betrachtet darin, daß er den religiösen Urtrieb des Menschen in einer subtilen Synthese zusammenhält mit einer rational geformten Zuwendung zu dem einen Gott, der als die Vernunft des Ursprungs und als schöpferische Liebe gesehen wird.

40/113f

Der religiöse Urtrieb des Menschen (3)

Dieselbe Spannung bestimmt auch über den Raum des Christentums hinaus das Drama der Religionsgeschichte. Nahezu alle Religionen wissen hinter den göttlichen Mächten der Welt um den einen Gott, den einen sinngebenden Ursprung der Welt. Auch für den Polytheismus ist im allgemeinen klar, daß die Götter nicht der Plural von Gott sind, weil es Gott nicht im Plural gibt. Er ist einzig. Die Götter sind – obwohl mit demselben Namen benannt – Mächte auf einer niedrigeren Stufe. Aber immer wieder entschwindet in der Religionsgeschichte dieser eine Gott aus dem Kult und aus dem konkreten religiösen Verhalten. Er ist zu weit entfernt und vor allem: Er ist nicht gefährlich, entweder weil er eben nur gut, der Gute schlechthin ist und daher niemandem Böses tut, oder weil man denkt, er kümmere sich nicht um die Geschicke der Menschen, die ihm zu gering seien. So wendet sich der Kult nicht dem einen Guten zu, von dem ohnedies nichts zu befürchten ist, sondern den vielen zweideutigen Mächten, die konkret unser Leben umlagern und mit denen man sich arrangieren muß. Diesen in der Religionsgeschichte chronischen Abfall von einem Guten zu den vielen vieldeutigen Mächten würde ich als Heidentum im qualitativen Sinn des Wortes bezeichnen. In diesem Sinn sind wir heute in der aufgeklärten westlichen Welt, aber darum auch in allen übrigen Kulturen von einem neuen Heidentum bedroht. Der Mensch, der den einen guten Grund aller Dinge als zu fern, zu unsicher und zu unwichtig ausklammert, um sich statt dessen den näheren Mächten zuzuwenden, erniedrigt sich selbst. Die Dekomposition der christlichen Synthese, vor der wir stehen, muß im letzten auch zu einer Desintegration des Menschen selbst führen.

40/114f

Die Dynamik menschlichen Ringens (1)

Der holländische Religionssoziologe *O. Schreuder* hat kurz nach dem Konzil den [Normal-]Christen mit einem Menschen verglichen, der in einem Selbstbedienungsladen umhergeht und sich nach freier Wahl aus den verschiedenen Angeboten das in sein Netz packt, was ihm zusagt. In dem großen Selbstbedienungsladen unterschiedlicher Ideologien, wie ihn die westliche Welt heute darstellt, geht also nach *Schreuder* der Bürger dieser Welt wählerisch herum und sucht sich von den verschiedensten Ständen das aus, was ihm entspricht. Der brave, streng kirchentreue Christ, der seine »Ideologie« sozusagen *nur* am Stand der Kirche kauft und dafür ihr *gesamtes* Angebot, sämtliche Dogmen in sein Netz steckt, ist zur Ausnahme geworden – das wäre nach diesem Modell der Mann der Totalidentifikation, sozusagen das normative Bild der kirchlichen Verkündigung.

Der Normalfall aber ist demgegenüber die partielle Identifikation, das heißt der wählerische Mensch, der sich vom Angebot der Kirche zwar einiges in sein Gepäck holt, aber selbstverständlich sich auch von anderen Quellen her verproviantiert und schon deshalb gar nicht daran denkt, alles, was die Kirche lehrt, mit sich zu schleppen. *P. M. Zulehner* hat dieses Bild des »Auswahlchristen« sehr eingehend mit soziologischen Daten belegt und konkretisiert und von diesen Daten her einen sicher höchst notwendigen Entwurf einer »Auswahlchristen-Pastoral« geschaffen.

31/16ff

Die Dynamik menschlichen Ringens (2)

Zu fragen ist jetzt nur, wie sich Norm und Faktum zueinander verhalten, also wie Theologie und Pastoral auf diese Gegebenheiten antworten sollten. Welches ist eigentlich die Norm? Muß als Norm tatsächlich derjenige angesehen werden, der nur an *einem* Stand kauft und dafür dort alles mitnimmt? Das widerspricht sozusagen der Gesetzlichkeit des Marktes, von der her das Bild formuliert ist; für ihn ist der freie Wettbewerb bestimmend und die entgegenstehende Forderung sozusagen systemwidrig, das heißt unzumutbar, wo nicht geradezu unmoralisch. Für mich besteht kein Zweifel, daß die meisten unserer Zeitgenossen mehr oder weniger bewußt das ideologische Angebot unter dem Modell des Marktes erleben, und eine von *diesem* Modell aus zugemutete Totalidentifikation hat nun wirklich etwas Hanebüchenes an sich. Aber natürlich ergibt sich jetzt die Frage: Ist man eigentlich auf dem richtigen Weg, wenn man die Kirche als den Kramladen der Dogmen versteht, der den Absatz seiner etwas veralteten Ware durch beharrliche Monopolforderungen sichern will?

Mit dieser Fragestellung sind wir ganz von selbst bereits zum zweiten Glied unseres thematischen Begriffsgefüges vorgestoßen, denn das eben Gesagte läuft sachlich auf die ganz allgemeine Frage hinaus: Was heißt denn das eigentlich – Identifikation?

31/18f

Dynamik menschlichen Ringens (3)

Ein Mensch kann sich zum Beispiel mit seinem Fußballverein, mit einer Partei, mit einer Firma »identifizieren«. Das bedeutet dann, daß er in jedem Fall für diese Gruppe eintritt, sie verteidigt, ihre Schicksale, Aufstiege und Abstiege mitempfindet, ihre Entscheidungen billigt und sich danach verhält. Obwohl es also etwas strukturell Gleiches in all diesen Fällen von Identifikation gibt, ist doch unschwer zu sehen, daß sie sachlich für den betroffenen Menschen sehr Unterschiedliches bedeuten. Denn selbst wer sich zum Beispiel mit seinem Brieftaubenverein total identifiziert, ist davon als Person unmöglich in demselben Maß betroffen wie jemand, der sich mit der Kommunistischen Partei und mit der Lehre von Karl Marx identifiziert, auch wenn er nun einige Abstriche von der totalen Identifikation vornimmt.

Durch dieses letzte Beispiel aber wird zugleich deutlich, daß der Mensch erst in seinen Identifikationen er selber wird. Was er ist, und wer er ist, hängt davon ab, zu welchen Identifikationen er gelangt. Anders ausgedrückt: Im Prozeß der Identifikationen waltet der Mensch gar nicht als ein fertiges Subjekt, das wählend herumgeht und sich allerlei in die Tasche steckt – dieses so einleuchtende Bild, das zweifellos *einen* Aspekt unseres Problems durchaus richtig beschreibt, hält dem Ganzen der Frage keineswegs stand. Der Mensch ist selbst erst auf der Suche nach seiner Identität, und die Frage, ob er sie findet, hängt ganz wesentlich davon ab, ob er die Identifikation findet, in der er er selbst werden kann.

31/20f

Dynamik menschlichen Ringens (4)

Eines dürfte deutlich sein: Es geht sicher nicht darum, den Menschen zu einem quantitativ möglichst umfänglichen Entscheid in dem vermeintlichen Kramladen der Kirche zu führen. Es geht vielmehr darum, ihn an einen qualitativ wirklich zentralen Entscheid heranzuführen, letztlich in die Identifikation mit dem, der sich mit uns identifiziert hat, und daraus folgt dann alles Weitere. Es geht, ich wiederhole es, um einen letztlich »einfachen« Entscheid, einfach nicht im Sinn des Primitiven, sondern des Ursprünglichen. Das bedeutet zugleich, daß dies Einfache so umspannend ist, wie das mikrziert hat, und daraus folgt dann alles Weitere. Es geht, ich wiederhole es, um einen letztlich »einfachen« Entscheid, einfach nicht im Sinn des Primitiven, sondern des Ursprüngl diesen Entscheid findet, wird er in der rechten Weise fromm und kritisch oder, wie Käsemann es formuliert: »liberal und fromm zugleich« und damit auf der Spur Jesu Christi sein, dessen Frömmigkeit und Freiheit Ausdruck seines Einsseins mit dem Vater und mit den Menschen ist.

31/39f

AUGUST

Ganzheitlich Leben erspüren – ganzheitlich Glauben riskieren

Spiel und Leben (1)

Regelmäßig alle vier Jahre erweist sich die Fußballweltmeisterschaft als ein Ereignis, das hunderte Millionen von Menschen in seinen Bann schlägt. Kaum irgendein anderer Vorgang auf der Erde kann eine ähnliche Breitenwirkung erzielen. Das zeigt, daß hier etwas Urmenschliches angesprochen sein muß, und es steht die Frage auf, worin diese Macht eines Spiels begründet liegt.

Der Pessimist wird sagen, es sei das gleiche wie im alten Rom. Die Parole der Massen lautete: »panem et circenses«, Brot und Zirkus. Brot und Spiele seien nun einmal der Lebensinhalt einer dekadenten Gesellschaft, die keine höheren Zwecke mehr kennt. Aber selbst wenn man diese Auskunft annähme, würde sie noch keineswegs ausreichen.

Es müßte noch einmal gefragt werden: Worin liegt die Faszination des Spiels, daß es mit gleicher Wichtigkeit neben das Brot tritt? Darauf könnte man abermals im Blick auf das alte Rom antworten, der Schrei nach Brot und Spielen sei eigentlich der Ausdruck für das Verlangen nach dem paradiesischen Leben gewesen, nach einem Leben der Sättigung ohne Mühsal und der erfüllten Freiheit. Denn das ist letztlich mit dem Spiel gemeint: ein Tun, das ganz frei ist, ohne Zweck und ohne Nötigung, und das dabei doch alle Kräfte des Menschen anspannt und ausfüllt. [...] Es symbolisiert das Leben selbst und nimmt es sozusagen in einer frei gestalteten Weise voraus.

35/107f

Spiel und Leben (2)

Mir scheint, die Faszination des Fußballs bestehe wesentlich darin, daß er diese beiden Aspekte in einer sehr überzeugenden Form verbindet. Er nötigt den Menschen, zunächst sich selbst in Zucht zu nehmen, so daß er durch Training die Verfügung über sich gewinnt, durch Verfügung Überlegenheit und durch Überlegenheit Freiheit. Er lehrt ihn aber dann vor allem auch das disziplinierte Miteinander; als Mannschaftsspiel zwingt er zur Einordnung des Eigenen ins Ganze. Er verbindet durch das gemeinsame Ziel; Erfolg und Mißerfolg jedes einzelnen liegen in Erfolg und Mißerfolg des Ganzen. Und er lehrt schließlich ein faires Gegeneinander, bei dem die gemeinsame Regel, der man sich unterstellt, in der Gegnerschaft das Verbindende und Einende bleibt und überdies die Freiheit des Spielerischen, wenn es mit rechten Dingen zugeht, den Ernst des gespielten Gegeneinander wieder in die Freiheit des beendigten Spiels auflöst. Im Zusehen identifizieren sich die Menschen mit dem Spiel und den Spielern und sind so selber am Miteinander und Gegeneinander, an seinem Ernst und seiner Freiheit beteiligt: Die Spieler werden zum Symbol des eigenen Lebens; das wirkt wieder auf sie zurück: Sie wissen, daß die Menschen in ihnen sich selbst dargestellt und bestätigt finden.

35/108f

SPIEL UND LEBEN (3)

Natürlich kann dies alles verdorben werden durch einen Geschäftsgeist, der das Ganze dem düsteren Ernst des Geldes unterwirft und das Spiel aus einem Spiel in eine Industrie verkehrt, die eine Scheinwelt von erschreckendem Ausmaß hervorbringt. Aber selbst diese Scheinwelt könnte nicht bestehen, wenn es nicht den positiven Grund gäbe, der dem Spiel zugrunde liegt: die Vorübung des Lebens und die Überschreitung des Lebens in Richtung des verlorenen Paradieses. Beide Male aber geht es darum, eine Disziplin der Freiheit zu suchen; in der Bindung an die Regel das Miteinander, das Gegeneinander und das Auskommen mit sich selbst zu üben. Vielleicht könnten wir, indem wir dies bedenken, wirklich vom Spiel her das Leben neu erlernen. Denn in ihm wird Grundlegendes sichtbar: Der Mensch lebt nicht vom Brot allein, ja, die Brotwelt ist letztlich nur die Vorstufe für das eigentlich Menschliche, für die Welt der Freiheit. Die Freiheit aber lebt von der Regel, von der Zucht, die das Miteinander und das rechte Gegeneinander, die Unabhängigkeit vom äußeren Erfolg und von der Willkür erlernt und eben damit wirklich frei wird. Das Spiel ein Leben – wenn wir in die Tiefe gehen, könnte das Phänomen einer fußballbegeisterten Welt uns mehr geben als bloße Unterhaltung.

35/109f

Suche nach wirklichem Leben

Offenbar empfinden die meisten Menschen das Jahr im Büro, in der Fabrik oder an einer anderen Arbeitsstätte als Unleben. Im Urlaub ziehen wir aus, um endlich frei zu sein, endlich zu leben. Baden, Spielen, Lachen – das ist Leben. Mit dieser Verheißung vor Augen quälen sich die Autoschlangen nach Süden; wenn es das Leben zu finden gibt, lohnt sich die Geduldsprobe.

Diese Hoffnung auf Entspannung, auf Freiheit, auf das Heraustreten aus dem Zwang des Alltags, ist höchst menschlich; bei der Hast des Betriebs der technischen Welt sind solche Atempausen einfach nötig. Dies vorausgesetzt müssen wir aber doch auch zugeben, daß wir mittlerweile mit unserer Freiheit, mit der Freiheit der Freizeit unsere Probleme haben. Die meisten Selbstmorde geschehen erwiesenermaßen am Samstag und Sonntag, in der freien Zeit. Aus der Automatik der Arbeitswelt entlassen, spürt der Mensch plötzlich, daß er eigentlich gar nicht leben kann. Er stellt fest, daß Baden, Spielen, Lachen doch noch nicht das Leben sind. Je mehr Freizeit wir haben, um zu leben, desto mehr zeigt sich, daß wir nicht wissen, was Leben ist. Die Frage der Bewältigung der Freizeit, des Urlaubs, fängt an, zu einer eigenen Wissenschaft zu werden.

35/99f

Wochenendkultur und christlicher Sonntag

Wie können wir Wochenendkultur und Sonntag miteinander versöhnen, wie die Freizeit wieder auf die größere Freiheit beziehen, in die der Herrentag einüben will? Ich denke, daß wir uns in dieser Sache noch mehr als bisher einfallen lassen müssen – zum einen an Beweglichkeit der Seelsorge und gegenseitiger Offenheit der Gemeinden füreinander, zum anderen an Weisen, die Pfarrgemeinde im Vorfeld des Gottesdienstlichen zu einer inneren Heimat zu machen, die den Fluchtzwang der Industriegesellschaft auffängt und ihm ein anderes Ziel gibt. Denn ich bin der Meinung, daß all diese Fluchten, deren Zeugen wir sind, zwar auf Abwechslung, Erholung, Begegnung und Befreiung von der Fron des Alltags zielen, daß aber hinter diesen völlig berechtigten Wünschen auch noch ein tieferes Verlangen steht. [...]

Darauf müßte die Sonntagsliturgie antworten. Sie wird schlecht abschneiden, wenn sie in die Konkurrenz des Showgeschäftes treten will. Ein Pfarrer ist kein Showmaster, und die Liturgie ist kein Variété. Sie wird auch schlecht abschneiden, wenn sie eine Art von unterhaltsamem Kränzchen sein möchte. Das kann sich vielleicht im Anschluß an sie und aus den dort gewachsenen Begegnungen heraus entwickeln. Sie selber muß mehr sein. Es muß deutlich werden, daß sich hier eine Dimension der Existenz auftut, nach der wir alle im Geheimen suchen: die Anwesenheit dessen, was man nicht machen kann, die Theophanie, das Mysterium und in ihm die Gutheißung Gottes, die über dem Sein waltet und die allein es gut zu machen vermag, so daß es mitten in allen Spannungen und Leiden von uns angenommen werden kann.

16/103f

Ausruhen können

Ich glaube, es tut gut, [...] die Menschlichkeit Jesu zu sehen, der nicht immer nur Worte von erhabener Größe spricht und nicht ununterbrochen sich aufreibt, um alles zu bearbeiten, was sich an ihn herandrängt. Ich kann mir förmlich sein Gesicht vorstellen, wie er diese Worte sagt. Während die Apostel sich geradezu zerreißen, vor Eifer und vor Wichtigkeit sogar das Essen auslassen, holt Jesus sie aus ihren Wolken herunter: Nun ruht euch ein wenig aus! Man spürt den stillen Humor, die freundliche Ironie, mit der er sie wieder auf den Boden stellt. Gerade in solcher Menschlichkeit Jesu wird sein Göttliches sichtbar, wird sichtbar, wie Gott ist. Hektik jeder Art, auch religiöse Hektik, ist dem Menschenbild des Neuen Testaments durchaus fremd. Immer wenn wir glauben, ganz unentbehrlich zu sein; immer wenn wir meinen, die Welt oder die Kirche hänge von unserem rastlosen Tun ab, überschätzen wir uns. [...] Ich möchte nicht ein Lob der Trägheit anstimmen, aber doch für eine gewisse Revision des Tugendkatalogs eintreten, wie er sich in der westlichen Welt entwickelt hat: Nur das Werken gilt als vertretbare Haltung, das Schauen, das Staunen, die Sammlung, die Stille scheinen unvertretbar oder wenigstens entschuldigungsbedürftig, und so verkümmern wesentliche Kräfte des Menschen.

35/102f

Oasen des Aufatmens für Herz und Seele

Unter dem Bild des Sturmes und des Feuers wird der Heilige Geist in der Apostelgeschichte dargestellt. Sturm ist vor allen Dingen ein Ausdruck für Macht, für die alte Welt, ein Zeichen für die Macht Gottes, der die Welt herumwirbelt und die Sterne bewegt, als ob sie Sandkörner wären. Aber in diesem Bild des Sturmes verbirgt sich auch ein zweiter Gedanke. Er ist nämlich auch Ausdruck für eine der vier Lebenselemente, das Element der Luft, das diese unsere Erde von allen anderen Gestirnen unterscheidet und sie zum Stern des Lebens macht. Nur wo Luft ist, haben Lungen Sinn. Und nur wo sie ist, kann geatmet werden, kann Leben sein. Was dieses geheimnisvolle Element der Luft für biologisches Leben bedeutet, das ist das Heilige, der Heilige Geist für jedweden Geist. Nur wo er geatmet wird, kann Menschsein, kann Humanität bestehen, kann Geist wirklich leben. Wir lesen heute sehr viel von der Luftverschmutzung, die durch unsere Zivilisation eintritt. Und in den Ballungsräumen können wir, auch ohne solches zu lesen, durch eigene Erfahrung bemerken, daß wir in und mit dem Lebenselement Luft auch die Gifte einatmen, die das Leben zerstören. Aber von der geistigen Umweltverschmutzung, die die Atmosphäre zerstört, in der Geist leben kann, davon sprechen wir nicht. Und dabei sind die Vergiftungen des Herzens und des Geistes, die durch solche seelische Umweltvergiftung entstehen, weit alarmierender als die Erkrankungen, die durch die physische Luftverschmutzung stattfinden. Um so mehr müssen wir als Christen es für unseren Auftrag ansehen, uns um die reine Luft des Heiligen Geistes zu mühen und in der Gemeinschaft der Glaubenden Oasen des Atmens und des Aufatmens für Herz und Seele zu schaffen.

MKK/2

Kunst der Musse

Das Verhältnis zur Arbeit und zu den irdischen Aufgaben ist anders geworden. Während dem Altertum als der eigentliche Idealfall die völlige Befreiung von irdischer Sorge zur »Muße für die Wahrheit« vorschwebte, während ihm daher die Beschäftigung mit dem Irdischen als eine Last und Ablenkung vom Eigentlichen erschien, betrachtet der Mensch von heute den Dienst an der Welt fast mit einer Art von religiöser Inbrunst. Er hält nichts von Weltflucht und wenig von Muße, er sieht es als die positive Möglichkeit des Menschen an, das Angesicht dieser Welt zu verändern, ihre Möglichkeiten auszuschöpfen, ihre Bewohnbarkeit zu steigern. Was erhöht die Bewohnbarkeit der Welt? Nachdem der technische Komfort zu seiner äußersten Entfaltung gekommen ist, steigt die Sehnsucht nach der Einfachheit des Ursprünglichen auf; die selbstgemachte Welt, von der der Mensch rundum umgeben ist, wird zum Gefängnis, das den Schrei nach Freiheit, nach dem ganz Anderen herausfordert. Daß Freizeit Muße nicht ersetzt, daß Muße neu gelernt sein will, wenn Arbeit Sinn behalten soll, wird sichtbar, und daß der Mensch, der die ganze Welt für sich ausschöpft, am Schluß die Welt zerstört und so auch seinen eigenen Lebensraum, ist nicht mehr Kassandra-Ruf von antitechnischen Romantikern, sondern Berechnung der Technik selbst über sich selbst. So wird wertfreie Wissenschaft zum Alptraum und zum eigentlichen Angeklagten der ganzen Entwicklung; Ideologie ist Trumpf, wo nicht doch schüchtern wieder das Verlangen nach Weisheit, nach Kontemplation entsteht und nach der inneren Freiheit, die sie gibt.

14/192ff

Mass unserer Würde

Es muß dabei bleiben, daß der Mensch letztlich überhaupt nicht am Funktionieren zu messen ist, daß sein Wert und seine Würde tiefer gründen und daß gerade auch die, die nun keine Funktion mehr erbringen können, Leidende, alte Menschen, Kinder, als solche ihre Würde haben. Eine Gesellschaft, in der die Kinder schon vom ersten Augenblick an in die Leistungsmaschinerie einprogrammiert werden, in der die Alten und Kranken nur als ärgerliche Belastung empfunden werden, vergißt wiederum den Menschen selbst; und, indem sie sich noch sosehr zu steigern meint, wird sie zum Konzentrationslager, in dem die Funktion da ist und der Mensch nichts mehr gilt. – Es muß Raum bleiben für diejenigen, die keine Funktion haben, Leidende, Alte oder Menschen, die allein dem Beschauen des Wortes Gottes leben wollen. Unsere Wegweisung muß auch hier das Evangelium sein, in dem der Satz steht: »Das ist das ewige Leben, dich, den einzigen Gott, zu erkennen und Jesus Christus.«

Das Tiefste, was menschliches Leben überhaupt zum Leben macht, ist dies, daß Gott uns anrührt, und wir ihn anrühren können. Dies ist das Maß, das unsere Würde garantiert und von dem her wir leben und Menschsein entdecken, einander schenken und voneinander empfangen müssen. Und wenn wir von diesem Maß her leben, Leben von dem Sein zu Gott hin, ihn in seiner Würde begreifen, dann wird von Gott her die Welt menschlich.

MKK/3

Für einen Grundbestand an Menschlichkeit

Kommen wir auf die Frage, wie dem Recht und dem Guten in unseren Gesellschaften gegen Naivität und Zynismus Kraft gegeben werden kann, ohne daß solche Kraft des Rechten durch äußeren Zwang auferlegt oder gar willkürlich definiert würde. In diesem Betracht hat mich immer *Alexis Cléret de Tocquevilles* Analyse der »Demokratie in Amerika« beeindruckt. Eine wesentliche Voraussetzung dafür, daß dieses an sich zerbrechliche Gebilde doch zusammenhält und eine Ordnung der Freiheiten in gemeinschaftlich gelebter Freiheit ermöglicht, sah der große politische Denker darin, daß in Amerika eine vom protestantischen Christentum genährte moralische Grundüberzeugung lebendig war, die erst den Institutionen und den demokratischen Mechanismen ihre tragenden Grundlagen gab. In der Tat können Institutionen nicht halten und wirken ohne gemeinsame sittliche Überzeugungen. Diese aber können aus bloßer empirischer Vernunft nicht kommen. Auch Mehrheitsentscheidungen werden nur dann wahrhaft menschlich und vernünftig bleiben, wenn sie einen Grundbestand an Menschlichkeit voraussetzen und ihn als das eigentliche gemeinsame Gut, die Voraussetzung aller anderen Güter respektieren.

Solche Überzeugungen verlangen entsprechende menschliche Haltungen, und die Haltungen können nicht gedeihen, wenn der geschichtliche Grund einer Kultur und die darin verwahrten sittlich-religiösen Einsichten nicht geachtet werden.

38/22f

Nur ewiges Leben entspricht dem Menschen

Christlicher Glaube ist dem Leben zugewandt. Er glaubt dem Gott der Lebendigen. Sein Ziel ist Leben, und er bejaht daher das Leben in all seinen Stufen als Gabe und als Abglanz Gottes, der das Leben ist. Er bejaht das Leben bis hinunter in seine Verdunkelung durch das Leid. Auch so noch bleibt es Gabe Gottes, auch so noch eröffnet es neue Möglichkeiten des Seins und des Sinns. Deswegen gibt es für den christlichen Glauben kein »lebensunwertes Leben«. Wo Leben ist, bleibt es in allen Verschattungen Gabe Gottes, die den Mitlebenden aufgegeben ist und sie durch den Anspruch auf dienende Liebe selbst reicher und freier machen kann. [...]

Das Thema Leidvermeidung hat heute angesichts der neuen Möglichkeiten, die dem Menschen zugewachsen sind, eine Bedeutung erlangt wie selten zuvor. Der Versuch, durch Medizin, durch Psychologie und Pädagogik, durch die Konstruktion einer neuen Gesellschaft das Leid abzuschaffen, ist zu der gigantischen Bemühung der endgültigen Erlösung der Menschheit angewachsen. Natürlich kann und soll auf all diesen Wegen Leid eingedämmt werden. Aber der Wille, es gänzlich abzuschaffen, wäre mit der Ächtung der Liebe und so mit der Zurücknahme des Menschen selbst identisch. [...] Der relative Wert solcher Wege ist unbestritten. Sie können hilfreich werden, wenn sie sich als Teil eines größeren Ganzen erkennen. Für sich allein genommen mündet sie ins Leere. Denn zuletzt kann dem Menschen nur eine Antwort genügen, die den unendlichen Anspruch der Liebe einlöst. Nur das ewige Leben ist die zureichende Entsprechung zur Frage des menschlichen Daseins und Sterbens in dieser Welt.

17/89ff

Sich auf die Suche begeben (1)

Eine der merkwürdigen Erscheinungen unserer modernen Zivilisation ist das Wiederauftreten des nomadischen Elements: An jedem Wochenende steuern ganze Blechkolonnen aus den Städten heraus, die sich am Sonntagabend auf heillos verstopften Straßen wieder in die Ausgangspunkte zurückwälzen. Wenn Ferien beginnen, schwellen diese Ströme zu wahren Völkerwanderungen an; ein ganzes Volk scheint dann auf Reisen zu sein. Die Straße ist zu einem der häufigsten Aufenthaltsorte der Menschen in den sogenannten hochentwickelten Ländern geworden und die Investitionen, die für sie laufend aufgewendet werden, sind Ausdruck für die seelische Verfassung, die den Menschen zum ruhelosen Wanderer werden läßt. Die Frage drängt sich auf: Was ist der Grund für solches Verhalten?

Offenbar fühlen die Menschen sich in ihren Wohnungen nicht wirklich zu Hause; viele verlassen ihre Wohnstatt, sobald und so oft sie nur können. Sie scheint ihnen eher Ausdruck für das Gefängnis des Alltags zu sein als Bergung, in der man bleiben möchte. So könnte man wohl sagen, in dieser Flucht auf die Räder stecke ein Aufbegehren gegen die Zwänge der Arbeitswelt und ein Verlangen nach Freiheit nach Weite, nach dem ganz anderen, in dem man erst schöpferisch und frei zu sich selber kommen könnte.

35/97f

Sich auf die Suche begeben (2)

Wird da nicht doch etwas spürbar von der Wahrheit der biblischen Worte, die den Menschen als Pilger in dieser Welt bezeichnen und sagen, daß er in ihr allein sein Zuhause überhaupt nicht finden kann? Wird nicht etwas erkennbar von jener Unruhe des Herzens, über die *Augustinus* spricht, der sich selbst als den unruhig Suchenden erfahren hatte, als den rastlos Umgetriebenen, bis er endlich begriff, warum ihm alles zu wenig war? Dem Nomaden von heute mag das Auto, dessen Bezeichnung von dem griechischen Wort »Selbst« hergenommen ist, als Ausdruck seiner Freiheit und seiner Selbstverfügung erscheinen und deshalb über das Zweckmäßige hinaus so unersetzlich sein. Aber gibt es ihm sein Selbst und seine Freiheit oder verzwängt es ihn nicht erneut in den Stau derer, die im Leeren kreisen?

So könnten unsere Feriengewohnheiten uns sehr wohl zum Anlaß werden, um einmal wieder gründlich über uns selber nachzudenken und uns auf eine größere Suche zu begeben, als wir sie gewöhnlich wagen. Wäre nicht das erst die wirklich dem Menschen gemäße Fahrt, das Heraustreten aus der Enge des Alltags: sich auf die Suche nach dem Ewigen zu begeben, das Antlitz Gottes zu suchen und so alle Grenzen des Irdischen zu überschreiten? Und könnte es nicht sein, daß erst von dort her uns Freiheit und Beheimatung zugleich zukäme?

35/98f

Begegnung mit Gott, der ein Mensch ist

Ich denke schon, daß wir eine Art Revolution des Glaubens in vielfältigem Sinn brauchen. Zunächst brauchen wir sie in dem Mut, den allgemeinen Gewißheiten auch zu widersprechen. Es gibt ja heute bei den meisten eine gewisse Durchschnittsideologie, die darauf abzielt, daß man einen bestimmten Lebensstandard erzielen muß, daß man sich selbstverwirklichen können muß in dem, was man wünscht, was man möchte, und daß darin Gott letztendlich doch eine unbekannte Größe ist, die eigentlich nicht zählt. Dazu gehört dann auch, daß sich die Moral eher aus Zufall und aus dem Glückskalkül ergibt.

Wie gesagt, die Durchschnittsideologie, in der wir heute leben und die sich uns Tag um Tag aufdrängt, verführt uns zu Gewißheiten, die den Menschen im Grunde gegen das Wesentliche abschotten. Einerseits kann er also in das Wesentliche gar nicht mehr eindringen, andererseits merkt er aber, daß ihm irgend etwas fehlt. Denn die großen kollektiven Krankheiten, die wir heute haben, beruhen doch darauf, daß irgendein Zuwenig da ist im Menschenleben und daß ein Mangel empfunden wird. Insofern müßten wir den Mut haben, auch gegen das, was als das »Normale« eines Menschen des ausgehenden 20. Jahrhunderts angesehen wird, aufzubrechen und den Glauben wieder in seiner Einfachheit zu entdecken.

Ganz schlicht könnte diese Entdeckung zunächst einmal in einer Begegnung mit Christus liegen, die aber nicht eine Begegnung mit einem historischen Helden ist, sondern mit Gott, der ein Mensch ist. Und erst wenn dieses wirklich in ein Leben eindringt, dann orientiert sich das Leben anders.

32/37f

Der veruntreute Himmel

Der Mensch braucht die Ewigkeit, jede andere Hoffnung ist für ihn zu kurz. Und es ist nicht wahr, daß ihm die Ewigkeit die Zeit stiehlt, sie entleert und unwichtig macht; im Gegenteil, nur die Ewigkeit kann ihm Zeit geben. Wenn der Tod des Menschen würdelos ist, dann ist es auch sein Leben. Wenn der Mensch zuletzt im Tod doch weggeworfen wird, zum Abfall geworden, dann ist auch er eins von den Dingen, die man wegwerfen kann und die man auch vorher schon so behandeln darf. Wenn er aber nie zu Abfall wird, wenn sein Wert Ewigkeit heißt, dann gilt dieser Wert immer und prägt sein ganzes Leben. Ein Psychologe hat darauf hingewiesen, daß der veruntreute Himmel die entscheidende Krankheit der Erde ist: Weil man ihn vergißt, wird die Erde leer und der Mensch krank. Wenn man den späteren Generationen das Paradies, jedem einzelnen aber nur das Nichts, den Tod verspricht, dann hat man niemandem etwas versprochen. Es kommt nämlich noch dies dazu: von einer *Zukunft*, die nur Zukunft und überhaupt nicht Gegenwart ist, hat der Mensch nichts; sie zu erwarten wird jeder Tag zu lang. Eine *Gegenwart*, die nur Gegenwart ist und hinter der nichts kommt, ist hoffnungslos. Das *Nichts*, das nach ihr kommt, laugt auch die Gegenwart aus und macht sie unerträglich. Nur die Ewigkeit kann Gegenwart und Zukunft vereinen. [...] Wir müssen wieder den Mut finden, an das ewige Leben mit unserem ganzen Herzen zu glauben. Wir werden sehen, wie ganz von selbst das Leben wieder reicher, größer, freier und unverkrampfter wird.

MKK/4

Sich finden und sich verlieren

Die Antwort des Christen auf die Probleme von heute kann nicht sein, halb zu glauben und halb sich von einer Welt mitziehen zu lassen, aus der er nicht heraustreten kann. Seine Antwort muß vielmehr sein, ganz zu glauben und aus der Ganzheit des Glaubens heraus die Ganzheit der Welt von heute zu bestehen, d. h., in dem Vollzug der technischen Strukturen aus der Verantwortung der Liebe heraus zu handeln. Solcher mit ganzem Herzen getane Dienst an der Aufgabe der heutigen Welt bedeutet dann auch wahrlich nicht eine Untreue gegenüber der Torheit des Kreuzes zugunsten eines naiven Fortschrittsoptimismus. Gerade die Sachlichkeit des solchermaßen übernommenen Dienstes erfordert die Bereitschaft zum täglich neuen Sich-Verlieren, ohne das es kein Sich-Finden gibt. [...] Der Dienst der persönlichen Liebe wird nicht überflüssig, wie sehr auch das Angesicht der Welt verändert wird ... Das kritische Ja, das das ganze Herz nicht ausschließt, sondern verlangt, wird zur Folge haben, daß der Christ die Arbeitswelt so vollzieht, daß er sie zu einem Medium größerer Freiheit macht. Das ist auch ihr eigenes Ziel; aber Freiheit bleibt leer, so lange sie, auf Freizeit geschrumpft, nur ein technisches Kontrastprogramm und damit letztlich verdeckte Unfreiheit ist. Freiheit wird erst erfüllt, wo sie zum Raum des Ewigen wird; die physische und die zeitliche Entlastung des Menschen durch die Technik in diesem Sinn zu wirklicher »Befreiung« des Menschen werden zu lassen, d. h. zu neuem Freiwerden für das Ewige, ist eine noch unerfüllte Hoffnung, aber eben darum für den Christen eine Aufgabe erster Ordnung.

14/197f

Familie – Raum unserer Zukunft

Wenn wir von Zukunft reden, dann muß unser Blick zuallererst auf unsere Kinder fallen: Sie sind unsere Zukunft; welche Zukunft Technik und Ökumene bieten, das hängt davon ab, wie sie Zukunft gestalten. Alles andere ist nur Instrument. Aus diesem Grund muß die Familie als der Raum unserer Zukunft unsere oberste Sorge sein ... In der Neufassung des elterlichen Sorgerechts, das im Bundestag zur Verabschiedung anstand, erscheint die Familie nicht mehr als der Raum des Vertrauens, in dem Menschen einander gegeben sind; in dem sie voneinander und füreinander das Leben empfangen und geben. Sie erscheint vielmehr als der Raum eines grundsätzlichen Mißtrauens, in dem es nur einzelne Individuen gibt, die gegenseitig voreinander geschützt werden müssen. Der Gehorsamsanspruch der Eltern an die Kinder erscheint ständig unter dem Verdacht eines Verhältnisses von Unterdrückern und Unterdrückten. Gewiß, dieser Gesetzentwurf ist das Spiegelbild unserer Gesellschaft: zerbrochener Ehen, zerstörter Familien und achtlos weggeschobener Kinder ... Das, was die Krankheit unserer Gesellschaft ist, wird damit zum Maßstab erhoben und vollends unheilbar gemacht. Im letzten wirkt sich hier jene Vergiftung unserer Seelen aus, die Gehorsam und Führung nur noch als Unterdrückung verstehen kann; Treue, wo sie leidvoll zu werden beginnt, für Freiheitsberaubung hält, Vertrauen für einen Vorwand zur Ausbeutung und daher das Mißtrauen, das den Menschen vor dem Menschen schützen muß, zur einzig realistischen Haltung erklärt.

MKK/5

Uneins mit sich selbst

Den Nächsten lieben wie dich selbst – so wie wir gewöhnlich diesen Satz hören und verstehen, erscheint dabei die Selbstliebe als das, was keine Erklärung braucht, weil es von selbst da ist. Die kopernikanische Revolution, zu der hier der Mensch herausgefordert ist, besteht darin, das Ich nicht mehr als Zentrum der Welt zu betrachten, sondern es mit allen Kindern Gottes gleichrangig zu finden von der wahren Mitte, vom Schöpfer her. Das ist sicher der zentrale Gesichtspunkt, auf den das Doppelgebot der Gottes- und Nächstenliebe verweisen will. Aber man kann es von den Erfahrungen unserer Zeit her auch von einem anderen Gesichtspunkt aus angehen. Wer heute mit wachen Augen sich selbst und die anderen betrachtet, wird bald bemerken, daß die Stellung zum Ich weithin ihre selbstverständliche Unkompliziertheit eingebüßt hat. Über einen Menschen, der allzeit mißmutig und unleidig ist, sagt der Volksmund: Er mag sich selbst nicht. Und wirklich ist die Uneinigkeit mit sich selbst häufig der tiefste Grund der Uneinigkeit mit dem Du. Egoismus ist etwas anderes als Annahme seiner selbst, als wahre Selbstliebe, die zugleich Offenheit zur Nächstenliebe werden kann. Die letzte Notiz, die *Georges Bernanos* seinem Landpfarrer im Tagebuch eintragen läßt, sagt: »Es ist leichter, als man glaubt, sich zu hassen. Die Gnade besteht darin, daß man sich vergißt. Wenn aber aller Stolz in uns gestorben wäre, dann wäre die Gnade der Gnaden, sich selbst demütig zu lieben als irgendeinen, wenn auch noch so unwesentlichen Teil der leidenden Glieder Christi.«

8/29f

Glaube im Alltag – eine menschliche Grundhaltung (1)

Sehr viele Dinge – das Allermeiste – müssen wir im Vertrauen auf die »Wissenschaft« annehmen, zumal es durch gemeinsame Erfahrungen auch für den einzelnen hinreichend bestätigt erscheint. Wir alle benützen von früh bis spät Produkte der Technik, deren wissenschaftliche Gründe wir nicht kennen: Die Statik des Hochhauses, wer kann sie nachrechnen und sich ihrer vergewissern? Das Funktionieren des Aufzugs? Den ganzen Bereich des Elektrischen und Elektronischen, mit dem wir umgehen? Oder (wo es schon heikler wird) die Verlässigkeit der Zusammensetzung eines Medikaments? So ließe sich fortfahren. Wir leben in einem Netz von nicht Gewußtem, auf das wir uns ob der im allgemeinen positiven Erfahrung verlassen. Wir »glauben«, daß es seine Richtigkeit mit alledem habe, und erhalten durch solchen »Glauben« Anteil am Produkt des Wissens anderer [...]

Es gilt tieferhin auch in dem Sinn, daß menschliches Leben unmöglich wird, wenn man dem anderen und den anderen nicht mehr vertrauen kann, sich nicht mehr verlassen darf auf ihre Erfahrung, ihre Kenntnis, auf das uns Vorgegebene. Das ist die eine – die positive Seite dieses »Glaubens«. Andererseits ist er natürlich Ausdruck einer Unkenntnis und insofern eine Sekundärhaltung: Wissen wäre besser. Die vielen können sich nur deshalb auf den ganzen Mechanismus der technischen Welt verlassen, weil einige da sind, die die Sache erforscht haben und sie wissen. Insofern ist der Wunsch, soweit wie möglich vom Glauben zum Wissen zu kommen, jedenfalls in diesem Bereich, richtig und sinnvoll.

1/11ff

Glaube im Alltag – eine menschliche Grundhaltung (2)

Eine Gesellschaft ohne Vertrauen kann nicht leben. Das Wort, das Thomas von Aquin eigentlich für eine andere Ebene geprägt hat, gilt auch hier: Ungläubigkeit ist für den Menschen wesenswidrig. So sehen wir zugleich auch schon, daß die unterschiedlichen Ebenen doch nicht völlig zusammenhanglos sind [...]

Mag sein, daß im menschlichen Miteinander unmöglich jeder alles Lebensnotwendige und Nützliche »wissen« kann, daß unser Handelnkönnen also darauf beruht, daß wir durch »Glauben« am »Wissen« anderer beteiligt werden – immer bleiben wir doch im Bereich menschlichen Wissens, das grundsätzlich alle erwerben könnten. Mit dem Offenbarungsglauben hingegen überschreiten wir die Grenze eigenen menschlichen Wissens. Selbst wenn die Existenz Gottes vielleicht noch zu »Wissen« werden könnte – die Offenbarung und ihre Inhalte bleiben »Glaube« für einen jeden, jenseits des unserem Wissen Zugänglichen. Hier gibt es keinen Rückbezug auf das Fachwissen einiger, auf die wir uns verlassen können, weil sie die Dinge aus eigenem Erforschen unmittelbar kennen. So stehen wir nun noch einmal und erst recht vor der Frage: Ist diese Art Glaube mit modernem kritischen Bewußtsein vereinbar? Wäre es nicht dem mündigen Menschen unserer Zeit gemäßer, sich des Urteils über derlei Materien zu enthalten und den Augenblick abzuwarten, an dem die Wissenschaft definitive Antworten auch zu diesen Fragebereichen in Händen halten wird?

1/13ff

Glaube im Alltag – eine menschliche Grundhaltung (3)

Niemand kann behaupten, er »wisse« im eigentlichen Sinn, daß es Gott nicht gibt. Man kann mit der Hypothese arbeiten, daß er nicht existiert, und von ihr her das Universum zu erklären versuchen. Die moderne Naturwissenschaft steht grundsätzlich unter diesem Vorzeichen. Wo die Methode ihre Grenzen achtet, bleibt aber klar, daß der Bereich des Hypothetischen dabei nicht überschritten werden kann und daß selbst eine anscheinend stimmige atheistische Erklärung des Universums doch nicht zu einer wissenschaftlichen Gewißheit über die Nichtexistenz Gottes führt. Niemand kann die Totalität des Seins und seiner Bedingungen experimentell erfassen. An diesem Punkt erreichen wir ganz einfach die Grenzen der »condition humaine« – des menschlichen Erkenntnisvermögens als solchen, und dies nicht nur unter den gegenwärtigen Bedingungen, sondern wesenhaft, unüberschreitbar. Die Gottesfrage kann ihrem Wesen nach nicht in die Grenzen wissenschaftlicher Forschung im strengen Sinn des Wortes hineingezwängt werden. In diesem Sinn ist die Behauptung eines »wissenschaftlichen Atheismus« eine widersinnige Anmaßung, gestern ebenso wie heute und morgen. Um so mehr aber drängt sich die Frage auf, ob nicht die Gottesfrage die Grenzen des menschlichen Vermögens überhaupt überschreite und insofern Agnostizismus die einzig rechte Haltung des Menschen sei: seinsgemäß, ehrlich, ja, im tiefsten Sinn des Wortes »fromm« – Anerkennung dessen, wo unser Zugriff und unser Blickfeld enden. Ehrfurcht vor dem, was uns nicht eröffnet ist.

1/15f

Glaube im Alltag – eine menschliche Grundhaltung (4)

So lautet die richtig gestellte Frage an den Agnostizismus: Ist sein Vorschlag überhaupt realisierbar? Können wir als Menschen die Gottesfrage einfach beiseite lassen – die Frage nach unserem Woher, unserem Wohin und nach dem Maß unseres Seins? Können wir einfach hypothetisch leben, »als ob es Gott nicht gäbe«, auch wenn es ihn vielleicht gibt? Die Gottesfrage ist für den Menschen kein theoretisches Problem wie etwa die Frage, ob es außerhalb des periodischen Systems der Elemente noch weitere bisher unbekannte Elemente gebe usw. Im Gegenteil, die Gottesfrage ist eine eminent praktische Angelegenheit, die sich auf alle Bereiche unseres Lebens auswirkt. Wenn ich also in der Theorie den Agnostizismus gelten lasse, muß ich mich in der Praxis noch zwischen zwei Möglichkeiten entscheiden: leben, als ob es Gott nicht gäbe, oder leben, als gäbe es Gott und als sei er die maßgebende Wirklichkeit für mein Leben. Tue ich ersteres, so habe ich praktisch eine atheistische Position bezogen und eine möglicherweise unwahre Hypothese zur Basis meines ganzen Lebens gemacht. Entscheide ich mich für die zweite Wahl, so bewege ich mich wiederum in einer rein subjektiven Gläubigkeit, wobei einem freilich *Blaise Pascal* in den Sinn kommen mag, dessen ganzes philosophisches Ringen am Beginn der Neuzeit um diese denkerische Konstellation kreiste. Weil er zu der Überzeugung kam, daß die Frage im bloßen Denken in der Tat nicht zu lösen sei, empfahl er dem Agnostiker, es mit der zweiten Wahl zu wagen und zu leben, als gäbe es Gott. Er werde dann im Laufe des Experiments und nur durch dieses zu der Erkenntnis kommen, daß er richtig gewählt habe.

1/16ff

Das Wesentliche von Religion

An dem, was *C. G. Jung* sagt und was ja dann *Eugen Drewermann* aufgenommen hat, ist richtig, daß Religion heilende Kräfte in sich hat und daß sie auf Urnöte und Urängste Antworten gibt und Hilfe, sie zu bewältigen. Wenn man Religion allerdings nur als einen psychotherapeutischen Trick betrachtet oder sie darauf zurückführt, daß man sich mit Bildern die Heilung verschaffen kann, dann funktioniert sie auch nicht mehr. Denn dann werden diese Bilder letzten Endes als unwahr durchschaut und verlieren ihre heilende Kraft.

Dies ist gewiß etwas der Religion Hinzugegebenes, aber es ist nicht ihr eigentliches Wesen. Daß sie mehr ist, tritt auch darin in Erscheinung, daß die Menschheit in allen Phasen (und auch ohne psychotherapeutische Bemühungen) einfach gar nicht anders konnte, als sich nach dem Ewigen, nach dem ganz anderen auszustrecken und zu versuchen, damit in Beziehung zu treten.

Das Wesentliche von Religion ist die Beziehung des Menschen über sich hinaus zu dem Unbekannten, das der Glaube Gott nennt, und die Fähigkeit des Menschen, aus allem Greifbaren, Meßbaren heraus in diese Urbeziehung hineinzutreten. Der Mensch lebt in Beziehungen, und wie gut sein Leben wird, hängt davon ab, daß die wesentlichen Beziehungen – also Vater, Mutter, Bruder, Schwester und so weiter –, daß die Grundbeziehungen, die in sein Wesen eingegraben sind, richtig werden. Aber keine der Beziehungen wird richtig, wenn die erste Beziehung, die zu Gott, nicht recht ist. Diese Beziehung selbst, würde ich sagen, ist eigentlich Inhalt von Religion.

32/23

Leben in Fülle

Die Sorge des Arztes wie des Seelsorgers gilt dem Leben des Menschen. Der eine wie der andere will auf seiner Ebene und in seiner Weise dafür sorgen, daß das Leben des Menschen reicher, gefüllter, geborgener, daß er freier und fröhlicher wird, mit einem Wort: daß es in höherem Maße »Leben« wird. Das Wort, in das der Herr den Sinn seiner Sendung kleidet, ist der Ausdruck auch ihres Auftrags, dem sie sich unterstellt wissen: »Ich bin gekommen, damit sie das Leben haben und es in Fülle haben« (Joh 10,10). Aber gerade die Sorge um das Leben schließt notwendigerweise auch eine Begegnung mit dem Phänomen des Todes ein. Sich um das menschliche Leben mühen heißt von selber auch, in Auseinandersetzung mit der Wirklichkeit des Todes treten. Denn das menschliche Leben ist zentral vom Tod geprägt. Es trägt ja schon seinen Widerspruch in sich selbst. Das Lebensbewußtsein des Menschen war deshalb zu allen Zeiten zugleich auch ein Todes- oder wenigstens Sterblichkeitsbewußtsein. Das läßt sich ebensogut belegen mit dem Wort des alten Kirchenvaters *Gregor d. Großen*: »Das zeitliche Leben müßte man im Vergleich zum ewigen eher Tod als Leben nennen. Denn was ist das tägliche Verbrauchtwerden und Verfallen anderes als ein langsam hingezogenes Sterben?« – wie es sich belegen läßt mit dem mittelalterlichen »Mitten in dem Leben sind vom Tode wir umgeben«. Die Frage nach dem Tod wird daher vom Leben selbst gebieterisch erhoben. Sie ist dem unausweichlich gestellt, dem das Leben eine wirkliche Sorge ist.

14/277f

Auszug oder Einzug im Namen der Freude

Freuet euch, und noch einmal sage ich: Freuet euch. Das Wort von der Freude ist ein Grundbegriff des Christentums überhaupt, das ja seinem Wesen nach »Evangelium«, frohe Botschaft ist und sein will. Und doch: Die Welt ist gerade hier am Evangelium, an Christus irre geworden, und sie zieht aus der Kirche aus im Namen der Freude, die dem Menschen vom Christentum abgeschnitten werde mit all seinen endlosen Forderungen und Verboten. Und allerdings, das ist wahr: Die Freude Christi ist nicht so leicht zu sehen wie die banale Lust, die aus irgendeinem Vergnügen kommt. Dennoch wäre es falsch, die Worte »Freuet euch im Herrn« so auszulegen, als ob es hieße »Freuet euch, aber im Herrn«, weil der Apostel ganz offensichtlich glaubt, daß alle wirkliche Freude im Herrn einbeschlossen ist und daß es außer ihm gar keine wirkliche Freude geben kann. Und es bleibt ja auch wahr, daß in der Tat alle Freude, die neben ihm oder gegen ihn geschieht, nicht genügt, sondern den Menschen immer weiter in einen Strudel hineintreibt, dessen er schließlich wahrhaft selbst nicht mehr froh sein kann. So soll uns hier gesagt werden, daß erst mit Christus überhaupt die wirkliche Freude erschienen ist und daß es in unserem Leben letztlich auf nichts anderes ankommt als darauf, Christus zu sehen und verstehen zu lernen, den Gott der Gnade, das Licht und die Freude der Welt.

14/376f

Das »Vater unser« sagen dürfen (1)

Vielleicht erinnern Sie sich, daß in den 50er Jahren allenthalben ein Drama von *Samuel Beckett* Aufsehen erregte: »Warten auf Godot«. Das ganze Werk *Becketts*, das damit sich seinen Weg auch in Deutschland bahnte, ist ein bestürzender Ausdruck für die Verzweiflung des modernen Menschen – ein Nihilismus ohne Ausweg. Die Ursünde ist es für *Beckett*, geboren zu sein; seine Werke sind Protest gegen das Sein. Der Dichter zeigt den Menschen in der Auflösung seiner selbst. Das Ich gibt es eigentlich gar nicht, sondern nur eine Abfolge von Zuständen. Deshalb verschwindet auch der aufrechte Gang: Menschen leben in Mülltonnen und zeigen damit den Menschen als Müll. Wenn man *Becketts* Schaffen kennt, muß es um so aufregender erscheinen, den Kommentar zu hören, den ein *Beckett* sehr nahe stehender Dichter, *Eugène Ionesco* inzwischen dazu gegeben hat. In einem Interview mit einem Priester sagte er Ende 1975: »Das Werk Samuel Becketts ist eine unaufhörliche Anrufung Gottes, genau gesagt ein SOS ... Eines der wichtigsten Bücher Becketts heißt *Der Unnennbare*. Der Unnennbare ist Gott ... Gott ist da. Gott ist! Er existiert nicht, er ist. Er existiert durch Jesus Christus.«

Aus dem Abgrund der letzten Not des von Gott weggelaufenen Menschen bricht hier der verzweifelte Schrei nach Gott wieder hervor, auch wenn er immer wieder versickert in der Angst, ohne Antwort zu bleiben.

34/64f

Das »Vater unser« sagen dürfen (2)

Wie der verlorene Sohn, so haben wir in der Neuzeit unser Kapital, die Welt, selbst an uns gerissen. Wir haben dem Vater den Rücken gekehrt, ihn zu vergessen versucht, ihn schließlich nur noch mit der Fabel vom Ödipuskomplex als das gefährliche Über-Ich gewußt, das unsere Freiheit bedroht, von dem wir uns folglich freimachen müssen. Daß Beten unsinnig sei, konnten wir uns schließlich sogar wissenschaftlich beweisen: Gott hat ja gar keine Macht, in die Welt einzuwirken. Ihre Gesetze, so dachten wir, kennen wir mittlerweile so vollständig, daß da ein Platz für ihn überhaupt nicht mehr bleibt. Und warum sollten wir dann noch fromme Worte machen, wenn sie leer ins leere Nichts hinausgesprochen sind? Solange der verlorene Sohn in Saus und Braus lebte, solange das vom Vater mitgebrachte Kapital reichte, hat er gewiß keine Anreden an den Vater geübt. Erst als er anfing zu merken, daß er ein Verlorener war, begann er stehenzubleiben und schließlich umzukehren, indem er anfing, mit dem Vater zu sprechen. Solange es aussah, als ob wir alle Macht über die Welt hätten, solange störte eine göttliche Macht nur – es durfte sie gar nicht geben. Wir merkten nicht, wie wir Schritt um Schritt in den Mülleimer hinuntersanken, den aufrechten Gang verloren, den Zusammenhang des Ich, bis es immer dunkler wurde um uns.

34/65

Das »Vater unser« sagen dürfen (3)

Der Mensch ohne Gott verkümmert. Aber er ist ohne Gott, wenn er Gott nicht mehr anreden kann. Deswegen ist Beten nicht ein Privatsport schwacher Seelen, der dann diejenigen nichts anzugehen bräuchte, die solche Zuflucht nicht nötig haben. Beim Beten geht es durchaus um etwas, was die Zukunft des Menschen, die Menschlichkeit des Menschen überhaupt betrifft. Denn wenn der Mensch sich selbst nicht mehr überschreitet auf Gott hin, dann wird er anders, enger und kleiner. Dann verkümmern wesentliche Organe in ihm. Er wird seelisch gröber und undifferenzierter. Und schließlich kann er auch den anderen, ja, sich selbst nicht mehr lieben. »Menschen kann man nur lieben, wenn sie Gott in sich tragen«, hat Ionesco in dem vorhin erwähnten Interview gesagt. Wenn man nicht in allen Ärgerlichkeiten immer noch weiß, daß der Mensch Gott in sich trägt, wird man schnell zu dem Urteil kommen, dieses Geschöpf Mensch sei eigentlich das grausamste aller Tiere, und man wird dabei unvermerkt selbst grausam werden. Wenn wir nicht Gott im anderen erkennen, dann können wir nur abwägen zwischen dem Negativen und dem Positiven, das wir von Menschen her erfahren, und dann werden wir alsbald das Übergewicht beim Negativen finden. Nur wenn wir Gott im anderen durch alle Brüchigkeiten hindurch sehen, können wir Menschen bleiben. Aber wie sollen wir Gott sehen, wenn wir ihn nicht kennen? Und wie ihn kennen, wenn es keinen Kontakt zwischen uns und ihm gibt, wenn wir verlernt haben, mit ihm zu sprechen?

34/65

Das »Vater unser« sagen dürfen (4)

Kommen wir zum Praktischen. Der verlorene Sohn ging vorwärts und aufwärts, als er anfing, wieder an den Vater zu denken; als er anfing, ihn wenigstens in Gedanken wieder anzureden. Genau dies müßten wir heute tun: das Reden zu Ihm wieder einüben, über alle Sprachkenntnisse hinaus die höchste Möglichkeit der Sprache wieder erlernen, das Sprechen mit Gott. Dazu wird gehören, daß wir ganz formlos unsere Wahrheit vor Gott hinstellen, wie es *Charles de Foucauld* getan hat, der vor seiner Bekehrung oft ein seltsames Gebet sprach: »Mein Gott, wenn es dich gibt, laß mich dich erkennen.« Dazu wird aber auch gehören, daß wir uns von den geformten Gebeten der Christenheit führen lassen, so wie das Kind im Mitsprechen mit der Mutter das eigene Sprechen erlernt. Ich möchte hier nur *ein* Gebetswort auslegen, das mir vor allen anderen lieb ist, weil es mir der innere Grund und die innere Mitte aller möglichen Gebete überhaupt zu sein schient – ich meine die Anrede *Vater unser*, von der alles weitere Beten ausgeht und getragen wird.

Vater – damit drücke ich aus, daß jemand da ist, der mir zuhört, mich nie allein läßt, immer gegenwärtig ist. Damit drücke ich aus, daß Gott in aller unendlichen Unterschiedenheit von mir doch so ist, daß ich ihn anreden kann, ja, auf Du sein darf mit ihm. Seine Größe ist nicht erdrückend, wirft mich nicht ins Wesenlose und Bedeutungslose zurück; gewiß – ich stehe unter ihm, wie ein Kind unter dem Vater, aber es gibt doch auch eine so grundlegende Gleichheit und Ähnlichkeit zwischen ihm und mir, ja, ich bin so wichtig für ihn, so nahe ihm zugehörig, daß ich ihn richtig benenne, wenn ich »Vater« sage.

34/66ff

Das »Vater unser« sagen dürfen (5)

Diese Liebe, die mich will, ist nicht gleichgültiges Gewährenlassen, sie stellt mich unter das Maß der Wahrheit, vor dem ich versagen kann. Aber dieser Ernst, der mich anfordert, mir schwer wird, ist mir doch nur noch einmal Gewißheit, daß ich nicht belangloses Evolutionsmaterial bin, sondern gebraucht und geliebt werde. Wenn die Erziehung durch das Leben unerträglich schwer wird, wenn ich aufschreien möchte wie Ijob, wie der Beter der Psalmen oder wie *Samuel Beckett* – dann kann ich diesen Schrei in das Wort »Vater« hineintragen, und langsam wird der Schrei wieder zum Wort, das Aufbegehren zum Vertrauen, denn vom Vater her wird sichtbar, daß mein Gefordertsein, ja, mein scheinbares Gequältwerden Teil der größeren Liebe ist, der ich mich verdanke.

Noch eins wird mir mit dem Wort *Vater* bewußt: daß ich nicht von mir selber bin, daß ich Kind bin. Dagegen möchte ich zunächst protestieren wie der verlorene Sohn es getan hat. Ich will ja mündig sein, »emanzipiert«, mein eigener Herr. Aber dann frage ich mich: Was ist die Alternative für mich, für den Menschen überhaupt, wenn es keinen Vater mehr gibt, ich folglich das Kindsein endgültig hinter mir gelassen habe? Bin ich dann wirklich mehr geworden? Wirklich frei? Oder habe ich nicht mit dem Vater das Prinzip der Freiheit aufgehoben? Nun bleibt nur die gewaltige und grausame Maschinerie des Weltalls, in der das Leben eine »obszöne Verirrung des Kohlenstoffs« ist, wie *Friedrich Dürrenmatt* meint. Jedenfalls bin ich dann allein im Dunkel, ja, im Dreck, wie noch einmal *Beckett* sagt. Nein, nur wenn es das Prinzip der Freiheit gibt, einen, der liebt und dessen Liebe Macht hat, dann bin auch ich frei.

34/68f

Das »Vater unser« sagen dürfen (6)

Und so bleibt am Ende doch nichts anders, als wie der verlorene Sohn umzukehren, die Demut haben, »Vater« zu sagen, und gerade so auf die Freiheit zuzugehen, indem ich meine Wahrheit annehme. Und dann fällt mein Blick auf den, der sich sein ganzes Leben lang als Kind, als Sohn wußte und der gerade so wesensgleich mit Gott selber ist: Jesus Christus. Wenn ich »Vater« sage, spreche ich mit ihm mit, und im Mitsprechen nimmt er mich ins Mitleben hinein, so daß ich mit ihm Sohn werde, mit ihm in Gottes Wesen hineingehöre. So bin ich im Vater-Sagen bei ihm, das ganze Licht seiner Gestalt strömt mir zu. Er hat von Gott erzählt; er konnte es, weil er ihn gesehen hat, ihn immerfort sieht. Von ihm her kommt eine Spur des Lichts in mein Leben hinein, die mir den Weg zeigt, mir Hoffnung und Vertrauen auch im Dunkel gibt.

Auf diese Weise geht das Wort *Vater* von selber über in das Wort unser. Ich kann nicht allein »Vater« sagen zu Gott. Wie sollte ich es wagen? Ich kann es nur, weil es der vor mir gesagt hat, der es konnte, der es durfte. Ich kann es, weil er mich einlädt, mit ihm so zu sprechen. Aber wenn ich mit ihm spreche, dann bin ich zugleich bei allen denen, die er zu seinen Geschwistern, zu meinen Geschwistern machen wollte. Wenn ich »Vater« sage, muß ich das Wir seiner Kinder annehmen. Aber auch umgekehrt gilt: Wenn ich »Vater« sage, weiß ich, daß ich in der Gemeinschaft aller Kinder Gottes stehe und sie alle bei mir sind. So führt mich das Reden zu Gott nicht weg von der Verantwortung für die Erde und für die Menschen, es gibt sie mir neu zurück.

34/69

SEPTEMBER

Kirchliche Sinnspuren in Not- und säkularen Wendezeiten

Wege zu Christus

Ich bin Jesus Christus zunächst nicht literarisch oder philosophisch, sondern im Glauben der Kirche begegnet. Das bedeutet, daß er von Anfang an für mich nicht ein Großer der Vergangenheit war (wie etwa *Platon* oder auch *Thomas von Aquin*), sondern jemand, der heute lebt und wirkt, dem man heute begegnen kann. Es bedeutet vor allem, daß ich ihn innerhalb der von ihm ausgehenden Geschichte des Glaubens kennengelernt habe und in der Sehweise des Glaubens, wie sie am nachhaltigsten im Konzil von Chalkedon (451 n.Chr.) formuliert wurde. Chalkedon ist für mich die großartigste und kühnste Vereinfachung des komplizierten, äußerst vielschichtigen Traditionsbefundes auf eine einzige, alles andere tragende Mitte hin: *Sohn Gottes, gleichen Wesens mit Gott und gleichen Wesens mit uns* ... Ich sehe darin die einzige Auslegung, die der ganzen Breite der Überlieferung gerecht zu werden vermag und die volle Wucht des Phänomens annehmen kann. [...] Er überragt immer unendlich die Kirche. Nicht erst durch das Konzil ist uns deutlich geworden, daß er als Herr der Kirche auch ihr Maß bleibt. Ich habe das immer als Trost und als Herausforderung zugleich empfunden. Als Trost, weil wir immer wußten, daß die Skrupulanz der Rubrizisten und der Legalisten nichts mit ihm zu tun hat, mit der unendlichen Großzügigkeit, die wie ein frischer Wind aus den Evangelienworten auf uns zukommt und die Buchstabenanbeterei wie ein Kartenhaus umwirft ... Insofern ging für mich immer etwas Optimistisches, Befreiendes von seiner Gestalt aus.

14/134f

Auch neue Formen des Amtes

Aus der Krise von heute wird auch dieses Mal eine Kirche von morgen hervorgehen, die viel verloren hat. Sie wird klein werden, weithin ganz von vorne anfangen müssen. Sie wird viele der Bauten nicht mehr füllen können, die in der Hochkonjunktur geschaffen wurden. Sie wird mit der Zahl der Anhänger viele ihrer Privilegien in der Gesellschaft verlieren. Sie wird sich sehr viel stärker gegenüber bisher als Freiwilligkeitsgemeinschaft darstellen, die nur durch Entscheidung zugänglich wird. Sie wird als kleine Gemeinschaft sehr viel stärker die Initiative ihrer einzelnen Glieder beanspruchen. Sie wird auch gewiß neue Formen des Amtes kennen und bewährte Christen, die im Beruf stehen, zu Priestern weihen: In vielen kleineren Gemeinden bzw. in zusammengehörigen sozialen Gruppen wird die normale Seelsorge auf diese Weise erfüllt werden. Daneben wird der hauptamtliche Priester wie bisher unentbehrlich sein. Aber bei allen diesen Veränderungen, die man vermuten kann, wird die Kirche ihr Wesentliches von neuem und mit aller Entschiedenheit in dem finden, was immer ihre Mitte war: Im Glauben an den dreieinigen Gott, an Jesus Christus, den menschgewordenen Sohn Gottes, an den Beistand des Geistes, der bis zum Ende reicht. Sie wird in Glaube und Gebet wieder ihre eigentliche Mitte erkennen und die Sakramente wieder als Gottesdienst nicht als Problem liturgischer Gestaltung erfahren.

20/122f

Vom Wesen der Kirche – »Vorsitzende der Liebe« (1)

Wer nach einer Wanderung durch das gewaltige Mittelschiff der Peterskirche in Rom schließlich beim abschließenden Altar in der Apsis ankommt, würde wohl eine triumphale Darstellung des heiligen Petrus erwarten, um dessen Grab diese Kirche gebaut ist. Aber nichts davon – die Gestalt des Apostels erscheint nicht unter den Bildwerken dieses Altars. Statt dessen stehen wir vor einem leeren Thron, der beinahe zu schweben scheint, aber doch gehalten wird von den vier Figuren der großen Kirchenlehrer des Westens und des Ostens. Das gedämpfte Licht, das über dem Thron liegt, rührt von dem Fenster darüber, das von schwebenden Engeln umgeben ist, die das Fluten des Lichts nach unten weiterleiten.

Was soll diese ganze Komposition? Was sagt sie uns? Mir scheint, daß sich darin eine tiefe Deutung des Wesens von Kirche verbirgt und, darin eingeschlossen, eine Deutung des Petrusamtes. Beginnen wir mit dem Fenster, das mit seinen gedämpften Farben zugleich nach innen sammelt und nach außen und oben hin öffnet. [...] Die Kirche selbst ist ihrem Wesen nach gleichsam ein Fenster, Raum der Berührung zwischen dem jenseitigen Geheimnis Gottes und unserer Welt, Durchlässigwerden der Welt auf den Glanz seines Lichtes hin. Kirche steht nicht für sich, sie ist kein Ende, sondern ein Aufbruch über sich und über uns selbst hinaus. Sie erfüllt um so mehr ihr wahres Wesen, je mehr sie durchsichtig wird für den anderen, von dem sie kommt und zu dem sie führt. Durch das Fenster ihres Glaubens tritt Gott herein in diese Welt und weckt in uns die Sehnsucht nach dem Größeren.

3/39f

Vom Wesen der Kirche – »Vorsitzende der Liebe« (2)

Sehen wir uns nun die nächste Ebene dieses Altars an: die leere Cathedra aus vergoldeter Bronze, in die ein hölzerner Stuhl aus dem 9. Jahrhundert eingeschlossen ist, den man lange Zeit für die Cathedra des Apostels Petrus gehalten und deswegen an dieser Stelle aufgestellt hat. So verdeutlicht sich schon die Bedeutung dieses Teils des Altars. Der Lehrstuhl des Petrus sagt mehr, als ein Bild sagen könnte. Er drückt die bleibende Gegenwart des Apostels aus, der als Lehrender in seinen Nachfolgern anwesend bleibt. Der Stuhl des Apostels ist ein Hoheitszeichen – er ist Thron der Wahrheit, die in der Stunde von Cäsarea zu seinem und seiner Nachfolger Auftrag wurde. Der Sitz des Lehrenden wiederholt gleichsam für unser Gedächtnis das Wort des Herrn aus dem Abendmahlssaal: »Ich habe für dich gebetet, daß dein Glaube nicht wanke. Und wenn du dich wieder bekehrt hast, stärke deine Brüder« (Lk 22,32). Aber auch eine andere Erinnerung verbindet sich mit dem Stuhl des Apostels: das Wort des *Ignatius von Antiochien*, der um das Jahr 110 in seinem Brief an die Römer die Kirche von Rom »Vorsitzende der Liebe« nannte. Vorsitz im Glauben muß Vorsitz in der Liebe sein, beides ist gar nicht voneinander zu trennen. Ein Glaube ohne Liebe wäre nicht mehr der Glaube Jesu Christi. [...] Das Wort »Liebe« ist in der Sprache der frühen Kirche auch ein Ausdruck für die Eucharistie. Eucharistie stammt ja aus der Liebe Jesu Christi, der für uns sein Leben hingegeben hat. In ihr teilt er sich immerfort an uns aus, legt sich selbst in unsere Hände. [...] Ich kann denjenigen nicht mehr als einen Fremden betrachten, der in derselben Berührung mit Christus steht wie ich.

3/40f

VOM WESEN DER KIRCHE – »VORSITZENDE DER LIEBE« (3)

Das alles sind nun aber keineswegs irgendwelche entlegenen mystischen Gedanken. Eucharistie ist die Grundform der Kirche. Sie bildet sich in der eucharistischen Versammlung. Und weil alle Versammlungen aller Orte und aller Zeiten nur immer dem einen Christus zugehören, folgt daraus, daß sie alle nur eine einzige Kirche bilden. Sie legen sozusagen ein Netz der Geschwisterlichkeit über die Welt und knüpfen die Nahen und die Fernen so aneinander, daß sie durch Christus sich alle nahe sind. Nun geht gewöhnlich unsere Meinung dahin, daß Liebe und Ordnung Gegensätze seien: Wo Liebe, brauche es keine Ordnung mehr, weil ja nun alles sich von selber verstehe. Aber das ist ein Mißverständnis, sowohl der Ordnung wie der Liebe. Rechte menschliche Ordnung ist etwas anderes als die Gitterstäbe, die man vor die Raubtiere setzt, damit sie in Schranken gehalten werden. Sie ist die Achtung vor dem Anderen und vor dem Eigenen, das dann am meisten geliebt ist, wenn es in seiner rechten Sinngebung angenommen wird. So gehört zur Eucharistie Ordnung, und ihre Ordnung ist der eigentliche Kern der Ordnung der Kirche. Der leere Stuhl, der auf den Vorsitz in der Liebe verweist, spricht zu uns demgemäß über den Zusammenklang von Liebe und Ordnung. Er verweist im tiefsten auf Christus als den eigentlichen Vorsitzenden in der Liebe. Er verweist darauf, daß Kirche ihre Mitte im Gottesdienst hat. [...] Und von daher bezieht sie ihre Ordnung. Die Kirche wird nicht regiert durch Mehrheitsbeschlüsse, sondern durch Glauben, der in der Begegnung mit Christus im Gottesdienst reift.

3/41f

Vom Wesen der Kirche – »Vorsitzende der Liebe« (4)

Sehen wir jetzt auf die dritte Ebene dieses Altars hin: auf die Väter, die den Thron des Dienens tragen. Die beiden Lehrer des Ostens, *Chrysostomus* und *Athanasius*, verkörpern zusammen mit den Lateinern *Ambrosius* und *Augustinus* die Ganzheit der Überlieferung und so die Fülle des Glaubens der einen Kirche. Zwei Überlegungen sind hier wichtig: Die Liebe steht auf dem Glauben. Sie zerfällt, wo der Mensch orientierungslos wird; sie zerfällt, wo der Mensch Gott nicht mehr wahrnehmen kann. Wie sie und mit ihr stehen Ordnung und Recht auf dem Glauben, steht Autorität in der Kirche auf dem Glauben. Kirche kann sich nicht selbst ausdenken, wie sie sich ordnen will; sie kann nur versuchen, den inneren Ruf des Glaubens immer besser zu verstehen und aus ihm zu leben. Sie braucht das Mehrheitsprinzip nicht, das ja immer etwas Grausames in sich enthält: Der unterlegene Teil muß sich um des Friedens willen dem Beschluß der Mehrheit beugen, auch wenn dieser Beschluß vielleicht töricht oder sogar schädlich ist. In menschlichen Ordnungen geht es vielleicht nicht anders. Aber in der Kirche schützt die Bindung an den Glauben uns alle: Jeder ist an ihn gehalten, und insofern gewährt die sakramentale Ordnung mehr Freiheit, als diejenigen geben können, die auch die Kirche dem Mehrheitsprinzip unterwerfen wollen.

3/43

Vom Wesen der Kirche – »Vorsitzende der Liebe« (5)

Zuletzt dürfen wir nun aber über den Teilen nicht das Ganze vergessen. Denn die drei Ebenen des Altars nehmen uns in eine Bewegung hinein, die Aufstieg und Abstieg zugleich ist. Der Glaube führt zur Liebe. Darin zeigt sich, ob er überhaupt Glaube ist. Ein finsterer, mürrischer, egoistischer Glaube ist Fehlglaube. Wer Christus entdeckt, wer das weltweite Netz der Liebe entdeckt, das er in der Eucharistie ausgeworfen hat, muß fröhlich werden und muß selbst ein Gebender werden. Glaube führt zur Liebe, und nur durch Liebe erreichen wir die Höhe des Fensters, den Ausblick zum lebendigen Gott, die Berührung mit dem flutenden Licht des Heiligen Geistes. So durchdringen sich die beiden Richtungen: Von Gott her kommt das Licht, weckt abwärtssteigend Glauben und Liebe, um uns dann hinaufzunehmen auf die Leiter, die wiederum vom Glauben zur Liebe und zum Licht des Ewigen führt.

Die innere Dynamik, in die der Altar uns hineinzieht, läßt schließlich noch ein letztes Element verständlich werden: Das Fenster des Heiligen Geistes steht nicht für sich allein da. Es ist umgeben von der überquellenden Fülle der Engel, von einem Chor der Freude. [...] Zum Licht tritt der Klang. Man glaubt geradezu, sie singen zu hören, diese Engel, denn schweigend kann man sich diese Fluten der Freude nicht vorstellen, auch nicht als Gerede oder als Geschrei, sondern nur als Lobpreis, in dem Harmonie und Vielfalt sich einen. [...] Gottesdienst ist zugleich unser Herantasten an den tröstenden Glanz dieses Lichtes aus der Tiefe unserer Fragen und Wirrnisse heraus, Aufsteigen auf der Leiter, die von Glaube zu Liebe führt und damit den Blick der Hoffnung öffnet.

3/44f

Wandel aus den Kräften der Seele

Mariä Geburt fällt insofern aus der allgemeinen Form kirchlicher Heiligenfeste heraus, als die Kirche gewöhnlich keine Geburtstage feierte, ganz im Unterschied zur alten Welt, in der die Geburtstage der Mächtigen – eines *Cäsar* oder *Augustus* etwa – als Evangeliumstage, als Tage der Erlösung, mit größtem Pomp begangen wurden. Die Kirche hielt dem entgegen, daß es einfach verfrüht sei, den Geburtstag zu feiern, weil zu viel Zweideutigkeit über dem Menschenleben liegt. Von der Geburt her weiß man ja noch gar nicht, ob dieses Leben ein Grund zum Feiern ist oder nicht; ob dieser Mensch einmal des Tages seiner Geburt froh sein kann; ob die Welt froh sein kann, daß es diesen Menschen gab, oder ob sie ihn eher verwünschen wird. [...] Nur wessen Leben auch von der anderen Seite des Todes her angenommen werden kann – nur dessen Leben ist feiernswert geworden. Von dieser Grundregel gibt es in der Kirche nur drei Ausnahmen, oder richtiger: *eine* Ausnahme, der zwei andere so unlöslich zugehören, daß sie mitgefeiert werden. Die Ausnahme ist Christus. Über seiner Geburt liegt keine Zweideutigkeit, sondern Lobgesang. Zu ihm aber gehört Johannes der Täufer, dessen Geburt daher auch gefeiert wird. Die andere Ausnahme ist Maria, die Mutter, ohne die auch Jesu Geburt nicht sein könnte. Die Glaubende, die das Licht des Herzens in sich trug, hat im Gegensatz zu den Großen und Mächtigen der Erde die Welt von ihrem Grund her verändert: Die wahre, die rettende Veränderung der Welt kann nur von den Kräften der Seele kommen.

21/44f

Gottes Macht misst sich an der Macht der Liebe und Wahrheit (1)

Wo bleibt angesichts uns bedrängender Gestalten von Macht nun eigentlich die Macht Gottes? Hat Gott überhaupt eine Macht in der Welt, in dieser so gewordenen Welt? Kann seine Macht vor all den furchterregenden Gewalten Hoffnung sein, oder ist Gott die reine Ohnmacht geworden? Vielleicht ist es nützlich, an dieser Stelle zunächst daran zu erinnern, daß ehedem die Menschen gegenüber der Macht Gottes eine ähnliche Empfindung hegten, wie sie uns heute gegenüber den von Menschen geschaffenen und anonym gewordenen Gewalten überkommt. In der Unberechenbarkeit der Natur und des Schicksals sahen sie sich einer ungreifbaren, geheimnisvollen und scheinbar weithin ganz willkürlichen Macht ausgeliefert. Man mußte versuchen, diesen entweder durch Verehrung zu beschwören oder sie sich durch Abwehr vom Leibe zu halten. Magie ist ein Versuch, sich den Schlüssel zu den unbekannten Kräften zu verschaffen, in ihr Geheimnis einzudringen, um ihnen nicht mehr ganz unbewehrt gegenüberzustehen. Man hat darauf hingewiesen, daß die Technik diesen Ansatz ins Rationale übersetzt hat mit dem Versuch, das Funktionsgefüge der Natur zu erfassen, um sie sich gefügig machen zu können. Dieser Vorgang setzt freilich die christliche Entmythisierung der Welt voraus, durch die dem Menschen gewiß wurde, daß nicht geheimnisvolle göttliche Kräfte uns bedrohen, sondern daß wir in einer von Gott nach rationalen Mustern geschaffenen Welt leben und daß er uns diese Welt anvertraut hat, damit wir mit unserem Verstand die Gedanken seines Verstandes nachdenken und sie von seinen Gedanken her zu verwalten, zu ordnen und zu gestalten lernen.

16/58

Gottes Macht misst sich an der Macht der Liebe und Wahrheit (2)

Auf diese Weise ist Gott dann immer überflüssiger und zuletzt gar störend und hinderlich erschienen. Für Gott blieb nur noch die Subjektivität, denn das Objektive kannten wir ja nun ohne ihn. In dieser ihm verbliebenen Sphäre der Subjektivität aber wird er entweder zum bloßen Gefühl, das wenig zu bedeuten hat, oder aber er erscheint als der Lauscher, der horchend an der Tür meiner Privatexistenz steht und mir meine Freiheit vergällt. So gering er geworden ist, er ist doch die letzte Gefahr, die mich in meiner freien Selbstentfaltung hindert. Damit beginnt auf subtilere Weise wieder, was ehedem die Magie in der Natur versucht hatte: Man muß ihn abwehren; er muß verschwinden und durchschaut werden, um bekämpft werden zu können. Psychoanalyse und Psychotherapie sind diese Magie des Inneren, in der der Mensch die Macht über seine Seele an sich nimmt, um von der Bedrohung Gott befreit zu werden. Aber die durchschaubare Seele ist nicht mehr frei, und die gegen Gott gewonnene Macht wird Macht des Menschen gegen sich selbst.

Ist Gottes Macht nun Bedrohung oder Hoffnung? Nur wenige sehen in ihr noch eine Drohung; dazu ist er uns zu fern gerückt, und dafür sind andere Bedrohungen zu konkret geworden. Die Kehrseite dieses Vorgangs ist es, daß es selbst gläubigen Menschen immer schwerer fällt, wirklich Gott als die Hoffnung ihres Lebens und als die Hoffnung dieser unserer Geschichte zu sehen und in solcher Hoffnung Stand zu gewinnen. So müssen wir jetzt endlich ganz konkret die Frage stellen: Hat Gott Macht in der Welt? Und wenn, welcher Art ist diese Macht? Wo und wie zeigt sie sich?

16/58f

Gottes Macht misst sich an der Macht – der Liebe und Wahrheit (3)

Gott hat soviel Macht in der Welt, soviel Macht die Wahrheit und die Liebe haben. Das könnte ein eher melancholischer Satz sein, wenn wir nur all das von der Welt wüßten, was wir selber im Raum unseres Lebens und unserer Erfahrungen überblicken können. Aber von der neuen Erfahrung her, die uns Gott in Jesus Christus mit sich selbst und mit der Welt geschenkt hat, ist es ein Satz einer triumphalen Hoffnung. Denn nun können wir diesen Satz auch umkehren: Wahrheit und Liebe sind mit der Macht Gottes identisch, denn er hat nicht nur Wahrheit und Liebe, er ist beides. Wahrheit und Liebe sind also die eigentliche, die endgültige Macht in der Welt. Darauf beruht die Hoffnung der Kirche, und darauf beruht die Hoffnung der Christen. Oder sagen wir besser: Darum ist christliche Existenz Hoffnung. Der Kirche kann in dieser Welt vieles genommen werden, sie kann große und schmerzliche Niederlagen erleiden. Es gibt ja auch in ihr immer wieder vieles, womit sie sich von dem entfernt, was eigentlich ist. Das wird ihr immer wieder aus der Hand geschlagen. Aber sie selbst geht nicht unter, im Gegenteil: Ihr Eigenes erscheint dadurch nur neu und kommt zu neuer Kraft. Das Boot der Kirche ist das Schiff Hoffnung. Wir können es getrost besteigen. Der Herr der Welt selbst lenkt und behütet es.

16/66f

»Steh auf ...!« (1)

»Ich habe dich nicht fürs Gefängnis gemacht. Steh auf, Christus wird dich erleuchten!« Die alte Kirche hat dieses Gespräch Christi mit Adam als einen Taufhymnus verwendet, als einen Zuruf der glaubenden Kirche an den Täufling. Sie sagt damit aus, daß Ostern, der Sieg, in dem Jesus Christus die Mauern der Entfremdung aufbricht und uns ins Freie herausführt, immer von neuem ertönt im Sakrament der Taufe. In ihm nimmt er uns an der Hand; in ihm redet die Wahrheit mit uns und zeigt uns den Weg ins Freie. Wo Taufe ist, da geschieht hier und heute der Inhalt von Ostern. Das jährliche Osterfest ist damit eine Einladung an uns, in unsere Taufe zurückzukehren; die Hand der Wahrheit, die uns hingehalten ist, zu ergreifen und uns von ihr ans Licht führen zu lassen. Tauferneuerung und damit wahre Osterfeier, die Befreiung ist, besteht darin, daß wir die Wahrheit des Glaubens von neuem annehmen, daß wir in das Licht dieser Wahrheit hineintreten, als Glaubende das Dunkel der Wahrheitslosigkeit überwinden und damit den eigentlichen Kern unserer Freiheit finden. »Steh auf, Christus wird dich erleuchten!« Der eigentliche Befreiungsdienst der Kirche besteht darin, daß sie Wahrheit in die Welt hereinhält. Wir werden befreit, indem wir Wahrheit annehmen und sie uns wieder neu als Weg geben lassen.

33/105

»Steh auf ...!« (2)

Wir haben irgendwie dunkel gehört, daß ja alle Religionen geschichtlich geworden sind, die eine so und die andere anders und daß jeder eben so sein muß, die eine so und die andere anders und daß jeder eben so sein muß, wie es sich ihm gerade zugetragen hat durch seine Geburt. Damit aber wird Religion aus Wahrheit zur Gewohnheit; sie wird zu einem leeren Spiel der Überlieferungen, die nichts mehr bedeuten. Aber auf solche Weise streichen wir auch aus dem christlichen Glauben einen entscheidenden Satz, daß nämlich Christus zu uns sagt: »Ich bin die Wahrheit« – und deswegen Weg und deswegen Leben. Die Versuchung ist groß, zu sagen: Ach, da es so viel Not in der Welt gibt, suspendieren wir doch einstweilen die Wahrheitsfrage. Kümmern wir uns zunächst darum, einmal die großen sozialen Werke der Befreiung zu tun; dann mögen wir hernach auch den Luxus der Wahrheitsfragen uns wieder leisten. Aber in Wirklichkeit ist es doch so: Wer die Wahrheitsfrage aufschiebt und als unwichtig erklärt, der amputiert den Menschen; der nimmt ihm gerade den Kern seiner Menschenwürde weg. Wenn es Wahrheit nicht gibt, dann ist alles andere Beliebigkeit. Dann wird soziale Ordnung sehr schnell zum Zwang und Teilhabe zur Vergewaltigung. Die wirkliche Befreiungstat der Kirche, die sie nie aufschieben kann und die gerade heute von höchster Dringlichkeit ist, besteht eben darin, daß sie die Wahrheit in die Welt hereinhält, daß es Gott gibt, daß Gott uns kennt, daß Gott so ist, wie Jesus Christus ist, und daß er in ihm uns den Weg gibt. Nur wenn dies ist, gibt es auch das Gewissen, die Wahrheitsfähigkeit des Menschen, durch die jeder unmittelbar zu Gott ist und jeder größer ist als alle denkbaren Systeme der Welt.

33/105f

Priester und Propheten

Wenn uns heute manchmal Priestertum und Prophetentum als Gegensätze hingestellt werden: das Priestertum als das Erstarrte und Institutionelle, das Prophetentum als das Freie, Aufbauende und Erneuernde; wenn man nebeneinander stellt Kult und soziales Handeln – Kult wieder als bloßen Pomp, in dem der Mensch sich festmacht und selber festhält, und soziales Handeln als Befreiung und Erneuerung der Welt – hier sehen wir, daß es nicht so ist. Nur Prophetie, die aus dem Berührtsein von Gott, aus dem »Zuerst« Gottes kommt, kann wirklich von Gott sein. Umgekehrt gilt, daß auch Priestertum nur recht ist, wenn es zur Verkündigung und so zur Verwandlung der Welt aus der Kraft des Gebetes heraus wird, das sich weiter erstreckt als alle unsere Handlungen; nämlich immerfort die ganze Welt umgreift, die wir dann mit umgreifen können, wenn wir sie von Gott her ansehen und berühren. [...]

Gewiß, es gibt eine Entartungsform des Priestertums, eine Gefahr – im Alten wie im Neuen Testament –, wie es Entartungen der Prophetie gibt. [...] Priestertum verfällt dann, wenn es nur noch als eine Gelegenheit angesehen wird, sich sein Geld zu verdienen; wenn es nur noch Job ist, durch den wir einen Posten in der Welt haben und uns durchschlagen, soziale Position; wenn Gott uns ein Mittel für uns selbst wird. Dann freilich ist es zur Karikatur geworden, und so wird es zum Gegensatz gegen den Aufbruch des Neuen Bundes und gegen die Botschaft Jesu Christi. Aber diese Versuchung gibt es zu allen Zeiten. Es steht nicht gegeneinander Priestertum und Prophetie, es stehen gegeneinander falsches Priestertum und falsche Prophetie gegen deren rechte Gestalt.

9/41ff

BETEN ÖFFNET DIE TÜR DER WELT

Lukas 1,5–17

Deine Gebete sind erhört worden, sagt der Erzengel Gabriel zu Zacharias in dem Augenblick, in dem er ihm die Geburt seines Sohnes, des Täufers Johannes ankündigt. Ich glaube, dieser Satz kann uns in vielfältiger Weise nachdenklich machen. Die Geburt dieses Sohnes, der zugleich die Wende der Zeit, die Erlösung der Welt einleitet, ist Erhörung von Gebeten eines Menschen. Sie geschieht als Antwort auf das Rufen, das von Menschen zum Herrn ergangen ist. Das Gebet geht nicht ins Leere hinein; es ist auch nicht nur so etwas wie eine Art Psychotherapie, mit der wir unsere seelischen Kräfte sammeln und wieder in Ausgleich zu bringen versuchen; nicht eine Art von bloßer Fiktion, um ein seelisches Exerzitium und Beruhigung zu gewinnen. Das Gebet zielt auf Wirklichkeit. Es wird gehört und erhört. Gott also ist einer, der die Macht, die Fähigkeit, den Willen und die Geduld hat, den Menschen zu hören. Er ist so groß, daß er auch für das Kleine dasein kann. Und obwohl die Welt ihre festen Ordnungen hat, ist sie nicht so, daß sie der Macht der Liebe, die Gottes Macht ist, entzogen wäre, Gott kann antworten.

Wir können vielleicht sogar noch einen Schritt weitergehen und sagen, daß das Wirken Gottes immer Antwort auf solches betendes Rufen des Menschen ist, [...] weil nur dort, wo der Mensch ein Betender wird, wo er sich überschreitet, wo er sich aufgibt, wo er Gott als Wirklichkeit wahrnimmt, sich für ihn öffnet, überhaupt die Tür der Welt für Gott aufgeht und der Raum entsteht, in dem er für uns Menschen und an uns handeln kann.

9/37f

Das Wesen wahrer Reform (1)

Der Macher ist der Gegensatz des Staunenden (»Ammiratore«). Er verengt die Vernunft und verliert damit das Mysterium aus den Augen. Je mehr Selbstbeschlossenes und Selbstgemachtes es in der Kirche gibt, desto enger wird sie für uns alle. Das Große, das Befreiende an ihr ist nicht das Selbstgemachte, sondern das, was uns allen geschenkt ist und was nicht aus unserem Wollen und Erdenken kommt, sondern Vorausgehen, Zukommen des Unausdenkbaren ist, das »größer ist als unser Herz« (vgl. 1 Joh 3,20). Die Reformatio, die allezeit nötige, besteht nicht darin, daß wir uns »unsere« Kirche immer neu zurechtmodellieren, sie selbst erfinden, sondern darin, daß wir immer wieder unsere eigenen Hilfskonstruktionen wegräumen zugunsten des reinen Lichts, das von oben kommt und das auch der Anbruch der reinen Freiheit ist. [...]

[Ein Bild hierfür] findet sich, ins Anthropologische überhaupt gewendet, beim heiligen *Bonaventura*, der den Weg der rechten Selbstwerdung des Menschen vom Gleichnis des Bildhauers her erklärt. Der Bildhauer *macht* nicht etwas, sagt der große Franziskanertheologe, sondern sein Werk ist »ablatio« – das Entfernen des Uneigentlichen. Auf diese Weise, durch die ablatio, entsteht die »nobilis forma« – die edle Gestalt. So müsse auch der Mensch, damit Gottes Bild in ihm aufstrahle, vor allem und zuallererst die Reinigung empfangen, in der der Bildhauer Gott ihn von jenen Schlacken befreit, die das Eigentliche seines Seins verstellen, so daß er nur Steinklotz zu sein scheint, während doch die göttliche Gestalt in ihm wohnt.

41/131f

Das Wesen wahrer Reform (2)

Wenn wir es recht verstehen, ist in diesem Bild auch das Urmodell für kirchliche Reform zu finden. Immer wieder wird die Kirche menschlicher Hilfskonstruktionen bedürfen, um in ihrer jeweiligen Zeit reden und wirken zu können. Kirchliche Institutionen und rechtliche Gestaltungen sind nichts Schlechtes, im Gegenteil, bis zu einem gewissen Grad einfach nötig und unentbehrlich. Aber sie veralten, sie drohen, sich als das Wesentliche auszugeben, und sie verstellen so den Blick zum wirklich Wesentlichen. Darum müssen sie immer wieder, wie überflüssig gewordene Gerüste, abgetragen werden. Reform ist immer wieder ablatio – Wegnehmen, damit die nobilis forma, das Gesicht der Braut und mit ihm der Bräutigam selbst, der lebendige Herr, sichtbar werde. Solche ablatio, solch »negative Theologie« ist ein Weg zum ganz Positiven. Nur so dringt das Göttliche ein, und nur so entsteht »congregatio« – Versammlung, Reinigung, jene reine Gemeinschaft, nach der wir uns sehnen –, eine Gemeinschaft, in der nicht mehr Ich gegen Ich, Selbst gegen Selbst steht. Vielmehr wird das Sichgeben, das Sichlassen, das zur Liebe gehört, zum gegenseitigen Empfangen alles Guten und Reinen, so daß für jeden das Wort des gütigen Vaters gilt, der dem eifersüchtigen älteren Sohn in Erinnerung ruft, was Inhalt aller Freiheit und verwirklichte Utopie ist: »All das Meinige ist dein ...« (Lk 15,31; vgl. Joh 17,10).

41/133f

Der Ruf nach Freiheit (1)

Der Durst nach Freiheit ist die Form, in der sich heute das Verlangen nach Erlösung und das Gefühl der Unerlöstheit, der Entfremdung zu Worte melden. Der Ruf nach Freiheit will eine Existenz, die nicht beengt ist durch Vorgegebenes, das mich in meiner Entfaltung hemmt und mir von außen den Weg verstellt, den ich gehen möchte. Aber überall treffen wir auf solche Wegsperren, die uns festlegen, uns nicht weitergehen lassen. Die Grenzsperren, die die Kirche aufrichtet, wirken deshalb doppelt schwer, weil sie bis ins Persönlichste und Intimste hineinreichen. Denn die Lebensordnungen der Kirche sind ja weit mehr als eine Art von Verkehrsregeln, damit das Nebeneinander der Menschen möglichst nicht zu Zusammenstößen führe. Sie betreffen meinen inneren Weg und sagen mir, wie ich Freiheit verstehen und gestalten soll. Sie verlangen mir Entscheidungen ab, die ohne den Schmerz des Verzichts nicht zustande kommen können. Will man uns nicht die schönsten Früchte im Garten des Lebens verweigern? Wird uns nicht der Weg ins Weite versperrt durch die Enge so vieler Gebote und Verbote? Wird das Denken nicht ebenso an seiner Größe gehindert wie das Wollen? Muß Befreiung nicht notwendig der Ausbruch aus solcher geistiger Bevormundung sein? Und wäre nicht die einzige wirkliche Reform, dies alles abzuschütteln? Aber was bleibt dann noch von dieser Weggenossenschaft?

41/125f

Der Ruf nach Freiheit (2)

Die Bitterkeit gegen die Kirche hat aber noch einen spezifischen Grund. Denn inmitten einer Welt voll harter Disziplin und unausweichlicher Zwänge richtet sich immer noch und immer wieder eine stille Hoffnung auf die Kirche: Sie sollte darin wie eine Insel des besseren Lebens sein, eine kleine Oase der Freiheit, in die man sich dann und wann zurückziehen kann. Der Zorn auf die Kirche oder die Enttäuschung ihr gegenüber hat deshalb eine besondere Qualität weil man sich im stillen von ihr mehr erwartet als von allen weltlichen Institutionen. In ihr sollte sich der Traum von der besseren Welt erfüllen. In ihr wenigstens möchte man den Geschmack der Freiheit verkosten, des Erlöstseins – das Heraustreten aus der Höhle, wie *Gregor d. Große* im Anschluß an *Platon* formuliert.

Weil aber dann die Kirche in ihrer empirischen Erscheinung so weit von solchen Träumen entfernt ist, weil auch sie nach Institution und nach allem Menschlichen schmeckt, [...] versucht man verzweifelt, sie so zu machen, wie man sie wünscht: zu einem Ort aller Freiheiten, einem Raum der Entschränkung unserer Grenzen, zum Experiment von Utopia, das es doch irgendwo geben muß. Wie man im politischen Handeln endlich die bessere Welt heraufführen möchte, so denkt man, müsse endlich – vielleicht als erste Etappe auf dem Weg dorthin – die bessere Kirche einzurichten sein: eine Kirche voller Menschlichkeit, erfüllt von geschwisterlichem Sinn, von großzügiger Kreativität, eine Stätte der Versöhnung von allem und für alle.

41/126f

DIE KRAFT DES ERINNERNS (1)

Der *Sinn für das Gute ist uns eingeprägt*, formuliert *Augustinus*. Nur von hier aus kann man *John Henry Newmans* bekanntes Wort recht verstehen, bei einem eventuellen Toast auf die Religion werde er den Papst hochleben lassen, aber noch vor ihm das Gewissen. Der Papst kann dem gläubigen Katholiken nicht Gebote auferlegen, weil er es will oder weil er es für nützlich findet. Ein solcher neuzeitlich-voluntaristischer Begriff von Autorität kann den wahren theologischen Sinn des Papsttums nur verstellen. Das wahre Wesen des Petrusamtes ist in der Neuzeit wohl gerade deswegen so unverständlich geworden, weil wir Autorität bloß noch von Anschauungen her denken können, in denen es zwischen Subjekt und Objekt keine Brücke mehr gibt und daher alles, was nicht aus dem Subjekt kommt, nur äußerlich auferlegte Fremdbestimmung sein kann. Von der Anthropologie des Gewissens her, wie wir sie in diesen Überlegungen allmählich zu ertasten versuchen, stellen sich die Dinge ganz anders dar. Die unserem Sein eingesenkte Anamnese braucht sozusagen die Nachhilfe von außen, damit sie ihrer selbst inne wird. Aber dies Äußere ist doch nicht etwas ihr Entgegengesetztes, sondern ihr zugeordnet: Es hat mäeutische (d. h. Hebammen-)Funktion, legt ihr nicht Fremdes auf, sondern bringt ihr eigenes, ihr eigenes inneres Eröffnetsein für die Wahrheit zum Vollzug.

38/53f

DIE KRAFT DES ERINNERNS (2)

Die Kraft dieses Erinnerns und die Wahrheit des apostolischen Wortes erfahren wir heute in der Krise der Kirche ganz neu, wo weit mehr als die hierarchische Weisung die Unterscheidungskraft des einfachen Glaubensgedächtnisses zur Scheidung der Geister führt. Nur in diesem Zusammenhang kann man den Primat des Papstes und seinen Zusammenhang mit dem christlichen Gewissen richtig verstehen. Der *wahre Sinn der Lehrgewalt des Papstes* besteht darin, daß er *Anwalt des christlichen Gedächtnisses* ist. Der Papst legt nicht von außen auf, sondern er entfaltet das christliche Gedächtnis und verteidigt es. Deshalb muß in der Tat der Toast auf das Gewissen demjenigen auf den Papst vorangehen, weil es *ohne Gewissen gar kein Papsttum* gäbe. Alle Macht, die es hat, ist Macht des Gewissens – Dienst an der doppelten Erinnerung, auf der der Glaube ruht und die immer wieder neu geeinigt, erweitert und verteidigt werden muß gegen die Zerstörung des Gedächtnisses, das sowohl durch eine den eigenen Grund vergessende Subjektivität wie durch den Zwang sozialer und kultureller Konformität bedroht ist.

38/55

Der einzelne und das Ganze

Für uns Menschen von heute besteht der grundlegende Anstoß des Christlichen zunächst einfach in der Äußerlichkeit, in die das Religiöse dabei getreten scheint. Es ärgert uns, daß Gott durch äußere Apparaturen vermittelt werden soll: durch Kirche, Sakrament, Dogma oder auch nur durch die Verkündigung (Kerygma), auf die man sich zur Verminderung des Ärgernisses gern zurückzieht und die doch auch etwas Äußerliches ist. All dem gegenüber steht die Frage auf: Wohnt Gott denn in Institutionen, Ereignissen oder Worten? Berührt er nicht als der Ewige jeden von uns von innen her? Nun, darauf ist zunächst schlicht ja zu sagen und fortzufahren: Wenn es nur Gott und eine Summe von einzelnen gäbe, wäre das Christentum nicht nötig. Das Heil des einzelnen als einzelnen kann und könnte Gott je direkt und unmittelbar besorgen, und das geschieht ja auch immer wieder. Er bedarf keiner Zwischenschaltungen, um in die Seele des einzelnen einzutreten, dem er innerlicher ist als er sich selbst; nichts kann näher und tiefer in den Menschen hineinreichen als Er, der dieses Geschöpft im innersten Punkt seiner Innerlichkeit berührt. Zur Rettung des bloß einzelnen bedürfte es weder einer Kirche noch einer Heilsgeschichte, noch einer Menschwerdung und Passion Gottes in der Welt. Aber gerade an dieser Stelle ist auch die weiterführende Aussage anzusetzen: Christlicher Glaube geht nicht vom atomisierten Einzelnen aus, sondern kommt von dem Wissen, daß es den bloß Einzelnen nicht gibt, daß der Mensch vielmehr er selbst ist allein in der Verspannung ins Ganze: in die Menschheit, in die Geschichte, in den Kosmos, wie es ihm als »Geist in Leib« geziemt und wesentlich ist.

15/198f

Friede, Freiheit, Gerechtigkeit und Brüderlichkeit

Die Kirche tut für den Frieden nicht mehr, sondern weniger, wenn sie die ihr eigene Ebene des Glaubens, der Erziehung, des Zeugnisses, des Rates, des Gebetes und der dienenden Liebe verläßt, um sich dafür in eine direkte politische Aktionsgemeinschaft zu verwandeln. Sie schneidet damit den Zugang zu den Quellen ab, aus denen immer neu die Kräfte des Friedens und der Versöhnung kommen können. Gerade weil das Äußerste für den Frieden getan werden muß, muß die Kirche ihrem spezifischen Wesen treu bleiben. Nur wenn sie ihre Grenzen achtet, bleibt sie grenzenlos, und nur dann kann ihr Dienst der Liebe und des Zeugnisses ein Anruf an alle werden. Was die Kirche letztlich zum Frieden beizutragen hat, finde ich überzeugend formuliert in Worten von Metropolit *Damaskinos*, die ich mir uneingeschränkt zueignen kann [...]: »... Über ihren sozialen Dienst hinaus muß – meiner bescheidenen Meinung nach – der Beitrag der orthodoxen Kirche zu Friede, Freiheit, Gerechtigkeit und Brüderlichkeit unter den Völkern in einem Zeugnis der Liebe bestehen ... In diesem Kontext ist der Spielraum für Initiative und Aktion der orthodoxen Kirche eng; ihr Zeugnis und ihre Anwesenheit bringen Gefahren mit sich, die die Verantwortlichen bis zum Martyrium führen können ... Aber gerade diese martyriumsbereite Liebe ist es, die letztlich den Willen der orthodoxen Kirchen festigen wird, damit sie in Zusammenarbeit mit den Brüdern der anderen christlichen Kirchen und Konfessionen heute ihr Zeugnis geben können – das Zeugnis von Glaube und Liebe, in einer Welt, die dessen vielleicht mehr denn je bedarf.«

40/43f

Glaube – eine neue Geburt

Der Glaube ist nicht die Wahl eines mir passenden Programms oder der Beitritt zu einem Club von Freunden, in dem ich mich verstanden fühle, sondern er ist Bekehrung, die mich und auch meinen Geschmack umwandelt oder zumindest meinen Geschmack und meine Wünsche zweitrangig werden läßt. Der Glaube reicht in eine ganz andere Tiefe als die Wahl, die mich an eine Partei bindet. Seine Veränderungskraft reicht bis dahin, daß die Schrift ihn als eine neue Geburt bezeichnet (vgl. 1 Petr 1,3.23).

Hier stehen wir vor einer wichtigen Einsicht, die wir noch etwas weiter vertiefen müssen, weil an dieser Stelle sich der Kern der Probleme verbirgt, mit denen wir es heute in der Kirche zu tun haben. Es fällt uns schwer, die Kirche anders zu denken als im Modell einer sich selbst verwaltenden Gesellschaft, die mit den Mechanismen von Mehrheit und Minderheit sich eine Form zu geben versucht, die für alle Mitglieder annehmbar ist. Es fällt uns schwer, den Glauben anders zu verstehen als in der Weise eines Entscheids für eine Sache, die mir gefällt und für die ich mich daher einsetzen möchte. Bei alledem sind aber immer nur wir selbst die Handelnden. *Wir* machen die Kirche, *wir* versuchen, sie zu verbessern und wie ein wohnliches Haus zu gestalten. *Wir* wollen Programme und Ideen anbieten, die möglichst vielen sympathisch sind. Daß Gott selbst aktiv wird, daß *er* handelt, setzen wir in der modernen Welt einfach nicht mehr voraus. [...] Wir vertauschen die Kirche mit einer Partei und den Glauben mit einem Parteiprogramm.

41/153f

»Die Kirche erwacht in den Seelen« (1)

»Die Kirche erwacht in den Seelen« – dieser Satz von *Romano Guardini* war sehr bedachtsam formuliert, denn gerade darauf kam es ihm an, daß Kirche nun als etwas Innerliches erkannt und erfahren wurde, das nicht wie irgendein Apparat uns gegenübersteht, sondern in uns selber lebendig ist. Wenn Kirche bis dahin vor allem als Struktur und Organisation angesehen wurde, so kam nun die Einsicht auf: Wir selber sind die Kirche; sie ist mehr als Organisation, sie ist Organismus des Heilgen Geistes, etwas Lebendiges, das uns alle von innen her umgreift. Dieses neue Bewußtsein von Kirche fand seine sprachliche Form in dem Wort vom »mystischen Leib Christi«. In dieser Formel drückte sich eine neue und befreiende Erfahrung von Kirche aus, die *Guardini* am Ende seines Lebens, im Jahr der Verabschiedung der Kirchenkonstitution des Zweiten Vatikanums, noch einmal so formuliert hat: Kirche »ist keine erdachte und konstruierte Institution ..., sondern ein lebendiges Wesen ... Sie lebt durch die Zeit weiter; werdend wie alles Lebendige wird; sich wandelnd ... und dennoch im Wesen immer die gleiche und ihr Innerstes ist Christus ... Solange wir die Kirche nur als eine Organisation ansehen ...; als eine Behörde ...; als einen Zusammenschluß ..., haben wir zu ihr noch nicht das richtige Verhältnis« (Die Kirche des Herrn, 41).

Es ist schwer, die Begeisterung, die Freude zu vermitteln, die damals in solcher Erkenntnis lag [...] Es war sichtbar geworden, daß sie organisches Wachsen die Jahrhunderte hindurch ist, das auch heute weitergeht. Es war sichtbar geworden, daß durch sie das Geheimnis der Inkarnation gegenwärtig bleibt: Christus schreitet weiter durch die Zeiten.

24/13f

»Die Kirche erwacht in den Seelen« (2)

Als zweites ist aus diesen Anfängen festzuhalten der Aspekt der Innerlichkeit und derjenige der Gemeinschaft der Kirche. Kirche wächst von innen nach außen, nicht umgekehrt. Sie bedeutet vor allem innerste Gemeinschaft mit Christus; im Leben des Gebetes, im Leben der Sakramente; in den Grundhaltungen des Glaubens, der Hoffnung und der Liebe formt sie sich. Wenn also jemand fragt: was muß ich tun, damit Kirche werde und fortschreite, so muß die Antwort heißen: Du mußt vor allem danach trachten, daß Glaube sei, daß gehofft und geliebt werde. Das Gebet baut die Kirche und die Gemeinschaft der Sakramente, in der ihr Beten auf uns zugeht. Vor kurzem bin ich einem Pfarrer begegnet, der mir erzählte, daß ihn bei Übernahme des Pfarramtes vor allem bedrückt habe, daß aus seiner Gemeinde seit Jahrzehnten kein Priesterberuf mehr hervorgegangen war. Aber was sollte er tun? Berufe kann man nicht machen, die kann nur der Herr selber geben. Aber müssen wir die Hände in den Schoß legen? Er entschloß sich, jedes Jahr den langen und beschwerlichen Fußweg zum marianischen Heiligtum nach Altötting in diesem Anliegen zu pilgern und alle, die sein Anliegen teilten, zum Mitgehen und Mitbeten einzuladen. Es wurden von Jahr zu Jahr mehr und in diesem Jahr konnten sie zur unermeßlichen Freude des ganzen Dorfes die erste Primiz seit Menschengedenken feiern ... Kirche wächst von innen.

24/14f

»Die Kirche erwacht in den Seelen« (3)

Dieser gemeinschaftliche Charakter der Kirche bedeutet dann aber notwendigerweise ihren Wir-Charakter: Sie ist nicht irgendwo, wir selber sind sie. Freilich, keiner kann sagen: »Ich bin die Kirche«; jeder muß und darf sagen: Wir sind die Kirche. Und »wir«, das ist dann wiederum nicht eine Gruppe, die sich isoliert, sondern eine, die sich hineinhält in die ganze Gemeinschaft aller Glieder Christi, der lebenden und der toten. Aber so kann eine Gruppe dann wirklich sagen: Wir sind es. Kirche ist da, in diesem geöffneten Wir, das Grenzen aufschließt – soziale und politische, aber auch die Grenze zwischen Himmel und Erde. Wir sind die Kirche – daraus wuchs Mitverantwortung, aber auch eigenes Mitwirkendürfen; daraus ergab sich dann auch Recht zur Kritik, die aber doch immer und zuerst Selbstkritik sein muß. Denn Kirche – wiederholen wir es – ist ja nicht irgendwo, jemand anders: Wir selber sind sie. Auch diese Gedanken sind direkt ins Konzil hineingereift; alles, was über die gemeinsame Verantwortung der Laien gesagt wurde und alles, was an Rechtsformen zu ihrer sinnvollen Verwirklichung geschaffen wurde, ist daraus hervorgewachsen.

24/15f

»Die Kirche erwacht in den Seelen« (4)

Endlich gehört hierher der Gedanke der Entwicklung und so der geschichtlichen Dynamik der Kirche: Ein Leib bleibt mit sich identisch gerade dadurch, daß er ständig im Prozeß des Lebens neu wird. Für Kardinal *John Henry Newman* war der Gedanke der Entwicklung die eigentliche Brücke seiner Konversion zum Katholischen geworden. Ich glaube, daß er in der Tat zu den entscheidenden Grundbegriffen des Katholischen zählt, die noch lange nicht genug bedacht sind, obwohl auch hier dem Zweiten Vatikanum das Verdienst zukommt, ihn wohl zum ersten Mal in einem feierlichen Lehrdokument formuliert zu haben. Wer nämlich sich nur am Wortlaut der Schrift oder an den Formen der Väterkirche festklammern will, der verbannt Christus ins Gestern. Die Folge ist dann entweder ein ganz steriler Glaube, der dem Heute nichts zu sagen hat, oder eine Eigenmächtigkeit, die zweitausend Jahre Geschichte überspringt, sie in den Mülleimer des Mißratenen wirft, und sich nun ausdenkt, wie Christentum nach der Schrift oder nach Jesus eigentlich aussehen müßte. Aber was herauskommt, kann nur ein Kunstprodukt unseres eigenen Machens sein, dem keine Beständigkeit innewohnt. Die wirkliche Identität mit dem Ursprung ist nur da, wo zugleich die lebendige Kontinuität ist, die ihn entfaltet und eben so bewahrt.

24/16

Im Horizont des Ewigen (1)

Die grundlegende Befreiung, die die Kirche uns geben kann, ist das Stehen im Horizont des Ewigen, der Ausbruch aus den Grenzen unseres Wissens und Könnens. Der Glaube selbst in seiner ganzen Größe und Weite ist daher immer wieder die wesentliche Reform, die wir brauchen; von ihm her müssen wir die selbstgemachten Ordnungen in der Kirche immer wieder überprüfen. Das bedeutet: Die Kirche muß die Brücke des Glaubens sein und darf sich – besonders in ihrem innerweltlichen Vereinsleben – nicht zum Selbstzweck machen. Es gibt heute auch in höheren kirchlichen Kreisen da und dort die Meinung, ein Mensch sei um so mehr ein Christ, je mehr er in kirchliche Aktivitäten eingebunden ist. Man treibt eine Art kirchliche Beschäftigungstherapie; für jeden wird ein Gremium oder jedenfalls irgendeine Tätigkeit in der Kirche gesucht. [...]

Es kann sein, daß jemand ununterbrochen kirchliche Vereinsaktivitäten ausübt und doch kein Christ ist. Es kann sein, daß jemand nur einfach aus dem Wort und dem Sakrament lebt und die aus dem Glauben kommende Liebe übt, ohne je in kirchlichen Gremien erschienen zu sein, ohne je sich mit kirchenpolitischen Neuigkeiten beschäftigt, ohne Synoden angehört und darin abgestimmt zu haben – und dennoch ist er ein wahrer Christ. Nicht eine menschlichere Kirche brauchen wir, sondern eine göttlichere, dann wird sie auch wahrhaft menschlich werden. Und darum muß alles Menschengemachte in der Kirche sich in seinem reinen Dienstcharakter erkennen und zurücktreten vor dem Eigentlichen.

41/135f

Im Horizont des Ewigen (2)

Die Freiheit, die wir uns von der Kirche und in der Kirche mit Recht erwarten, kommt nicht dadurch zustande, daß wir das Mehrheitsprinzip in ihr einführen. Sie beruht nicht darauf, daß sich möglichst viele gegen möglichst wenige durchsetzen. Sie beruht darauf, daß niemand seinen eigenen Willen den anderen auferlegen darf, sondern alle sich gebunden wissen an Wort und Wille des Einen, der unser Herr und unsere Freiheit ist.

In der Kirche wird es dann eng und stickig, wenn ihre Amtsträger vergessen, daß das Sakrament nicht Zuteilung von Macht ist, sondern Enteignung meiner selbst für den, in dessen »persona« ich reden und handeln soll. Wo aber der je größeren Verantwortung die je größere Selbstenteignung entspricht, da ist niemand des anderen Knecht; da waltet der Herr, und da gilt: »Der Herr ist der Geist. Wo aber der Geist des Herrn ist, da ist Freiheit« (2 Kor 3,17). Je mehr Apparat wir machen, und sei es der modernste, desto weniger ist Platz für den Geist, desto weniger ist Platz für den Herrn und desto weniger ist Freiheit.

Ich meine, wir sollten unter diesem Gesichtspunkt in der Kirche auf allen Ebenen eine schonungslose Gewissenserforschung beginnen. Auf allen Ebenen müßte dies sehr reale Konsequenzen haben und eine »ablatio« mit sich bringen, die die eigentliche Form wieder erscheinen ließe und uns allen das Gefühl der Freiheit und des Daheimseins ganz neu zurückgeben könnte.

41/136f

OKTOBER

Räume und Zeiten der spirituellen Tiefendimension des Lebens

Beten mit der Kirche

Der Oktober zählt zu den stillen Zeiten des Kirchenjahres; im Laufe der letzten Jahrhunderte gewann er als Rosenkranzmonat, als Monat des geduldigen Betens, allmählich dennoch sein besonderes Gesicht. Heute freilich hat das Gebet in der Kirche seine Selbstverständlichkeit weithin verloren; wir müssen uns erst wieder neu den Weg zum hörenden und redenden Gott bahnen – oder besser: diesen Weg uns neu schenken lassen. Setzen wir mit unserem Überlegen ruhig beim Rosenkranzgebet an. Warum eigentlich grüßen wir Maria? Führt das nicht auf einen Nebenweg, wo Christus allein die Mitte ist? Darauf könnte man zunächst ganz positivistisch antworten: Wir grüßen sie, weil es einer biblischen Prophetie und damit einer Aufforderung der Heiligen Schrift entspricht: »Von nun an werden mich seligpreisen alle Geschlechter ...« (Lk 1,48). Geht man dieser Antwort weiter nach, so stößt man auch auf den tieferen Grund: Gott, der Unsichtbare und Ewige, hat sich in dieser Welt durch Menschen geoffenbart, die ihm gleichsam seinen Namen gegeben haben: Gott Abrahams, Isaaks und Jakobs ... Durch Menschen hindurch ist sein Angesicht erkennbar geworden. Wir rühmen ihn selbst, wenn wir dieser Menschen dankend gedenken. Und wir verschweigen etwas von seiner Herrlichkeit, wenn wir aufhören, die zu rühmen, in denen er sich selbst gezeigt hat. In den Menschen, die Gefäße seiner Huld wurden, preisen wir ihn; sie stehen ihm nicht im Wege, sondern verweisen auf ihn.

8/32f

Die eigentliche Anfechtung des Christenmenschen (1)

Ich glaube, daß die eigentliche Anfechtung des Christenmenschen, wie wir sie heute erleben, nicht einmal in der theoretischen Frage besteht, ob Gott existiert, oder gar in der Frage, ob er eins und zugleich dreifaltig ist; auch nicht in der Frage, ob Christus Gott und Mensch ist in einem. Was uns heute eigentlich bedrängt und anficht, ist vielmehr die Tatsache der Wirkungslosigkeit des Christentums: Nach zweitausend Jahren christlicher Geschichte sehen wir nichts, was an neuer Wirklichkeit in der Welt wäre, sondern wir finden sie in denselben Furchtbarkeiten, Verzweiflungen und Hoffnungen wie eh und je. Und auch in unserer eigenen Existenz müssen wir die Ohnmacht der christlichen Wirklichkeit gegenüber all den anderen Mächten, die uns prägen und fordern, immer wieder erleben. Und wenn wir bei allem Mühen und Versuchen, vom Christlichen her zu leben, das Fazit ziehen, überkommt uns wiederum oft genug das Gefühl, daß die Wirklichkeit uns weggezogen, aufgelöst wird und daß alles, was übrigbleibt, zuletzt der Appell an das schwache Lichtlein unseres guten Willens ist. [...] Das wiederum führt uns dann letztlich zurück auf die Frage nach der Botschaft des Herrn: Was hat er eigentlich an Wirklichkeit verkündet und unter die Menschen gebracht? Wir werden uns daran erinnern, daß nach dem Bericht des heiligen Markus die Botschaft Christi zusammenzufassen ist in das eine Wort: »Die Zeit ist erfüllt, und das Reich Gottes hat sich genaht. Bekehrt euch und glaubt an das Evangelium!« (Mk 1,15).

36/22f

DIE EIGENTLICHE ANFECHTUNG DES CHRISTENMENSCHEN (2)

Unser Jahrhundert nötigt uns, die Wahrheit des Advent ganz neu zu erlernen: die Wahrheit nämlich, daß immer schon Advent war, aber auch immer noch Advent ist. Daß die ganze Menschheit eine einzige ist vor Gottes Angesicht. Daß die ganze Menschheit im Dunkel steht, daß aber auch die ganze Menschheit angeleuchtet ist von Gottes Licht. Wenn es aber so steht, daß Advent immer schon war und immer noch ist, dann heißt dies auch, daß für keine Periode der Geschichte Gott gleichsam nur Vergangenheit wäre, die schon hinter uns liegt und in der schon alles getan worden ist. Sondern für uns alle ist Gott der Ursprung, aus dem wir kommen, aber immer auch die Zukunft, der wir entgegengehen. [...]

Den Hirten von Betlehem ist am Anfang der neutestamentlichen Heilsgeschichte auf andere Weise das gleiche bedeutet worden. Ihnen wurde gesagt: »Dies soll euch zum Zeichen sein: Ihr werdet ein Kind finden, das in Windeln eingewickelt ist und in einer Krippe liegt« (Lk 2,12). Mit anderen Worten: Das Zeichen für die Hirten ist, daß sie kein Zeichen antreffen, sondern einfach den Kind gewordenen Gott – und in dieser Verborgenheit Gottes Nähe glauben müssen. Ihr Zeichen verlangt von ihnen zu erkennen, daß Gott nicht in den faßbaren Ordnungen dieser Welt zu finden ist, sondern nur dann gefunden werden kann, wenn wir über sie hinauswachsen.

36/30f

Franz von Assisi – Sorge um Gottes Schöpfung (1)

Unter den Namen, die der Heiligenkalender der katholischen Kirche aufweist, nimmt Franziskus von Assisi eine herausragende Stellung ein. Christen und Nichtchristen, gläubige und ungläubige Menschen lieben diesen Mann. Von ihm geht eine Heiterkeit aus und ein Friede, der ihn jenseits vieler sonst unversöhnlich scheinender Gegensätze stellt. [...]

Daß heute Franziskus wieder in neuer Gestalt gesehen wird, hängt mit zwei Sachverhalten zusammen, die das Bewußtsein der Menschen in den Industrie-Nationen durchgehend prägen: Da ist einmal die Angst vor den unüberschaubaren Folgen des technischen Fortschritts und zum andern das schlechte Gewissen, das wir ob unseres Wohlstands angesichts des Hungers in der Welt empfinden. So fasziniert an Franziskus seine entschlossene Absage an die Welt des Besitzes und seine ungekünstelte Liebe zur Schöpfung, zu den Vögeln, zu den Fischen, zum Feuer, zum Wasser, zur Erde. Er erscheint als der Patron der Umweltschützer, als der Anführer des Protests gegen eine Ideologie, die nur auf Produktion und Wachstum abstellt, als der Anwalt des einfachen Lebens.

35/116f

Franz von Assisi – Sorge um Gottes Schöpfung (2)

An all diesen Franziskusbildern ist etwas Wahres; überall sind Probleme angesprochen, die an den Nerv des Menschen rühren. Aber wenn man Franziskus genau ansieht, dann wird er überall auch zur Korrektur unserer Einstellungen. Er bestätigt uns nicht einfach; er ist viel anspruchsvoller, als wir es gerne wahrhaben möchten, und er führt uns mit seinem Anspruch zum Anspruch der Wahrheit selbst. So können wir zum Beispiel das Problem der Trennung der Christen nicht einfach dadurch bewältigen, daß wir der Geschichte entfliehen wollen und uns selbst unseren Jesus schaffen.

Ähnliches gilt bei allen anderen Fragen. Nehmen wir nur die der Umwelt heraus. Ich möchte da zunächst eine kleine Geschichte erzählen. Franziskus bat den Bruder, der den Garten bestellte, »nie das ganze Erdreich mit Gemüse zu bepflanzen, sondern einen Teil des Gartens für Blumen freizulassen, damit er zu jeder Zeit des Jahres unsere Schwestern, die Blumen hervorbringe, aus Liebe zu der, welche genannt wird ›die Blume des Feldes und die Lilie des Tales‹« (Cant 2,1). Ebenso wollte er, daß stets ein besonders schönes Beet angelegt werde, damit Menschen zu allen Zeiten durch den Anblick der Blumen zum Lob Gottes begeistert würden, »denn jedes Geschöpft ruft uns zu: Gott hat mich um deinetwillen erschaffen, o Mensch« (Spiegel der Vollkommenheit XI, 118).

35/117f

Franz von Assisi – Sorge um Gottes Schöpfung (3)

Bei dieser Geschichte kann man nicht einfach das Religiöse als überholten Kram beiseite lassen, um bloß die Absage an die schnöde Zweckmäßigkeit und die Erhaltung des Reichtums der Arten zu übernehmen. Wenn man dies will, tut man etwas ganz anderes, als Franziskus es getan und gewollt hat. Vor allem aber ist in dieser Geschichte nichts von dem Ressentiment gegen den Menschen als den angeblichen Störenfried der Natur zu verspüren, das heute in so vielen Plädoyers für die Natur mitschwingt.

Wenn der Mensch aus den Fugen gerät und sich selbst nicht mehr mag, dann kann die Natur nicht gedeihen. Ganz im Gegenteil: Er muß im Einverständnis mit sich selbst sein; nur dann kann er ins Einverständnis mit der Schöpfung treten und sie mit ihm. Und das wieder kann er nur, wenn er im Einverständnis mit dem Schöpfer ist, der die Natur gewollt hat und uns. Der Respekt vor dem Menschen und der Respekt vor der Natur gehören zusammen, aber beides kann letztlich nur gedeihen und sein Maß finden, wenn wir im Menschen und in der Natur den Schöpfer und seine Schöpfung respektieren. Nur von ihm her lassen sie sich zusammenfügen. Wir werden das verlorene Gleichgewicht gewiß nicht wieder finden, wenn wir uns weigern, zu dieser Stelle vorzudringen. So haben wir allen Grund, uns durch Franz von Assisi nachdenklich machen und von ihm auf den Weg bringen zu lassen.

35/118f

DER CHARISMATIKER (1)

Was soll ein Charismatiker tun? Und woran umgekehrt kann man den wirklichen Charismatiker erkennen? Diese Frage ist nicht abstrakt zu beantworten, sie ist geschichtlich durchgelebt und durchgelitten worden und kann daher sachgemäß am ehesten von den großen Vertretern charismatischer Aufträge in der Geschichte der Kirche her gelöst werden: *Hildegard von Bingen – Katharina von Siena – Franz von Assisi – Teresa von Ávila – Ignatius von Loyola*, auf anderer Ebene *Jeanne d'Arc* und viele andere. Die bedeutendste charismatische Figur der Kirchengeschichte dürfte wohl *Franz von Assisi* sein, dessen Geschick vielleicht auch am meisten modellhaft Anfechtung und Größe des Charismatikers in der Kirche sichtbar werden läßt.

Franz von Assisi war nicht eigentlich ein Ordensgründer, er wollte es jedenfalls nicht sein. Der Auftrag, unter dem er sich wußte, war viel radikaler: Er wollte einen »novus populus«, ein neues Volk sammeln, das die Bergpredigt »sine glossa«, ohne Wenn und Aber befolgen und in ihr seine einzige und unmittelbare »Regel« finden sollte. Das bedeutete für *Franziskus* das genaue Gegenteil zu »Ordensgründung«: Er hat sich immer wieder leidenschaftlich dagegen gewandt, sein neues Volk in das vorgesehene kirchenrechtliche Schema »Orden« zu fügen und es zu einer neuen Variante des bestehenden Mönchtums mit Sonderspiritualität, Sonderaufgaben, Sonderfrömmigkeit, Sondereigentum zu machen.

42/267f

DER CHARISMATIKER (2)

Was *Franz von Assisi* brachte, mußte viel eher eine Antithese zum bestehenden Mönchtum sein, dessen individuelle Armut zu einem immer größeren kollektiven Reichtum geführt hatte, so daß die Klöster nicht mehr, wie einst die »fuga saeculi«, den Ausbruch aus dem bestehenden Weltsystem darstellten, sondern sogar dessen bevorzugte Täter waren: Cluny, die Reformabtei des 10. bis 12. Jahrhunderts, wurde immer mehr zu einem der reichsten Grundherren, zur bevorzugten Darstellung des feudalistischen Systems; Mönch werden bedeutete nicht mehr, aus der Welt, das heißt aus ihren Herrschaftssystemen ausbrechen und auf die Seiten der Heimatlosen, der Armen, der Vergessenen treten, sondern es hieß, in die vorderste Schicht der Herrschenden aufgenommen zu werden. Vor allem: Die Orden bedeuteten nicht mehr die »peregrinatio« des Evangeliums, die missionarische Unruhe des Apostels, sondern fixierten mit ihrer »stabilitas loci«, das Verbleiben an *einem* Ort, die Kirche in ein statisches ortskirchliches System ohne missionarische Dynamik. Sie waren nicht mehr das Korrektiv des Glaubens gegen die Gesellschaft, sondern Ausdruck der völligen Verschmelzung von Glaube und Gesellschaft, in der notwendig das Salz des Glaubens etwas von seiner Schärfe verliert.

42/268

DER CHARISMATIKER (3)

Wenn *Franziskus* ein neues Volk ruft, das keine Regeln hat als das Evangelium, das sich nicht hinter dem Schutz der Kommentare und der theologischen Reflexionen versteckt, sondern sich direkt dem Anspruch der Bergpredigt ausliefert, das nicht die Versicherung des Grundbesitzes hat, sondern sich der Unsicherheit der täglichen Arbeit überläßt und so arm ist mit den Armen – dann heißt das nicht weniger, als daß er die Kinder selbst in die eschatologische Stunde hineinrufen, sie vom Evangelium her reinigen will zu jenem totalen Gehorsam, der sie für die Ankunft des Herrn zubereitet. Im Grunde nimmt *Franziskus* damit weitgehend das wieder auf, was die »pauperes« Christi (die Armen Christi), die Waldenser, schon versucht hatten: Kirche der Armen gegen Kirche des Adels und des Großgrundbesitzes, Laienfrömmigkeit und Laienpredigt gegen die Dominanz eines selbstzwecklich gewordenen Kultes, Einfachheit des Evangeliums gegen die Subtilitäten der Scholastik. Das alles sind heiße Eisen, alle Bewegungen dieser Art waren von Mißtrauen umgeben und glitten häufig ins bloß Sozialrevolutionäre, ins Sektiererische ab. Ein aussichtsloser Versuch also, den *Franziskus* dennoch in der Fröhlichkeit seines Glaubens und in der Gewißheit seines Auftrags unternimmt, bis dahin, daß er gegen die Kreuzzugsidee als die Äußerungsform jenes mit der Gesellschaft identisch gewordenen Glaubens gegenüber der nichtchristlichen Welt auftritt und ihr die Idee und die Tat der Evangelisation entgegenstellt.

42/268f

DER CHARISMATIKER (4)

Das eigentliche Kriterium des wahren Charismatikers ist seine Selbstlosigkeit, oder sagen wir es radikaler: Das Kriterium des echten Charismas ist das Kreuz, das Sich-Zerreißenlassen zwischen dem Auftrag und dem Ort seiner Erfüllung um des Auftrags willen. Wer dazu nicht bereit ist, wer die Unversehrtheit des Ich der Ausrichtung des Auftrags am Ort, dem er zugehört, vorzieht, beweist, daß er zu guter Letzt doch sein Ich wichtiger nimmt als den Auftrag, und zerstört damit das Charisma. Die Spaltung kommt letztlich aus dem Zurückweichen vor dem Kreuz und aus dem Egoismus hervor. Daß Franziskus die Armutsbewegung, die Friedensbewegung, die Laienbewegung und die Evangelisationsbewegung in die Kirche einzubringen vermochte, aus der sie schon verdrängt war, lag daran, daß er sich selbst dem Kreuz ganz und gar unterstellte: Die Stigmatisierung ist in diesem Sinn wirklich nur Ausdruck für Ort und Form seiner Existenz. Das aber bedeutet zusammenfassend: Der Quellort und zugleich das Unterscheidungszeichen für den Geist ist das Kreuz.

42/270f

Der Charismatiker (5)

Indem wir dies sagen, stehen wir unmittelbar vor den Aufgaben und Fragen unseres kirchlichen Heute. Denn diese Aussage gilt nicht nur für damals, sie setzt den bleibenden Maßstab für die Kirche aller Zeiten. Was an fruchtbaren Wassern in der Kirche unseres Jahrhunderts aufgebrochen ist, kann von denen, die ohne Murren gelitten haben, nicht von denen, die letztlich doch für sich selber warben. Das Kreuz ist das eigentliche Scheidezeichen zwischen Geist und Ungeist: Nur dem geöffneten Herzen entströmen Blut und Wasser. Das Geheimnis dieses Bildes spricht zu uns, gerade in dieser unserer Zeit: Es ist Wegweisung, Anruf und Verheißung in einem. Löscht den Geist nicht aus – was das heißt, kann man letztlich nur im Angesicht der geöffneten Seite des Herrn, der Quelle des Geistes in der Kirche und für die Welt, wahrhaft verstehen.

42/272

Ein »Buss-Psalm« der Kirche

Ich meine, Wahrhaftigkeit ist immer eine wesentliche Tugend, gerade auch deshalb, damit wir besser erkennen, was Kirche ist und was sie nicht ist. In diesem Sinne ist die neue Ernüchterung, wenn man es so ausdrücken will, die sich die Schattenseiten der Kirchengeschichte nicht verbirgt, als ein Stück Ehrlichkeit, als ein Stück Wahrwerden sehr wichtig. Und wenn sozusagen die Beichte, das Aufarbeiten, Erkennen, Anerkennen von eigener Schuld wesentlich zum Christsein gehört, weil ich nur dadurch mit mir wahr werde und dann recht werden kann, dann gehört es auch zur Kollektivpersönlichkeit der Kirche, daß sie solches Aufarbeiten, Erkennen, Anerkennen vollzieht. Ein »Buß-Psalm« der Kirche ist tatsächlich vonnöten, damit sie redlich vor Gott und vor den Menschen dasteht.

Ich glaube, es ist aber auch wichtig, daß man nicht übersieht, unbeschadet all dieser Fehler und Schwächen ist immer das Wort Gottes verkündigt worden und das Sakrament erteilt worden, und insofern waren die Kräfte des Heilens spürbar, Kräfte, die auch dem Bösen Dämme gesetzt haben. Hier macht sich dann die Kraft Gottes bemerkbar, die genau dann, wenn das Christentum ganz zu Asche zu werden, wenn die Glut auszulöschen scheint, neue Aufbrüche bewirkt. [...] Es gibt also den Verfall des Christentums mitten in der Kirche, die Möglichkeit, daß es als Form noch da ist, als Realität aber kaum noch gelebt wird. Auf der anderen Seite wirkt die innere Dynamik der Gegenwart Christi, die an unerwarteter Stelle wieder Erneuerung bringt.

32/237f

Irgendwo im Stillen reift die Saat (1)

Lukas 8,4–15

Wir alle wissen, daß es auch heute noch, ja gerade heute wieder, die Anfechtung des Glaubens gibt, die uns überfallen und übermächtigen will, so daß wir fragen: Ist nicht alles umsonst? Wie soll denn die armselige Macht des Glaubens zwischen den riesigen Mächten dieser Welt bestehen? Muß sie nicht einfach zerrieben werden zwischen den Weltmächten des Atheismus, muß sie nicht einfach die Segel streichen vor der Technik und vor der Naturwissenschaft und all ihren Möglichkeiten und Erkenntnissen? [...] Ist denn das Ganze nicht eine heillos überholte Sache? Ist denn nicht die Zeit vorbei, in der die Gläubigen der Kirche zuliefen? Seht ihr denn nicht, so hören wir die Menschen sagen, wie alles langsam, aber sicher abbröckelt? Wie ihr auf einem verlorenen Posten steht? In der Tat: Noch immer geht Gott inkognito durch die Geschichte. Noch immer verhüllt er seine Macht im Gewand des Ohnmächtigen. Und noch immer sind die wahren, die göttlichen Werte, die Wahrheit, die Liebe, der Glaube, die Gerechtigkeit die vergessenen und ohnmächtigen Dinge in dieser Welt. Und doch – sagt dieses Gleichnis: Seid nur getrost! Die Ernte Gottes wächst. Wieviel es auch Mitläufer gibt, die davonlaufen, sobald es geraten erscheint. Wieviel auch umsonst und vergebens getan ist, irgendwo reift das Wort. Auch heute. [...]

Irgendwo im Stillen reift ihre Saat. Nichts ist umsonst. Im Verborgen lebt die Welt davon, daß noch immer geglaubt wird in ihr, gehofft und geliebt.

9/16f

Irgendwo im Stillen reift die Saat (2)

Lukas 8,4–15

So leicht kommen wir von diesem Evangelium nicht los, daß wir einfach fein säuberlich einteilen: Wir sind die, die auf Gottes Seite stehen, und »die anderen« sind jene, die sein Wort nicht vorankommen lassen. Wer sind denn diese »anderen«? Wir werden uns ganz redlich fragen müssen, ob wir nicht zu einem guten Stück auch selbst dazugehören. Wir werden uns überlegen müssen, ob wir nicht vielleicht selber unter denen sind, von denen Jesus sagt, daß sie ohne Tiefe sind, daß sie dem Felsen gleichen, der keine Wurzeln wachsen läßt. Oder gehören wir – so werden wir uns weiter fragen müssen – vielleicht zu denen, die Jesus Windfahnen nennt, die nicht stehen können, sondern sich einfach vom Strom der Zeit dahintreiben lassen, die dem »Man« ausgeliefert sind, der Masse; die immer nur fragen, was »man« tut, was »man« sagt und meint und die nie die Hoheit der Wahrheit erkannt haben, deretwegen es lohnt, gegen das »Man« zu stehen?

Oder gehören wir auch nicht allzuoft zu denjenigen, in denen das Wort erstickt wird durch das Gestrüpp der Sorge oder des Vergnügens? Oder zählen wir zu denen, von denen Jesus sagt, daß das Wort gar nicht wirklich in sie eindringt, weil der Teufel es fortnimmt; zu denjenigen also, die auf der Wellenlänge Gottes gar keinen Empfang mehr haben, weil der Lärm der Welt zu laut geworden ist, als daß sie noch durchhören könnten auf das Ewige, das in der Stille spricht; die im Lärm der Zeit kein Ohr mehr haben für Gottes Ewigkeit?

9/12f

Im Raum des Vertrauens

Dem Bekenntnis Christi »Ich bin die Wahrheit« steht unsere Epoche mit ähnlicher Skepsis gegenüber wie *Pilatus* – mit derselben zugleich hochmütigen und resignierten Frage: Was ist Wahrheit? Eher als in Christi Wort erkennt sich der Mensch von heute wieder in dem fünften Tropos des *Diogenes Laertius*: »Es gibt keine Wahrheit. Denn das Nämliche gilt den einen als gerecht, den anderen als ungerecht, den einen als gut, den anderen als böse. Unsere Parole also sei: Zurückhaltung des Urteils über die Wahrheit.« Skepsis scheint uns ein Gebot der Toleranz zu sein und damit die wahre Weisheit. Aber wir sollten darüber nicht vergessen, daß Wahrheit und Freiheit voneinander untrennbar sind. »Ich nenne euch nicht mehr Knechte, sondern Freunde«, sagt der Herr, »denn der Knecht weiß nicht, was sein Herr tut; euch aber habe ich Freunde genannt, weil ich euch alles kundgetan habe, was ich von meinem Vater gehört habe« (Joh 15,15). Unwissenheit ist Abhängigkeit, ist Sklaverei: Wer nicht weiß, bleibt Knecht. Erst wo sich Verstehen auftut, wo wir anfangen, das Wesentliche zu begreifen, beginnen wir, frei zu werden. Eine Freiheit, aus der die Wahrheit herausgenommen ist, ist Lüge. Christus die Wahrheit, das bedeutet: Gott, der uns aus unwissenden Knechten zu Freunden macht, indem er uns zu Mitwissern seiner selbst werden läßt. Das Bild des Freundes Christus ist uns teuer, gerade heute, aber seine Freundschaft besteht darin, daß er uns ins Vertrauen gezogen hat, und der Raum des Vertrauens ist die Wahrheit.

16/35f

In die Stille lauschen

Wo sind heute die Stillen im Lande geblieben, die ohne viel Redens von sich zu machen, ohne groß gebildet zu sein, wirklich in dem Wort Gottes leben, in ihm atmen, denken und wahrhaft zu Hause sind? Wir haben allzu viele Menschen heute, die reden, die beweisen, daß sie auch gescheit sind und etwas sagen können, etwas Kritisches am besten, womit sie zeigen, daß sie zwar nicht alles wissen, wohl aber alles besser wissen. Aber wir haben zu wenig Menschen, die noch fähig sind, in der Stille zu hören, aus- und einzugehen in Gottes heiligem Wort, sich davon durchdringen und durchtränken zu lassen, so daß es wirklich zu ihrem Brot wird. [...] Wir leben im Grund von Linsenmus und von Wasser, wo uns doch in der Heiligen Schrift der köstliche Wein des göttlichen Wortes geschenkt ist. Maria, die niedrige Magd des Herrn, kann unser stolzes Geschlecht hier wahrlich beschämen und sollte uns wieder dazu anregen, dies wunderbare Geschenk des göttlichen Buches lebendiger zu lieben: Menschen zu werden, die Ohren haben, um Gottes Wort zu hören und mitten in den Geräuschen dieser Zeit, die freilich oft angetan sein mögen, uns taub zu machen bis ins Innerste hinein. Wir wollen versuchen, unser Herz wieder mehr zu öffnen dem wunderbaren Geschenk seines Wortes, durch das er uns tröstet in der Nacht dieser Welt und durch das er uns froh sein hilft in den Freuden dieser Welt, die ja auch von ihm sind.

14/407f

Menschen ins Weite führen (1)

Lieben – weiden – nachfolgen: Mit diesen drei Stichworten umschreibt das Evangelium das Wesen des Apostelamtes und so auch das Wesen des priesterlichen Dienstes. Weil das Lieben die Innenseite von allem anderen ist, können wir uns damit begnügen, die beiden anderen Grundakte noch etwas näher zu bedenken.

Beginnen wir mit dem Weiden. Das Wort weist auf die Nomadenzeit Israels zurück, in der es vor allem ein Volk von Viehhirten gewesen war. Im Evangelium dieses Tages finden wir das gleiche, aber von einem anderen Ausgangspunkt her beleuchtet: Jesu Jünger, die er am See von Galiläa gesammelt hatte, waren zuerst Fischer gewesen; so hat er ihnen ihren künftigen Beruf von da aus erschlossen: »Von nun an wirst du Menschen fischen«, hatte Jesus zu Petrus am Morgen seiner Berufung gesagt (Lk 5,10).

Von allen Auslegungen dieses Wortes, die ich gefunden habe, hat mich am meisten diejenige des heiligen *Hieronymus* beeindruckt. Er sagt ungefähr so: Wenn der Fisch aus dem Wasser gezogen wird, bedeutet es für ihn, daß er sein Lebenselement verliert. Er kann nicht mehr atmen und geht zugrunde. Aber für uns Menschen geschieht in der Taufe, in der Christwerdung, das Gegenteil: Bislang sind wir eingeschlossen in die salzigen Wasser der Welt. Wir können das Licht, Gottes Licht, nicht sehen. Wir können die Weite der Welt nicht sehen. [...] Aber wenn wir in der Taufe herausgezogen werden, dann fangen wir an, das Licht zu sehen, und dann beginnen wir, wirklich zu leben.

9/64f

MENSCHEN INS WEITE FÜHREN (2)

Ich glaube, es ist gar nicht schwer, heute zu erkennen, wie wahr das ist: Das Leben ohne Gott und gegen Gott, das zunächst so verlockend und befreiend erscheint, hat in Wirklichkeit nur eine große Traurigkeit und einen wachsenden Zorn geschaffen. Der Mensch ist wütend gegen die Gesellschaft, gegen die Welt, gegen sich und gegen die anderen; sein Leben erscheint ihm als eine Fehlkonstruktion, der Mensch als ein Irrtum der Evolution. [...] Erst der Glaube führt uns ins Weite, wie die Psalmen sagen.

Was also heißt »Menschen fischen?« Es heißt: Die Menschen ins Freie führen, in die Weite Gottes, in das Lebenselement, das ihnen zugedacht ist. Freilich, wer aus seinen Gewohnheiten herausgerissen wird, wehrt sich zunächst immer, wie es uns Platon im Höhlengleichnis eindringlich geschildert hat. Wer sich ans Meer gewöhnt hat, meint zunächst, ihm werde das Leben weggenommen, wenn er ans Licht gebracht wird. Er hat sich ins Dunkel verliebt. So ist Menschenfischer sein kein bequemes Unterfangen – aber das Großartigste und menschlich Schönste, das es geben kann. Viele vergebliche Ausfahrten gehören gewiß dazu. Aber es ist trotzdem eine wunderbare Aufgabe, Menschen auf dem Weg ins Licht, ins Weite zu begleiten. [...] Als ich vor vielen Jahren damit anfing, hatte ich Furcht, wie es wohl gehen werde. Aber ich habe sehr bald und immer neu erfahren, wie wahr die Verheißung des Herrn ist, daß er schon in dieser Welt das Hundertfache des Einsatzes zurückgibt – unter Bedrängnissen gewiß, aber er löst sein Wort ein (Mk 10,29f).

9/65f

JENSEITS DER PAPIERSTÖSSE

Eine einzige Stunde des stillen Hinhörens in Gottes Wort würde oft mehr wirken als ganze Tagungen mit Sitzungen und Diskussionen, und ein Augenblick des Gebetes fruchtbarer sein als ganze Stöße von Papieren. Wir wirken ja nicht nur durch das, was wir tun, und mitunter entsteht der Eindruck, daß hinter der übersteigerten Hektik unserer Aktivitäten ein Mißtrauen gegenüber der Kraft Gottes steht und hinter der Vermehrung unserer Werke ein Lahmwerden unseres Glaubens, indem wir letzten Endes doch nur auf das vertrauen, was wir selber leisten und bewerkstelligen. – Aber wir wirken gar nicht nur durch das, was wir machen, sondern nicht minder durch das, was wir sind, wenn wir reif und frei und wahr werden dadurch, daß wir die Wurzeln unseres Seins in die fruchtbare Stille Gottes hineinhalten. Wenn wir wirklich Kyrie eleison sagen, wenn wir wirklich aus der Tiefe unserer Armseligkeit aufrufen zu Gott, ist es Anerkennung dessen, was wir sind, was er ist, ist es Anbetung seiner Herrlichkeit. Denn damit sagen wir der Sache nach: Sieh mich an, Gott, ich bin nichts, aber Du bist alles, ich bin voller Not, aber Du bist reich, alle Not der Welt zu heilen; ich bin sündig und böse, aber du bist voll verschwenderischer Liebe. Du liebst nicht wie die Menschen, die nur lieben, wer ihnen sympathisch ist, Du liebst auch den Bettler in Lumpengewändern, den verlorenen Sohn. Du liebst nicht, weil wir gut sind, sondern weil Du gut bist.

MKK/6

»Mein Wort kehrt nicht erfolglos zu mir zurück!« (1)

»Mein Wort kehrt nicht erfolglos zu mir zurück!« Als der Prophet Jesaja diese Worte sprach, waren sie keineswegs die Feststellung einer Selbstverständlichkeit, eher ein Widerspruch zu dem, was man erwarten konnte. Denn die Sätze der Lesung gehören ja in die Leidensgeschichte Israels hinein, in der Gottes Anrufe an sein Volk immer wieder mißlingen, in der dieses Wort immer wieder fruchtlos bleibt, in der Gott – ohne gesiegt zu haben – auf der Bühne der Geschichte steht. Denn alles, was an Zeichen geschehen war: das Wunder am Schilfmeer, der Aufbruch der Königszeit, die Heimholung Israels aus dem Exil – all das verläuft sich wieder; Gottes Same in der Welt scheint keine Wirkung zu haben. So ist dieser Gottesspruch – in einer Wolke von Dunkelheit – Ermutigung für alle, die dennoch an die Macht Gottes glauben; die daran glauben, daß die ganze Welt niemals nur Fels ist, in der dieser Same keinen Raum gewinnen kann; die daran glauben, daß diese Welt niemals nur oberflächliche Erde ist, wo die Spatzen der Alltäglichkeit sofort wieder wegpicken, was an Samen in sie fällt (vgl. Mk 4,1–9).

27/7

»Mein Wort kehrt nicht erfolglos zurück!« (2)

Für uns Christen sind diese Sätze eine Verheißung Jesu Christi, in dem nun wirklich das Wort Gottes in die Erde eingegangen und Brot geworden ist für uns alle: Same, der Frucht trägt durch die Jahrhunderte; fruchtbare Antwort, in der Gottes Rede lebendig in dieser Welt eingewurzelt ist. Kaum irgendwo ist das Christus-Geheimnis so spürbar und so nahe mit dem Mariengeheimnis verbunden wie in der Perspektive dieser Verheißung: Denn wenn gesagt wird, daß das Wort bzw. der Same Frucht trägt, dann heißt dies, daß es nicht wie ein Ball auf die Erde auffällt und wieder zurückspringt, sondern dann bedeutet es, daß es wirklich in die Erde einsinkt, daß es die Kräfte der Erde in sich aufnimmt, in sich hineinverwandelt und daß es so wahrhaft Neues wirkt, indem es nun die Erde in sich selber trägt und zu Frucht werden läßt. Das Samenkorn bleibt nicht allein, zum Samenkorn gehört das mütterliche Geheimnis der Erde – zu Christus gehört Maria, die heilige Erde der Kirche, wie die Kirchenväter sie so schön nennen. Das Geheimnis Mariens bedeutet gerade dies, daß Gottes Wort nicht allein blieb, sondern das andere – die Erde – in sich aufnahm, in der »Erde« der Mutter Mensch wurde und nun neu, verschmolzen mit der Erde der ganzen Menschheit, zurückkehren konnte zu Gott.

27/8f

»Mein Wort kehrt nicht erfolglos zurück!« (3)

Das Evangelium (Mt 6,7–15) hingegen scheint von ganz anderem zu reden. Hier wird gesprochen von unserer Weise des Betens, von der rechten Form, von den rechten Inhalten, vom rechten Handeln und der rechten Innerlichkeit: also von dem, was nicht Gott tut, sondern was wir Menschen ihm gegenüber tun. In Wirklichkeit hängt beides eng zusammen; ja man kann sagen, im Evangelium werde nun ausgelegt, wie Menschen fruchtbares Erdreich für Gottes Wort werden können. Sie können es dadurch, daß sie sozusagen die organischen Bestandteile bereitstellen, in denen Leben wachsen und reifen kann. [...]

Damit trifft dieses Evangelium zusammen mit der Einweisung ins marianische Geheimnis, die uns der heilige Lukas gibt, wenn er an mehreren Stellen von Maria sagt, daß sie die Worte in ihrem Herzen »verwahrte« (2,19; 2,51; vgl. 1,29). Sie hat gleichsam die Ströme Israels gesammelt; sie hat Leid und Größe dieser Geschichte betend in sich getragen und so zu fruchtbarem Erdreich für den lebendigen Gott werden lassen. Freilich heißt beten, wie das Evangelium sagt, sehr viel mehr als plappern, als Worte machen. Erde für das Wort sein, das bedeutet, daß sich diese Erde vom Samen aufnehmen läßt, daß sie sich in den Samen hinein assimiliert, sich selbst aufgibt, um ihn als Leben aufzubauen. Mutterschaft Mariens heißt, daß sie die Substanz ihrer selbst, Leib und Seele, in ihn hineingibt, damit neues Leben wachsen könne.

27/9f

»Mein Wort kehrt nicht erfolglos zurück!« (4)

Ich meine, dieser Zusammenhang von Christus- und Mariengeheimnis, den die heutigen Lesungen vor uns aufstehen lassen, sei sehr wichtig in unserer Zeit des Aktivismus, in der sich die westliche Mentalität bis zum äußersten entfaltet hat. Denn in der heutigen Welt des Geistes gilt nur noch das männliche Prinzip: das Machen, das Leisten, die Aktivität, die selbst die Welt planen und hervorbringen kann, die nicht auf etwas warten will, von dem sie dann abhängig wird, sondern die allein auf das eigene Können setzt. Es ist, so glaube ich, kein Zufall, daß wir in unserer westlichen, maskulinen Mentalität immer mehr Christus von der Mutter losgetrennt haben, ohne zu begreifen, daß Maria als Mutter theologisch und gläubig etwas bedeuten könnte. Die ganze Art unseres Umgehens mit der Kirche ist von hierher geprägt. Wir behandeln sie fast wie ein technisches Produkt, das wir mit ungeheurem Scharfsinn und Aufwand von Energien durchplanen und machen wollen. [...]

So tut es uns not, aus dieser Einseitigkeit westlicher, aktivistischer Perspektiven herauszutreten, um nicht auch die Kirche zu einem Werkstück unseres Schaffens und Planens herabzuwürdigen. Kirche ist nicht gemachtes Produkt, sondern lebendiger Same Gottes, der wachsen und reifen will. Darum braucht die Kirche das marianische Geheimnis, darum ist sie selbst Mariengeheimnis.

27/11f

GÖTTLICHES »GESUNDHEITSWESEN«

Es ist doch auffallend, daß die Anklage gegen Gott nur zum geringsten Teil von den Leidenden dieser Welt kommt, zum weitaus größeren Teil von den satten Zuschauern, die nie gelitten haben. Die Leidenden haben sehen gelernt. Jeder einzelne hat sein eigenes Geschick mit Gott, man kann die Menschen nicht als Ware nach Mengen aufrechnen. Der Lobgesang Gottes kommt in dieser Welt aus den Feueröfen der Leidenden: Die Geschichte von den drei Jünglingen im Feuerofen enthält tiefere Wahrheit als gelehrte Traktate ... Die Antwort ist ein Mit-leiden – nicht als bloßes Gefühl, sondern als Wirklichkeit. Gottes Mitleid hat Fleisch. Es heißt Geißelung, Dornenkrönung, Kreuzigung, Grab. Es ist in unser Leid eingetreten. Was es bedeutet, was es bedeuten kann, mögen wir vor den großen Bildern des Gekreuzigten und vor den Vesperbildern der Mutter mit dem toten Sohn lernen. Vor solchen Bildern und in solchen Bildern hat sich den Menschen das Leid verwandelt: Sie erfuhren, daß im Innersten ihrer Leiden Gott selber wohnt, daß sie in ihren Beulen gerade eins wurden mit ihm. Sprechen wir nicht von Vertröstung. Denn solche Erfahrung hat die Liebe zu den Leidenden geschaffen, für die *Franz von Assisi* und *Elisabeth von Thüringen* nur zwei Namen sind. [...] Fangen wir mit all den Problemen unseres »Gesundheitswesens« nicht langsam wieder an zu begreifen, daß es Dinge gibt, die man nicht bezahlen kann?

7/43f

Gegenwart nach Mass des Ewigen

Glaube bedeutet eine Umwertung der Werte, eine Neufestsetzung der Gewichte und der Maße des Daseins vom Maßpunkt der Zukunft her: Nicht das augenblicklich Zweckmäßige ist das dem Menschen entsprechende, sondern das Ewigkeitsgemäße, das, was ihn ausweitet über den Augenblick hinaus. Das Ewigkeitsgemäße: das ist das, was wert ist, zu überdauern. Das ist ein Mensch, der so geworden ist, daß man nicht mehr wünschen muß, ihn bald wieder loszuwerden: Das ist also gerade auch ein Mensch, der menschenfähig und menschenwürdig geworden ist. Ein Mensch, der etwas zu geben vermag. Ein Mensch, der den anderen nicht im Weg steht, sondern für sie etwas bedeutet, den man lieben kann. – Indem wir diesen Maßstab des »Ewigkeitsgemäßen«, des Ewigkeitswürdigen solchermaßen unter die Lupe nehmen und in seine Einzelheiten auflösen, ergibt sich die Antwort auf einen Einwand von selber, der sich vor dem christlichen Glauben verschärft aufdrängt: Bedeutet eine solche Orientierung auf die den Tod überschreitende Zukunft nicht eine Flucht ins Jenseits und eine Entwertung des irdischen Lebens? ... Nun, man kann nicht bestreiten, daß es eine solche Flucht in die Passivität gibt; schon Paulus mußte sich mit diesem Mißverständnis auseinandersetzen. Aber er hat von Anfang an darin ein Mißverständnis gesehen. Denn gerade wenn der Mensch eine ewige Zukunft hat, über die sein Jetzt entscheidet, gewinnt dieses Jetzt eine unerhörte, fast unerträglich erscheinende Bedeutung.

20/56ff

Sich öffnen in die ganze Höhe und äusserste Tiefe (1)

Jeder, der wachen Sinnes sein Menschsein erfährt, nimmt wahr, daß wir hier nicht von bloßen theologischen Theorien reden. Die letzte Unzugänglichkeit des anderen, die Unmöglichkeit, sich einander zu geben und dauerhaft zu verstehen, ist vielleicht selten so dramatisch erfahren worden wie in unserem Jahrhundert. »Leben heißt einsam sein, keiner kennt den anderen, jeder ist allein«, hat Hermann Hesse es formuliert. Wenn ich mit dem anderen rede, ist es, als ob eine Wand aus Milchglas zwischen uns stünde: Wir sehen uns und sehen uns doch nicht; wir sind uns nahe und können uns doch nicht nahekommen. So hat Albert Camus dieselbe Erfahrung umschrieben.

Wie kann ich ich selber bleiben, die Andersheit des anderen respektieren und dennoch aus dem Gitter der Einsamkeit heraustreten und den anderen von innen berühren? Die asiatischen Religionen haben dies mit dem Gedanken des Nirwana beantwortet: Solange es das Ich gibt, geht das nicht, sagen sie. Das Ich selbst ist das Gefängnis. Ich muß das Ich auflösen, die Personalität als Gefängnis und als Ort der Unerlöstheit hinter mir lassen, mich fallen lassen ins Nichts als in das wahre All hinein. Erlösung ist Ent-Werdung, und die muß geübt werden: die Rückkehr ins Nichts, das Abstreifen des Ich als die allein wahre und endgültige Befreiung. Wer die Last des Ich und die Last des Du Tag um Tag erlebt, kann die Faszination eines solchen Programms verstehen.

3/78f

Sich öffnen in die ganze Höhe und äusserste Tiefe (2)

Ein bloßer Aktivismus ist keine Antwort auf mystische Flucht; im Gegenteil: Er ruft diese Flucht hervor. Denn alle neuen Vorrichtungen, die er schafft, werden nur neue Gefängnisse, wenn Ich und Du sich nicht versöhnen. Ich und Du aber können sich nicht versöhnen, wenn der Mensch mit seinem eigenen Ich unversöhnt bleibt. Wie aber soll er es annehmen, dieses Ich, das allzeit durstige und begehrende, das nach Liebe schreit, nach dem Du, und sich doch zugleich durch das Du verletzt, bedroht und eingeengt fühlt? Gegenüber dem großen Wollen der asiatischen Religionen sind übrigens auch die modernen Techniken der Gruppendynamik, der Versöhnung des Menschen mit sich selbst und mit dem Du, trotz ihrer ausgeklügelten Künste nur armselige Ersatzlösungen. Ich und Du werden gleichsam auf Sparflamme gesetzt, an Regeln gewöhnt, um sich so wenig wie möglich wahrzunehmen und nicht einander zu zerreiben. Ihre göttliche Leidenschaft wird auf ein paar Triebe reduziert und der Mensch wie ein Apparat behandelt, dessen Gebrauchsanweisung man kennen muß. Man versucht, das Problem des Menschseins zu lösen, indem man den Menschen überhaupt leugnet und ihn als ein montierbares System von Abläufen behandelt, die man beherrschen lernen kann. [...]

Gott hat die Person nicht geschaffen, damit sie aufgelöst werde, sondern damit sie sich öffne in ihre ganze Höhe und in ihre äußerste Tiefe.

3/79f

FÜR UNS SELBER AUFWACHEN

[INTERVIEWER:] *Als der Papst vor Jahren demonstrativ auf die Existenz und die Bedeutung der Engel hinwies, klang das für viele wie ein Witz. Aber plötzlich wurden Engel en vogue. Das waren freilich jetzt die richtigen, die guten Engel. Sie waren offensichtlich gleichfalls aus der Kirche ausgetreten.*

Das ist eigentlich auch ganz lustig zu beobachten, wie schnell sich die geistigen Moden verändern. Da gab es zunächst eine Art rationalistischer Übereinkunft, die sozusagen ein gereinigtes Christentum überlassen wollte, aus dem alles Überflüssige weg mußte. Engel und Heilige, das paßte alles nicht mehr. Dann kommt plötzlich ein neuer Drang nach dem Geheimnisvollen und nach einer doch irgendwie vom Transzendenten erfüllten Welt, und tatsächlich auch eine neue »Engelswelle«, die nun von außerhalb der Kirche auf uns zukommt und mit vielen Fragwürdigkeiten belastet ist. Das ist natürlich ein bedenkenswertes Phänomen, daß Aussagen des Glaubens, wenn sie von der Kirche kommen, entweder nicht wahrgenommen oder als abstoßend empfunden werden, während sie von außen her dann plötzlich wieder ihre Dringlichkeit erhalten. Das zeigt wohl, daß im Innenleben der Kirche eine Ermüdung eingetreten ist, die das Schöne und menschlich Notwendige der Glaubensdinge nicht mehr zum Vorschein kommen läßt. Insofern, denke ich, kann uns auch das von außen Kommende helfen, daß wir wieder für uns selber aufwachen.

32/133

Eine nicht zu entwaffnende Liebe

Das *Christkönigsfest* ist jung, aber sein Inhalt ist so alt wie der christliche Glaube selber. Denn das Wort Christus ist nichts anderes als die griechische Übersetzung von Messias: der Gesalbte, der König. Jesus von Nazaret, der gekreuzigte Sohn eines Zimmermannes, ist so sehr König, daß der Königstitel sein Name geworden ist. Indem wir uns Christen nennen, bezeichnen wir uns selbst als Leute des Königs, als Menschen, die in ihm ihren König anerkennen. Was aber das Königtum Jesu Christi bedeutet, kann man nur recht verstehen, wenn man auf seinen Ursprung im Alten Bund achtet. Dabei zeigt sich zunächst etwas Merkwürdiges. Ein Königtum war offensichtlich von Gott her für Israel nicht vorgesehen. Es entstand geradezu aus einer Rebellion Israels gegen Gott und gegen seine Propheten, aus einem Abfall vom ursprünglichen Willen Gottes. Das Gesetz sollte Israels König sein und durch das Gesetz unmittelbar Gott selbst. Aber Israel wird eifersüchtig auf die Völker rundum mit ihren mächtigen Königen. Es will sein wie sie. Aber nun geschieht das Merkwürdige: Gott läßt sich auf den Eigensinn Israels ein und schafft gerade so eine neue Möglichkeit seiner Zuwendung. Der Sohn Davids, des Königs, heißt Jesus; in ihm taucht Gott in die Menschheit ein und vermählt sie sich. Wer tiefer zusieht, entdeckt, daß dies die Grundform göttlichen Handelns überhaupt ist. Gott hat nicht ein starres Schema, das er durchsetzen muß, sondern er weiß den Menschen immer neu zu finden und auch seine Abwege zu Wegen zu machen. [...] Dies also ist Gottes Königtum: eine nicht zu entwaffnende Liebe.

21/54f

Das Erbe des Zweiten Vaticanum

Im Streit um das Erbe des Zweiten Vaticanum ist es nicht zuletzt wichtig, auf eine Bewegung der Frömmigkeit hinzuweisen, die sich von der Theologie verraten und verlassen fühlt und nun entschlossen ohne Theologie, ja, gegen diese ihren Weg sucht. Unter der instinktiv begriffenen Drohung totaler Verfälschung und eines unvermeidlichen Zusammenbruchs der bisher tragenden Werte tritt man die Flucht an in das, was man für ganz besonders katholisch hält: in eine an Visionen und Wundern genährt Marienfrömmigkeit, in einen engherzigen Kampf um den Buchstaben der alten Liturgie und so fort – nur so glaubt man die katholische Identität wahren zu können. Man soll nicht unterschätzen, was hier auch an echten religiösen Kräften lebendig ist. Aber die Gefahr einer Verengung in Formen, die ans Sektiererische heranführen, ist doch ebenfalls groß; sie wird klar erkennbar, wo man das Vaticanum II selber unter Häresieverdacht stellt und damit den Weg des gesamtkirchlichen Zusammenhangs verläßt.

Nur wer noch halb im Gestern lebt, empfindet den Glauben als Bedrückung, als Gefahr. Nur wer noch halb im Gestern lebt, muß ihm die Zukunft streitig machen. Wer das Gestern abstreift und sich dem nackten Heute ausgesetzt findet, entdeckt, daß die Welt das Heilige braucht. Seine dunklen Nächte fragen nach Gott. [...] Das Erbe des Zweiten Vaticanum ist noch nicht erweckt. Aber es wartet auf seine Stunde. Und sie wird kommen, dessen bin ich gewiß.

14/438ff

Sieg des Unwahrscheinlichen

Die Frage nach den Prognosen des Ökumenismus ist letztlich eine Frage nach den Kräften, die heute in der Christenheit wirksam sind und als zukunftsprägend angesehen werden dürfen. Zweierlei steht der Verwirklichung kirchlicher Einheit entgegen: auf der einen Seite ein konfessioneller Chauvinismus, der sich letztlich nicht an der Wahrheit, sondern an der Gewohnheit orientiert und in der Fixierung auf das Eigene vor allem gerade auch auf dem besteht, was gegen die anderen gerichtet ist. Auf der anderen Seite eine glaubensmäßige Gleichgültigkeit, die in der Wahrheitsfrage ein Hindernis sieht, Einheit an der Zweckmäßigkeit mißt und sie so zu einem Bündnis im Äußerlichen macht, das fortwährend den Keim neuer Spaltungen in sich trägt. Für die Einheit steht ein Christentum des Glaubens und der Treue, das den Glauben als einen gültigen inhaltlichen Entscheid lebt, aber gerade darum auf der Suche nach der Einheit ist, sich selbst auf sie hin fortwährend reinigen und vertiefen läßt und damit auch dem anderen hilft, in einem gleichen Weg der Reinigung und Vertiefung die gemeinsame Mitte zu erkennen und sich in ihr zu finden. Es ist klar, daß die beiden ersten Haltungen dem Menschen unmittelbar viel näher liegen als die dritte, die ihn zugleich aufs höchste fordert und aufs äußerste entmächtigt, von ihm unerschöpfliche Geduld und die Bereitschaft zu immer neuer Reinigung und Vertiefung verlangt. Aber Christentum beruht ja insgesamt auf dem Sieg des Unwahrscheinlichen, auf dem Abenteuer des Heiligen Geistes, der den Menschen über sich hinausführt und ihn gerade so zu sich selber bringt.

37/193f

NOVEMBER

HOFFNUNGSTÜREN ZWISCHEN HIMMEL UND ERDE

Beten für die Toten

Wer heute die Theologie über das Fegfeuer befragt, erhält kaum Antwort. Die Bibel scheint davon zu schweigen. Auf welchen Grund hin kann die Überlieferung dann davon reden? So wird das Thema umgangen. Aber andererseits – könnten wir uns eine Kirche denken, in der nicht mehr betend der Heimgegangenen gedacht würde? Man könnte sagen, die selbstverständliche Gewißheit, mit der das Gebet zu allen Zeiten auch die Verstorbenen umgriff, sei selbst ein lebendiger Ausdruck eines tieferen Wissens, das dem Glauben innewohnt, daß nämlich das Miteinander und das Füreinander im Tode nicht endet, sondern gerade das wahrhaft Bleibende ist. [...]

Heute scheint klar, daß das Feuer des Gerichts, von dem die Bibel redet, nicht eine Art von jenseitigem Gefängnis meint, sondern den Herrn selbst. [...] Das heißt doch, daß für den Menschen, der unter den Blick des Herrn gerät, alles »Stroh und Heu« seines Lebens verbrennt und daß nur übrigbleibt, was wahrhaft Bestand haben kann. Es besagt, daß der Mensch durch die Begegnung mit Christus verschmolzen wird zu dem, was er eigentlich sein sollte und könnte. Die Grundentscheidung eines solchen Menschen ist das Ja, das ihn fähig macht, Gottes Erbarmen zu empfangen; aber diese Grundentscheidung ist vielfältig verzwängt und verklemmt, nur mühsam blickt sie aus dem Gitterwerk des Egoismus hervor, das der Mensch nicht abzustreifen vermochte. Er empfängt Erbarmen, aber er muß verwandelt werden. Die Begegnung mit dem Herrn ist diese Verwandlung, das Feuer, das ihn umbrennt zu jener schlackenlosen Gestalt, die Gefäß ewiger Freude werden kann.

8/34f

DAS GUTE IM MENSCHEN (1)

Eine Beobachtung, die ich immer wieder mache, ist, daß die ungenierte Freude seltener geworden ist. Die Freude ist heute gleichsam mehr und mehr mit moralischen und ideologischen Hypotheken belastet. Wenn man sich freut, hat man schon Angst, sich gegen die Solidarität mit den vielen Leidenden zu vergehen. Ich darf mich eigentlich gar nicht freuen, denkt man, in einer Welt, in der soviel Elend, soviel Ungerechtigkeit da ist.

Ich kann das verstehen. Hier ist auch eine moralische Gesinnung am Werk. Aber trotzdem ist diese Haltung ein Irrtum. Denn die Welt wird ja durch den Verlust an Freude nicht besser – und umgekehrt hilft das Sich-nicht-Freuen um der Leiden willen den Leidenden nicht. Sondern im Gegenteil, die Welt braucht Menschen, die das Gute entdecken, die darüber froh werden und dadurch auch den Schwung und den Mut zum Guten bekommen. Die Freude also schneidet die Solidarität nicht ab. Wenn sie richtig, wenn sie nicht egoistisch ist, wenn sie aus der Wahrnehmung des Guten kommt, dann will sie sich auch mitteilen und geht weiter. Wobei mir immer auffällt, daß man in den Armenvierteln zum Beispiel in Südamerika viel mehr lachende, fröhliche Menschen findet als bei uns. Offensichtlich haben sie bei aller Not noch die Wahrnehmung des Guten, an der sie sich auch festhalten, sich aufrichten können und Kraft gewinnen.

Insofern brauchen wir wieder jenes Urzutrauen, das letztlich nur der Glaube geben kann. Daß im Grunde die Welt gut ist, daß Gott da ist und gut ist. Daß es gut ist, zu leben und ein Mensch zu sein.

32/39f

DAS GUTE IM MENSCHEN (2)

[ANTWORT AUF DEN INTERVIEWPARTNER:] Nun zur Doppelgesichtigkeit unserer Gegenwart, wie Sie das orchestriert haben. Das ist ein neues Bewußtsein der Solidarität, der Verantwortung für die Menschheit im ganzen, der Verantwortung für die Schöpfung. Es gibt die Vereinigungsbewegungen und eine Suche danach, solidarisch an Krisenherden tätig zu werden und dort zu helfen, Frieden zu stiften, Elend zu überwinden. Das ist das eine, das man als Bürger dieses Jahrzehnts auch sehen und wofür man dankbar sein muß. Daraus ist ja dann auch ganz praktisch wieder zu erkennen, daß das Gute im Menschen nicht zertrampelt werden kann.

Auf der anderen Seite haben Sie von dem großen Tollhaus gesprochen und den ungeheuren Verwahrlosungen. Das sehen wir alle. Ich glaube, daß hier gerade die Massengesellschaft und auch die Möglichkeiten, die durch die technische Beherrschung der Welt entstanden sind, neue Qualitäten auch des Bösen geschaffen haben. Das kann man gar nicht übersehen. [...]

Ich würde sagen, hier wird zweierlei sichtbar: daß der Mensch ein sittliches Wesen ist, das für sich und für die Ganzheit der Menschen Verantwortung hat, aber auch ein Wesen, das nur von Gott her die Ressourcen nehmen kann, um weiterzukommen.

32/40

»Wer geht in meinem Auftrag?« (1)

Heiligkeit ist heute kein Thema, das den Menschen besonders anziehend oder wichtig erscheint. Was wir heute suchen, klingt sehr viel nüchterner, sehr viel bescheidener: Glaubwürdigkeit. Unser Jahrhundert hat immer wieder den Sturz von Mächtigen gesehen, die vordem in unantastbarer Höhe zu stehen schienen und nun plötzlich, ihres Glanzes beraubt, auf der Anklagebank der Geschichte saßen. Immer wieder ist Vertrauen zerstört worden, und so droht allmählich der Mut des Vertrauens überhaupt zu schwinden. Die Verleumder des Menschen und die Verleumder Gottes, des Schöpfers, finden ein weites Feld: Man müsse den schönen Schein nur abblättern, dann komme hinter aller Moral und hinter aller Würde immer die gleiche Erbärmlichkeit zum Vorschein. So wird Autorität allmählich unmöglich, und das scheint fürs erste ein Sieg der Freiheit zu sein. Aber in Wirklichkeit wird die Welt nur dunkler und ärmer, wenn Vertrauen nicht mehr geschenkt werden kann. Deswegen werden wir immer wieder nach glaubwürdigen Menschen Ausschau halten, die auch von innen das sind, was sie nach außen darstellen: Nur wenn wir sie finden, können Politikverdrossenheit und Kirchenmüdigkeit überwunden werden.

3/101

»WER GEHT IN MEINEM AUFTRAG?« (2)

Wie müßte eigentlich der glaubwürdige Politiker, wie der glaubwürdige Hirte aussehen? Platon hat in einer ähnlichen Vertrauenskrise der Gesellschaft gesagt, die Blindheit der durchschnittlichen Politik beruhe darauf, daß ihre Vertreter um Macht kämpfen, »als wäre sie ein großes Gut«. Der wirkliche Politiker müsse ein Mensch sein, der dieses Streben nach dem Schein und dem Erscheinen durchschaut habe. Er müsse ein Mensch sein, der Politik als Dienst auffaßt und sie als Last auf sich nimmt, als einen Verzicht auf das Größere, das er verkostet hat: die Schönheit des Erkennens, das Freisein für die Wahrheit. Die Maßstäbe für den rechten Hirten in der Kirche sind gar nicht wesentlich anders. Wer das Priestertum oder das Bischofsamt als einen Zuwachs an Macht und an Ansehen erstreben würde, hätte es gründlich mißverstanden. Wer mit solchen Ämtern vor allem selbst etwas werden will, wird immer ein Knecht der öffentlichen Meinung sein. Er muß schmeicheln, damit er in Geltung bleibt. Er muß sich anpassen. Er muß den Leuten nach dem Mund reden. Er muß sich den wechselnden Strömungen anpassen, und so wird er wahrheitslos, denn er muß morgen verurteilen, was er heute gelobt hat. Er liebt dann auch gar nicht mehr wirklich die Menschen, sondern im letzten nur sich selber, aber zugleich verliert er auch sich selber an die Meinung, die eben gerade die stärkere ist. Ich brauche nicht fortzufahren mit solchen Beschreibungen; wir kennen derlei Verhalten leider aus mancherlei Vorgängen des öffentlichen Lebens deutlich genug.

3/101f

»Wer geht in meinem Auftrag?« (3)

Der heilige *Augustinus* hat einmal erzählt, daß er nach seiner Priesterweihe im stillen geweint habe, nicht nur weil er die schöne Freiheit des Philosophen verloren hatte, sondern auch aus einem bedrängenden Wissen heraus: Nun trägst du nicht mehr nur deine Last, du mußt die anderen mittragen. Nun mußt du einmal nicht nur Verantwortung für dein eigenes Leben ablegen, du wirst auch nach den vielen gefragt werden, die dir anvertraut worden sind. Werde ich dem standhalten können? Werde ich ihnen so zu dienen vermögen, wie sie es verdienen? Etwas Ähnliches finden wir in der Geschichte der großen Berufungen immer wieder. Ein Mose, ein Jeremia, ein Jona sträuben sich mit allen Kräften gegen die Zumutungen Gottes, sein Mund und seine Hand zu werden. Sie fürchten nicht nur und nicht zuerst den Widerspruch der Menschen, den sie reichlich erfahren haben. Sie fürchten vor allem ihre eigene Unzulänglichkeit; sie sehen, wie weit sie mit ihrer eigenen menschlichen Statur hinter dem zurückbleiben, was sie sollen. Sie fürchten, daß sie gar nicht glaubwürdig sein können, wenn sie Gottes Worte auf ihre armseligen menschlichen Lippen nehmen. Nur scheinbar ist Jesaja ein Gegenbeispiel. Ihm ist die Herrlichkeit des dreimal heiligen Gottes erschienen, aber dann hört er die Stimme des Herrn, der sagt: Wen soll ich senden? Wer geht in meinem Auftrag? Und da antwortet er: »Hier bin ich, sende mich« (Jes 6,8). Er bietet sich nicht an, weil er etwas für sich erreichen will, sondern weil Gott seiner bedarf und weil er weiß, daß er in guten Händen ist, wenn er sich in Gottes Hände gibt.

3/103f

Quelle lebendigen Wassers – der Realismus des Christlichen (1)

Jesus – das Leben. Die fanatische Gier nach Leben, der wir heute in allen Kontinenten begegnen, hat eine Antikultur des Todes entstehen lassen, die immer mehr zur Physiognomie unserer Zeit wird: Die Entfesselung der sexuellen Begierde, Droge und Waffenhandel sind zu einer unheiligen Trias geworden, deren tödliches Netz sich immer drückender über die Kontinente spannt. Abtreibung, Selbstmord und kollektive Gewalt sind die konkreten Weisen, wie das Syndikat des Todes wirksam wird. Zur selben Zeit ist die Immunschwäche Aids zu einem Porträt der inneren Krankheit unserer Kultur geworden. Es gibt keine seelischen Immunfaktoren mehr. Die positivistische Intelligenz bieten dem seelischen Organismus keine ethischen Immunkräfte an, sie ist der Zerfall des seelischen Immunsystems und damit die wehrlose Preisgabe an die lügnerischen Verheißungen des Todes, die in der Maske von mehr Leben auftreten. Die medizinische Forschung ist mit der ganzen Wucht ihrer Möglichkeiten dabei, nach Impfstoffen gegen die Auflösung der körperlichen Immunisierungskräfte zu suchen, und das ist ihre Pflicht. Sie wird trotzdem nur das Feld der Zerstörungen verschieben und den siegreichen Feldzug der Antikultur des Todes nicht aufhalten, wenn nicht gleichzeitig erkannt wird, daß die körperliche Immunschwäche ein Aufschrei des mißbrauchten Wesens Mensch ist, ein Bild, in dem sich die eigentliche Krankheit darstellt: die Wehrlosigkeit der Seelen in einer geistigen Verfassung, die die eigentlichen Werte des Menschseins, Gott und Seele, für nichtig erklärt.

16/42

Quelle lebendigen Wassers – der Realismus des Christlichen (2)

Wenn wir Christen in dieser Situation nur dabeistehen und beschwichtigende Worte sagen, sind wir höchst überflüssig. Um dem Anspruch der Moderne oder der Postmoderne zu genügen, reicht es nicht aus, sich selbst ihren Standards zu unterwerfen und zu beweisen, daß man dabei mithalten kann. Diese falsche Art von fortschrittlichem Christentum wäre nur lächerlich, wenn sie nicht so traurig und nicht so gefährlich wäre. Sie beschleunigt die Spirale des Todes, anstatt ihr die heilende Macht des Lebens entgegenzustellen. Die marxistische Analyse, mit der einige uns noch immer den Ausweg aus den Widersprüchen unserer Zeit zeigen wollen, ist ein absurder Anachronismus angesichts der Art von Herrschaft des Geldes und der Cupido, die das einigende Band in der teuflischen Trinität von Sex, Droge und kollektiver Gewalt darstellt. Wenn es nicht zu einer Heilung der Seelen vom Grund her kommt, dann sind diese strukturellen Analysen nichts als purer Aberglaube, der im übrigen die Zersetzung der inneren Immunkräfte nur weitertreibt, weil er die Kräfte des Ethos durch Technik und Mechanik, d. h. durch Strukturen, ersetzen will.

An dieser Stelle muß der Realismus des Christlichen neu entdeckt, muß Jesus Christus im Heute gefunden, muß wieder neu begriffen werden, was es heißt: Ich bin der Weg, die Wahrheit und das Leben. Dazu würde freilich vorab eine genaue Analyse der Krankheit gehören, die hier nicht möglich ist.

16/43

Quelle lebendigen Wassers – der Realismus des Christlichen (3)

Begnügen wir uns mit der einfachen Grundfrage: Warum flieht der Mensch in die Droge? Sehr verallgemeinert können wir sagen: Er tut es, weil ihm das Leben, wie es sich in sich selbst darbietet, zu schal, zu dürftig, zu leer ist. Nach allen Genüssen, nach allen Befreiungen und allen Hoffnungen, die man daran knüpfte, bleibt ein Viel-zu-Wenig. Leben als Mühsal zu bestehen und so anzunehmen, wird unerträglich. Es sollte sich selbst unerschöpflich gebende, grenzenlos strömende Lust sein. Zweierlei ist also wirksam: zum einen die Gier nach Fülle, nach Unendlichkeit, die mit den Begrenzungen unseres Lebens kontrastiert; zum anderen der Wille, dies Ganze ohne Schmerz, ohne Anstrengung einfach zu haben. Das Leben soll sich dem Menschen geben, ohne daß er sich gibt. So könnten wir auch sagen, das Eigentliche an dem ganzen Vorgang sei die Verleugnung der Liebe, die zur Flucht in die Lüge führt. Dahinter aber steht ein falsches Gottesbild, das heißt die Leugnung Gottes und die Anbetung eines Idols. Denn Gott wird in der Art verstanden, in der der reiche Mann es tat, der dem Lazarus nicht abtreten konnte, weil er selbst ein Gott sein wollte, wofür aber selbst das Viele, das er besaß, noch immer zu wenig war. Gott wird so in der Weise des Arius verstanden, für den Gott keine Außenbeziehung haben kann, weil er nur ganz er selber ist. Eine solche Art von Gott will der Mensch sein, einer, dem alles zufließt und der selbst nichts gibt. Darum ist der wirkliche Gott der eigentliche Feind, der Konkurrent des so von innen blind gewordenen Menschen. Das ist der wahre Kern seiner Krankheit, denn damit ist er in der Lüge angesiedelt und von der Liebe abgewandt.

16/43f

Quelle lebendigen Wassers – der Realismus des Christlichen (4)

An dieser Stelle können wir vielleicht anfangen zu verstehen, was ein entscheidendes Wort Jesu aus dem hohenpriesterlichen Gebet bedeutet, das uns zunächst als vollkommen unrealer Ausdruck einer religiösen Sonderwelt erscheinen mag: »Das ist das ewige Leben, daß sie dich erkennen, den allein wahren Gott, und den du gesandt hast, Jesus Christus« (Joh 17,3). Wir vermögen heute im allgemeinen nicht mehr einzusehen, daß die Sache mit Gott etwas höchst Reales, ja, der eigentliche Schlüssel für unsere tiefsten Nöte ist. Das aber zeigt den Ernst der Erkrankung unserer Zivilisation an. In der Tat wird es keine Heilung geben, wenn Gott nicht wieder als der Konstruktionspunkt unserer ganzen Existenz erkannt wird. Nur im Miteinander mit Gott wird menschliches Leben eigentliches Leben. Ohne ihn bleibt es unterhalb der Schwelle seiner selbst.

»Wer Durst hat, komme zu mir und trinke«, sagt Christus am letzten, dem großen Tag des Laubhüttenfestes (Joh 7,36). Das Fest erinnert an den Durst Israels in der sengenden Glut der wasserlosen Wüste, die als ein Reich des Todes ohne Ausweg erscheint. Christus aber verkündet sich als den Fels, dem der unerschöpfliche Quell frischen Wassers entströmte: Im Tod wird er Quelle des Lebens. Wer Durst hat, komme: Ist uns nicht die Welt mit all ihrem Können und ihrer Macht wie eine Wüste geworden, in der wir die lebende Quelle nicht mehr finden können? Wer Durst hat, komme: Er ist auch heute die unerschöpfliche Quelle lebendigen Wassers.

16/44f

Von der »Traurigkeit dieser Welt« (1)

Was ist es um die geheimnisvolle Traurigkeit dieser Welt? Vor gar nicht langer Zeit mochte uns dieses Wort noch dunkel, ja, irreal erscheinen; denn es sah so aus, als seien die Kinder dieser Welt viel fröhlicher als die Gläubigen, die von Gewissensskrupeln gequält am heiteren Genuß des Daseins gehindert schienen und wohl auch ein wenig neidisch zu den Ungläubigen hinüberschielten, denen der ganze Paradiesgarten irdischen Glücks ohne Bedenken und Ängste offenzustehen schien. Der große Auszug aus der Kirche hatte ja wohl gerade diesen Grund, daß man endlich der lästigen Grenzen ledig sein wollte, wo ja nun wirklich nicht nur ein Baum des Gartens, sondern nahezu alle seine Bäume verboten schienen ...

Heute, wo die Verheißungen der unbegrenzten Freiheit voll ausgekostet sind, fangen wir an, das Wort von der »Traurigkeit dieser Welt« neu zu verstehen. Die verbotenen Genüsse verloren ihren Glanz in dem Augenblick, in dem sie nicht mehr verboten waren. Sie mußten und müssen radikalisiert, immer neu gesteigert werden und erscheinen zuletzt doch schal, weil sie alle endlich sind, der Hunger aber nach dem Unendlichen geht. [...] Die tiefste Wurzel dieser Traurigkeit ist das Fehlen der großen Hoffnung und die Unerreichlichkeit der großen Liebe: Alles, was zu hoffen ist, ist bekannt, und alle Liebe wird zur Enttäuschung der Endlichkeit in einer Welt, deren ungeheure Surrogate nur ein kläglicher Deckmantel abgründiger Verzweiflung sind.

1/72f

VON DER »TRAURIGKEIT DIESER WELT« (2)

Es gibt heute einen merkwürdigen Haß des Menschen gegen seine eigene Größe. Der Mensch sieht sich als den Feind des Lebens, des Gleichgewichts der Schöpfung, als den großen Störenfried der Natur, den es besser nicht gäbe, als das mißratene Geschöpf. Seine Erlösung und die Erlösung der Welt bestünden darin, daß er sich selbst auflöste, daß der Geist zurückgenommen würde, das Besondere des Menschseins verschwände und so wieder die Natur in ihrem eigenen Rhythmus und mit ihrer eigenen Weisheit des Stirb und Werde zu ihrer unbewußten Vollkommenheit zurückkehrte.

Am Anfang des Weges stand der Hochmut, »wie Gott sein« zu wollen. Den Aufpasser Gott mußte man abschütteln, um frei zu sein; den an den Himmel projizierten Gott in sich zurücknehmen und selbst als Gott über der Schöpfung walten. So kam es dann allerdings wirklich zu einer Art von Geist und Wille, die gegen das Leben standen und stehen, Herrschaft des Todes sind. Und je fühlbarer das wird, desto mehr kehrt sich nun der anfängliche Vorsatz in sein Gegenteil um und bleibt dabei doch dem gleichen Ausgangspunkt verhaftet: Der Mensch, der nur noch sein eigener Schöpfer sein und die Schöpfung selbst neu montieren wollte mit einer von ihm erdachten besseren Evolution – dieser Mensch endet in der Selbstverneinung und Selbstzerstörung. Er findet, es gäbe ihn besser nicht. Diese metaphysische »Trägheit« (acedia) kann mit sehr viel Aktivität und Geschäftigkeit zusammen bestehen. Ihr Wesen ist die Flucht vor Gott, der Wunsch, mit sich selbst und seiner Endlichkeit allein zu sein, von Gottes Nähe nicht gestört zu werden.

1/74f

Von der »Traurigkeit dieser Welt« (3)

Die Aktualität der Analysen des heiligen *Thomas von Aquin* wird womöglich noch offenkundiger, wenn wir uns ansehen, was er über die »Töchter der Trägheit« sagt. Zusammen mit der Verzweiflung wird aus dem Muttergrund des trägen Rückzugs vor der Größe des von Gott geliebten Menschseins die »evagatio mentis« geboren, die schweifende Unruhe des Geistes, denn – so sagt Thomas – »kein Mensch kann in der Traurigkeit wohnen«. Wenn aber der Grund der Seele Traurigkeit ist, kommt es notwendigerweise zu einer beständigen Flucht der Seele vor sich selbst, zu einer tiefen Unruhe: Der Mensch hat Angst, mit sich allein zu sein, er verliert seine Mitte, wird ein geistiger Vagabund, der immer von sich selbst fort ist. Symptom dieser schweifenden Unruhe des Geistes sind die Geschwätzigkeit (verbositas) und die Neugier: Vor dem Denken flüchtet der Mensch ins Reden; da ihm der Blick aufs Unendliche genommen ist, kommt es zu einer unersättlichen Sucht nach Surrogaten. Weitere Haltungen verstärken dies: Die innere Unruhe (importunitas – inquietudo), d. h. eine fortwährende kranke Sucht nach dem Neuen als Ersatz für den Verlust der unerschöpflichen Überraschung der göttlichen Liebe; schließlich die Unbeständigkeit des Wollens und des Seins (instabilitas loci vel propositi).

Nur der Mut, die göttliche Dimension unseres Seins wiederzufinden und sie anzunehmen, kann unseren Seelen und unserer Gesellschaft wieder eine neue innere Stabilität geben.

1/77f

Von der »Traurigkeit dieser Welt« (4)

Der heilige *Thomas von Aquin* handelt übrigens noch von vier weiteren Töchtern der »Trägheit«: der Stumpfsinnigkeit (torpor) all dem gegenüber, was dem Menschen zum Heile nötig ist; dem Kleinmut (pusillanimitas); der Aufgebrachtheit (rancor) und der gewollten Bosheit (malitia). Nur zu zweien davon eine kurze Bemerkung: »Aufgebrachtheit« wird heute von manchen geradezu als Element des modernen Tugendkatalogs hingestellt. Aber sie ist das Gegenteil jenes gerechten Zorns, der die Verkleinerung des Menschen nach den Maßen des Positivismus nicht annehmen will. Sie ist fundamentale Unzufriedenheit des Menschen mit sich selbst, die sich gleichsam am anderen rächt, weil von ihm nicht kommt, was doch nur durch eine neue Eröffnung der eigenen Seele geschenkt werden könnte. Sie ist heute vielfach auch innerkirchlich in verschiedenen Varianten zu beobachten, rührt aber letztlich doch immer daher, daß man von der Kirche das nicht will, was sie eigentlich zu vermitteln hat: Die Gnade der Gotteskindschaft und daß man dann freilich alles, was sonst die Kirche bietet, für unzulänglich halten muß, so daß eine Enttäuschung der anderen folgt. Die große Erwartung an die christliche Existenz bleibt, daß sie das ganz andere, das nirgends aufzufindende, die heile Gemeinschaft und damit die Heilung, auch des eigenen Inneren schenke. Aber diese Erwartung wird transponiert auf das Irdisch-Institutionelle der Kirche, die die heile Gesellschaft sein müsse, und kann dann nur in heillosem Zorn enden.

1/78

Zum wirklichen Leben reifen (1)

Wie sieht der Augenblick aus, in dem der Mensch erfährt, was Leben ist? Es ist der Augenblick der Liebe, der für ihn zugleich zum Augenblick der Wahrheit, der Entstehung des Lebens wird. Das Unsterblichkeitsverlangen steigt nicht aus der isolierten, in sich verschlossenen Existenz auf, die unbefriedigend ist, sondern aus der Erfahrung der Liebe, der Gemeinschaft, des Du. Es entsteht aus der Forderung, die das Du an das Ich stellt und umgekehrt. Die Entdeckung des Lebens schließt ein Überschreiten des Ich, ein Zurücklassen des Ich mit ein. Sie trägt sich nur dort zu, wo der Mensch sich wegwagt von sich selbst und sich fallen läßt. Wenn das Mysterium des Lebens mit dem Mysterium der Liebe identisch ist, dann ist es auch an ein Todesgeschehen gebunden.

Damit sind wir wieder bei der christlichen Botschaft vom Kreuz mit der Deutung von Tod und Leben angelangt. Sie deutet den Tod dadurch, daß sie uns lehrt, in ihm mehr als den Schlußpunkt unseres biologischen Daseins zu sehen. Der Tod ist in der Uneigentlichkeit, in der Verschlossenheit und Leere unseres Alltags fortwährend zugegen. Der physische Schmerz, die Krankheit, die den Tod ankündigen, bedrohen unser wirkliches Leben weniger als das Vorbeiexistieren an uns selbst, das die Verheißung des Lebens ins Banale verfließen läßt und am Ende ins Leere führt.

17/85

ZUM WIRKLICHEN LEBEN REIFEN (2)

Wenn wir an diesem Punkt unsere bisherigen Überlegungen zu ordnen versuchen, werden wir feststellen, daß sich das Phänomen Tod nun in drei sehr verschiedenen Dimensionen darstellt:

1. Tod ist anwesend als die Nichtigkeit einer leeren Existenz, die auf ein Scheinleben hinausläuft.

2. Tod ist anwesend als der physische Prozeß der Auflösung, der das Leben durchzieht, in der Krankheit spürbar wird und im physischen Sterben zum Abschluß kommt.

3. Tod begegnet im Wagnis der Liebe, die sich selbst zurückläßt und an den anderen weggibt; er begegnet in der Preisgabe des eigenen Vorteils zugunsten von Wahrheit und Gerechtigkeit.

Damit entsteht die Frage, wie diese drei Gestalten von Tod zunächst untereinander zusammenhängen und wie sie dann auf den Tod Jesu zu beziehen sind; in der Beantwortung dieser doppelten Frage muß sich das christliche Verständnis des Todes klären. Der Ausgangspunkt der Lösung muß bei Bedeutung zwei liegen, das heißt in der biologischen Komponente des Humanen, in der Tod zunächst und zuerst zu Hause ist. Der Schmerz, die Krankheit kann den Menschen als Menschen paralysieren, ihn nicht nur physisch, sondern auch psychisch und geistig zersetzen. Er kann aber auch die Selbstzufriedenheit, die Abstumpfung des Geistes aufsprengen und den Menschen zur Selbstfindung führen. Die Auseinandersetzung mit dem Leid ist die eigentliche Entscheidungsstätte des Menschlichen.

17/85f

Zum wirklichen Leben reifen (3)

Denn darin wird der Mensch konkret und unausweichlich mit der Tatsache konfrontiert, daß er über sein eigenes Leben nicht verfügen kann, daß ihm sein eigenes Leben nicht zu eigen ist. Darauf kann er mit Trotz antworten, der sich selbst dennoch die Macht zu beschaffen versucht, und sich so einem verzweifelten Zorn als Grundhaltung ausliefern. Darauf kann er aber auch antworten, indem er versucht, der fremden Macht zu vertrauen und sich furchtlos führen zu lassen, ohne sich angsterfüllt nach sich selber umzusehen. Auf solche Weise verschmilzt seine Haltung zum Schmerz, zur Präsenz des Todes im Leben mit der Grundhaltung, die wir Liebe nennen. Denn nun zeigt sich dies: Der Unmöglichkeit, über das eigene Leben zu verfügen, begegnet der Mensch nicht nur an der physischen Grenze des Lebens, die ihn die Krankheit spüren läßt, sondern im zentralen Bereich des Humanen, sofern er darauf angelegt ist, geliebt zu werden, der Liebe als der eigentlichen Nahrung seiner Seele zugewiesen ist. Aber die Liebe, also das, was er als Mensch am meisten braucht, kann er wiederum nicht selbst herbeiführen; er muß ihrer warten und erhält sie dann sicher nicht, wenn er sie selber besorgen will. Wieder kann er ob dieser Angewiesenheit zürnen, sie abschütteln wollen, sie auf eine Bedürfnisstillung zurückschrauben, die ohne das Abenteuer des Geistes und des Herzens zu erreichen ist. Wieder kann er umgekehrt dies annehmen und sich vertrauend offenhalten in der Gewißheit, daß die Macht, die ihn so gewollt hat, ihn auch nicht betrügen wird.

17/86

Zum wirklichen Leben reifen (4)

Die Auseinandersetzung mit dem physischen Tod stößt den Menschen auf die Grundverfassung seines Seins überhaupt. Sie stellt vor die Entscheidung, die Struktur »Liebe« anzunehmen oder ihr die Struktur »Macht« entgegenzuhalten. Das aber löst die entscheidende Frage aus: Kann man den Anspruch des physischen Sterbens, der mitten im Leben fortwährend begegnet, in der Gesinnung des Vertrauens aufnehmen, die in die Grundhaltung der Liebe führt, oder verspielt man dabei die schönsten Angebote des Lebens durch das Warten auf eine Wirklichkeit, die es nicht gibt oder nicht so gibt, wie sie vorausgesetzt wird? Wenn sich uns in den bisherigen Überlegungen der innere Zusammenhang der drei Bedeutungen von »Tod« aufgehellt hat, die wir erarbeitet haben, so öffnet sich nun die Beziehung zur christologischen Frage. Der Gott, der in Christus selber stirbt, ist der Gott, der die Struktur Liebe über alles Erwarten hinaus erfüllt und das Vertrauen rechtfertigt, dessen einzige Alternative im letzten die Selbstzerstörung ist. Der Christ stirbt in den Tod Christi hinein – diese überlieferte Formel gewinnt nun einen ganz praktischen Sinn: Die unverfügbare Macht, die allenthalben sein Leben begrenzt, ist nicht eine blinde Naturgesetzlichkeit, sondern eine Liebe, die sich ihm selbst so in die Verfügung gegeben hat, daß sie für ihn und mit ihm gestorben ist.

17/86f

Zum wirklichen Leben reifen (5)

Der Christ weiß: Er kann die Selbstenteignung, die ihm fortwährend widerfährt, verschmelzen mit der Grundgesinnung eines auf Liebe geschaffenen Wesens, das sich gerade im Vertrauen auf das nicht zu erzwingende Geschenk der Liebe unbedingt geborgen weiß. Der Tod, der Feind des Menschen, der ihn berauben, ihm das Leben stehlen will, wird besiegt, wo der Mensch dem Raubzug des Todes mit der Gesinnung der vertrauenden Liebe entgegentritt und so den Raub umwandelt in ein Mehr an Leben. Der Tod als Tod ist besiegt in Christus, in dem dies aus der Vollmacht unbegrenzter Liebe geschah; er wird besiegt, wo mit Christus und in Christus hineingestorben wird. Deshalb steht die christliche Gesinnung dem modernen Wunsch nach der »subitanea mors« entgegen, die den Tod zum ausdehnungslosen Moment machen und damit den Anspruch des Metaphysischen aus dem Leben bannen will: In der verwandelnden Annahme des Sterbens, das im ganzen Leben immer wieder präsent wird, reift der Mensch zum wirklichen, zum ewigen Leben.

17/87

Elisabeth von Thüringen – sie erlebte Gott als Wirklichkeit (1)

Wie konnte *Elisabeth* gegen allen Brauch der Zeit und gegen alles, was sie als Gewohnheit und Selbstverständlichkeit umgab, so wahr, so richtig Mensch sein? Wie hat sie das Menschsein so verstehen, so leben, so erlernen können? Die Antwort wird deutlich, wenn wir erfahren, daß sie als Kind mitten im Spiel schon aussetzte und sagte: *Jetzt will ich eine Pause machen, die Jesus gilt, und für ihn da sein.* Daß sie im Tanz aussetzte und sagte: *Die nächste Runde nicht – sie gehört Ihm.* Daß sie nächtens sich von der Nähe des geliebten Mannes trennte, sich auf den Boden legte und sagte: *Jetzt will ich für Ihn da sein und an seiner Armut teilhaben.* Gott war für sie Wirklichkeit. Sie hat ihn als Wirklichkeit genommen und ihm darum Zeit in ihrem Leben eingeräumt, sich ihn und seine Nähe etwas kosten lassen. Und weil sie Gott wirklich entdeckt hat, weil Jesus Christus ihr nicht eine ferne Gestalt, sondern der Herr und Bruder ihres Lebens geworden war, darum hat sie von Gott her den Menschen, das Abbild Gottes entdeckt, und darum Gottes Gerechtigkeit und Gottes Liebe unter die Menschen tragen wollen und können. Nur wer Gott findet, kann auch wahrhaft menschlich werden.

22/110f

Elisabeth von Thüringen – sie erlebte Gott als Wirklichkeit (2)

Nun steht da eine Frage auf, denn wir möchten wohl sagen: Schön wäre es, Gott so wirklich zu nehmen wie die Dinge, die wir in unserem Leben greifen können; Gott so nah zu erkennen, daß er unser Leben durchdringt. Aber wie kann man eigentlich Gott so finden, wie kann man so wach werden für ihn, so bereit für ihn, daß man ihn erkennt und seinen Anruf mitten im Alltag annimmt? Ich glaube, zwei Antworten sind mit dem, was wir eben bedachten, schon gegeben.

Eine erste Antwort ist die: Wer Gott erkennen will, muß bereit sein, für ihn Zeit zu haben. Man muß bereit sein, ihn sich etwas kosten zu lassen. Gott drängt sich uns nicht auf. Er läuft uns nicht nach. Er ruft unsere Freiheit. Und nur, wenn wir selbst ja sagen, wenn wir auch für ihn uns einüben und bereiten, wenn wir seine Nähe uns etwas kosten lassen, wenn er Zeit und Kraft unseres Lebens erhält, dann kann der Weg sich öffnen. Wenn wir leben als solche, die ihn anerkennen und als Wirklichkeit nehmen, und auch so verfahren, dann wird er uns Wirklichkeit, dann erfahren wir ihn. Und das Zweite: *Elisabeth* hat gelebt wie jemand, der Gott in den Menschen sieht. Sie hat sich selbst, den angeborenen Egoismus überwunden und um die Gerechtigkeit und Liebe für die Menschen gekämpft. Und da gibt es nun einen gegenseitigen Einfluß: Wer von Gott her auf die Menschen zugeht und Liebe zu schenken sich müht, der wird auch wieder tiefer zu Gott hineingeführt, der erkennt ihn wahrhaft. Und umgekehrt: Wer für Gott Zeit hat, dem wird es leichter, auch den Menschen zu dienen und sie zu lieben. Beides trägt und bedingt einander, greift ineinander.

22/111f

DER TOD ALS FRAGE, WER WIR EIGENTLICH SIND (1)

Die bürgerliche Welt verbirgt den Tod. Der große Münsteraner Philosoph *Josef Pieper* hat eine Reihe bezeichnender Einzelheiten zu diesem Thema zusammengetragen: Er berichtet, daß in einer angesehenen amerikanischen Tageszeitung das Wort »Tod« nicht gedruckt werden darf; sogar die amerikanischen Bestattungsinstitute suchen durch eigene Sprachregelungen das Faktum des Sterbens möglichst unerwähnt zu lassen. Ähnliches ist uns aus unseren Krankenhäusern geläufig, in denen das Faktum des Sterbens meist, wenn irgend möglich, sorgfältig verborgen wird. Die Tendenz, den Tod zu verstecken, wird durch die Struktur der modernen Gesellschaft wirksam unterstützt. In ihr wird die Lebensgemeinschaft der Familie immer mehr abgelöst durch die Logik der Produktion und die von ihr entwickelten Spezialisierungen. Die Familie, die häufig nur noch als Schlafstätte figuriert, löst sich tagsüber auf; sie kann nicht der bergende Raum sein, der die Menschen in Geburt, Leben, Krankheit und Sterben zusammenführt. Krankheit und Tod werden so zu technischen Spezialproblemen, die in den dafür vorgesehenen Einrichtungen entsprechend behandelt werden. So werden diese grundlegenden menschlichen Phänomene nicht nur bewußtseinsmäßig, sondern auch soziologisch und strukturell marginalisiert. Sie sind nicht mehr physisch-metaphysische Probleme, die im Bereich einer Lebensgemeinschaft erlitten und bewältigt werden müssen, sondern technische Aufgaben, die von Technikern technisch behandelt werden.

17/66f

Der Tod als Frage, wer wir eigentlich sind (2)

Wird damit rein durch die äußere Strukturierung der Gesellschaft zunächst das Todestabu unterstützt, so ist in diesen Vorgängen doch zugleich auch eine andere Entwicklung mit angelegt, die heute immer stärker in den Vordergrund tritt. Ich meine damit nicht eigentlich den nihilistischen Trotz, von dem *Josef Pieper* gleichfalls spricht: Dies ist eher eine elitäre Haltung, die es ablehnt, am allgemeinen Versteckspiel teilzunehmen und die Sinnlosigkeit dadurch bestehen möchte, daß sie ihr geradewegs ins Auge blickt. Immer breiter um sich greift dagegen eine dritte Einstellung, für die wiederum *Pieper* die Bezeichnung gefunden hat, wenn er von der materialistischen Bagatellisierung des Todes spricht. Im Fernsehen tritt der Tod als Spektakel auf; er wird zum Nervenkitzel, den man der allgemeinen Langeweile des Daseins entgegensetzt. Im letzten geht es freilich in dieser Versachlichung des Todes um das gleiche wie vordem im bürgerlichen Todestabu: Dem Tod soll der Charakter der Einbruchstelle des Metaphysischen genommen werden; seine Banalisierung soll die unheimliche Frage bannen, die aus ihm aufsteigt. Schleiermacher hat einmal von Geburt und Tod als »durchgehauenen Aussichten« gesprochen, durch die der Mensch ins Unendliche hinausblickt. Aber eben dies Unendliche stellt seine Gewöhnlichkeit in Frage; so sucht er es zu bannen: Die Todesverdrängung wird wirksamer möglich in der Naturalisierung des Todes. Der Tod soll so sachlich, so gewöhnlich, so öffentlich werden, daß ihm nichts von metaphysischer Frage mehr bleibt.

17/67

Der Tod als Frage, wer wir eigentlich sind (3)

Dies alles hat entscheidende Folgen für das Verhältnis des Menschen zu sich selbst und zur Wirklichkeit insgesamt. Die Allerheiligenlitanei drückt die Gesinnung des christlich Glaubenden dem Tod gegenüber in der Bitte aus: »A subitanea morte, libera nos, Domine« – von jähem und unversehenem Tode befreie uns, o Herr. Das jähe Hinweggenommen-Werden, ohne sich bereiten zu können, ohne gerüstet zu sein, erscheint als die Gefahr des Menschen, vor der er gerettet werden will. Er möchte die letzte Wegstrecke bewußt durchwandern, er will selber sterben. Müßte man heute eine Litanei der Ungläubigen formulieren, so würde die Bitte zweifellos umgekehrt lauten: plötzlichen und unbemerkten Tod gib uns, o Herr. Der Tod soll schlagartig eintreten und zum Nachdenken keine Zeit lassen oder zum Leiden. Hier zeigt sich zunächst, daß die vollkommene Bannung der metaphysischen Furcht nicht gelungen ist; man möchte sie am liebsten dadurch zuwege bringen, daß man den Tod selbst produziert und daß er so als eine die Technik übersteigende Frage nach dem Menschsein überhaupt verschwindet. Die Bedeutung, die die Euthanasie-Frage zusehends erhält, beruht darauf, daß der Tod als ein mir widerfahrendes Phänomen vermieden und durch den technischen Tod ersetzt werden soll, den ich selbst nicht zu sterben brauche. Der Metaphysik soll die Tür zugeschlagen werden, ehe sie hereintreten kann.

17/67f

DER TOD ALS FRAGE, WER WIR EIGENTLICH SIND (4)

Der Preis für diese Bannung der Furcht ist hoch: Die Dehumanisierung des Todes zieht mit Notwendigkeit die Dehumanisierung des Lebens nach sich. Wenn Krankheit und Tod auf die Ebene des technisch Machbaren reduziert werden, wird es der Mensch damit. Wo es zu gefährlich wird, den Tod menschlich anzunehmen, da wird das Menschsein überhaupt zu gefährlich. In dem Streben nach einer Rücknahme des Menschseins begegnen sich heute merkwürdig die gegensätzlichen Einstellungen: Einer positivistisch-technokratischen Weltsicht steht der Mensch ebensosehr im Weg wie der nostalgischen Sehnsucht nach der unzerstörten Natur, die im Geist die eigentliche Störung des Friedens sieht und immer mehr daran geht, den Menschen als das mißglückte Tier zu verketzern. Mit der Einstellung zum Tod ist die Einstellung zum Leben mitentschieden: Der Tod wird so zum Schlüssel für die Frage, was eigentlich der Mensch ist. Die Brutalisierung, die wir heute dem Menschenleben gegenüber erfahren, hängt mit der Abweisung der Todesfrage tief zusammen. Verdrängung wie Banalisierung können die Frage schließlich nur dadurch lösen, daß sie darangehen, den Menschen selbst aufzuheben.

17/68

Der Tod – ohne Gott: ein grausames Rätsel (1)

Warum eigentlich fürchten wir uns vor dem Tod? Warum hat die Menschheit nie glauben mögen, daß hinter ihm schlechthin nichts mehr kommt? Es gibt viele Gründe. Wir fürchten uns vor dem Tod zunächst einfach, weil wir Angst vor dem Nichts haben, vor dem Hinaustreten ins völlig Unbekannte. Wir lehnen uns gegen ihn auf, weil wir nun einmal nicht glauben können, daß so viel Großes und Sinnvolles, das in einem Leben gewachsen ist, plötzlich ins Nichts zerfallen soll. Wir wehren uns gegen ihn, weil Liebe Ewigkeit verlangt und weil wir die Zerstörung der Liebe nicht hinnehmen können, die er mit sich bringt. Wir fürchten ihn, weil keiner das Gefühl ganz abschütteln kann, daß es ein Gericht geben werde, vor dessen Nähe uns die Erinnerung all unseres Versagens unbeschönigt aufsteigt, die wir sonst so geschäftig zu verdrängen wissen. Die Frage des Gerichts hat der Grabkultur aller Epochen ihren Stempel aufgedrückt. Die Liebe, die den Toten umgibt, soll ihn schützen; daß ihn so viel Dank begleitet, kann beim Gericht nicht ohne Wirkung bleiben – so dachten und denken die Menschen.

3/115f

Der Tod – ohne Gott: ein grausames Rätsel (2)

Wenn es Gott gibt, und wenn dieser Gott den Menschen gewollt hat und will, dann ist klar, daß seine Liebe das kann, was die unsere vergeblich will; den Geliebten über den Tod hinaus am Leben halten. [...] So gewannen für die Christen auch die Anläufe der alten Philosophie ihren Sinn. Sie hatte gesagt: Wenn du über den Tod hinaus bestehen willst, dann mußt du möglichst viel von dem in dich aufnehmen, was ewig ist: Wahrheit, Gerechtigkeit, das Gute. Je mehr du davon in dir hast, desto mehr bleibt von dir, desto mehr bleibst du. Oder besser: Du mußt dich an dies Ewige hängen, so daß du ihm zugehörst und an seiner Ewigkeit teilnimmst. Sich an die Wahrheit hängen und so dem Unzerstörbaren zugehören – das wird nun ganz real und ganz nahe: Hänge dich an Christus, er trägt dich durch die Nacht des Todes, die er selbst durchschritten hat. So gewinnt Unsterblichkeit Sinn. Sie ist nun nicht mehr eine endlose Dublette des Jetzigen, sondern ganz Neues und doch wirklich unsere Ewigkeit: In den Händen Gottes sein und so eins mit allen Geschwistern, die er uns geschaffen, eins mit der Schöpfung – das ist erst das wirkliche Leben, auf das wir jetzt nur aus Nebeln hinblicken. Ohne Antwort auf die Gottesfrage bleibt der Tod ein grausames Rätsel, und jede andere Antwort führt ins Widersprüchliche. Wenn aber Gott ist, der Gott, der sich in Jesus Christus gezeigt hat, dann gibt es ewiges Leben, und dann ist auch der Tod eine Straße der Hoffnung.

3/118f

Beziehung macht unsterblich (1)

Das christliche Unsterblichkeitsverständnis geht entscheidend vom Gottesbegriff aus und hat deshalb dialogischen Charakter. Weil Gott der Gott der Lebendigen ist und sein Geschöpf, den Menschen, beim Namen ruft, darum kann dieses Geschöpf nicht untergehen. Dieser Akt der Annahme des Menschen durch Gott in Gottes eigenes Leben hinein hat in Jesus Christus sozusagen Fleisch empfangen: Christus ist der Baum des Lebens, von dem der Mensch das Brot der Unsterblichkeit empfängt. Nicht aus der isolierten Einzelexistenz und ihrer eigenen Macht erklärt sich das ewige Leben, sondern aus der Bezogenheit, die für den Menschen konstitutiv ist. Diese Aussage über den Menschen weist aber ihrerseits wieder zurück auf das Gottesbild, sie deckt den Kern des christlichen Wirklichkeitsverständnisses überhaupt auf: Auch Gott hat Unsterblichkeit, oder richtiger: ist Unsterblichkeit als Beziehungsgeschehen trinitarischer Liebe. Gott selbst ist nicht »Atom«, sondern Beziehung, weil er Liebe ist, und darum ist er das Leben. Von da aus liegt auch auf dem Zueinander menschlicher Liebe ein Glanz des Ewigkeitsgeheimnisses. Die Wegweisung, die von solcher Sicht des Seins ausgeht, lautet: Relation macht unsterblich; Offenheit, nicht Verschließung ...

17/132

Beziehung macht unsterblich (2)

Aus dem Schöpfungsglauben folgt der ganzheitliche Charakter der christlichen Hoffnung. Was gerettet wird, ist das eine Geschöpf Mensch, die Ganzheit und Einheit der Person, die sich in unserem leibhaftigen Leben zeigt. »Alle Haare eures Hauptes sind gezählt« (Mt 10,30par). Das bedeutet nicht, daß es nichts Vergängliches am Menschen gäbe. Aber es besagt, daß gerade in der Durchdringung des Vergänglichen das Beständige seine Gestalt gewinnt. Die Materie als solche kann nicht der Konstanz-Faktor im Menschen sein: Sie ist auch während des irdischen Lebens in steter Umbildung begriffen. Insofern ist eine Dualität, die die Konstante von den Variablen unterscheidet, unerläßlich und einfach von der Logik der Sache her gefordert. *Die Unterscheidung zwischen Seele und Leib ist aus diesem Grund unverzichtbar.* Aber diese Dualität ist in der christlichen Überlieferung immer konsequenter – abschließend bei *Thomas von Aquin* und im Konzil von Vienne (1311/12) [...] – so bedacht worden, daß sie nichts von Dualismus an sich trägt, sondern eben erst die Würde und die Einheit des Menschen zum Vorschein bringt. Auch im ständigen »Aufgeriebenwerden« des Leibes ist es doch der eine Mensch, der ganze Mensch, der auf die Ewigkeit zugeht und als Gottes Geschöpf im leibhaftigen Leben reift für das Schauen von Gottes Angesicht.

17/133

Beziehung macht unsterblich (3)

In die christlichen Vorstellung von der Unsterblichkeit gehört auch der mitmenschliche Faktor hinein. Der Mensch dialogisiert ja nicht einsam mit Gott, und er tritt nicht in eine ihm allein gehörende Ewigkeit mit Gott ein, sondern der christliche Dialog mit Gott geht gerade durch die Menschen hindurch. Er geht durch die Geschichte hindurch, in der Gott mit den Menschen redet; er geschieht im Wir der Kinder Gottes – das heißt letztlich: Er geschieht im »Leib Christi«, in der Gemeinschaft mit dem Sohn, die überhaupt erst den Menschen möglich macht, Gott Vater zu nennen. Er kann, er darf das nur, indem er mit dem Sohn Sohn wird, und das heißt notwendigerweise auch, daß er mit allen anderen, die den Vater suchen, eins wird. Erst in der Versöhnung, die Christus heißt, löst sich die menschliche Zunge und wird der Dialog möglich, der der wahre Quell des Lebens für den Menschen ist. [...]

In jeder zwischenmenschlichen Liebe liegt ein Ruf nach Ewigkeit, den sie aber nie einzulösen vermag. Gott tritt in Christus als Mensch, in diese unsere Suche nach dem Wort der Liebe ein. Der Dialog Gottes mit uns wird dadurch wahrhaft menschlich, daß Gott ihn als Mensch führt. Und umgekehrt: Der Dialog der Menschen untereinander wird dadurch ewigkeitshaltig, daß er in der »communio sanctorum«, in der Gemeinschaft der Heiligen, ins trinitarische Gespräch einbezogen wird. Deswegen ist die Gemeinschaft der Heiligen der Ort, an dem sich für den Menschen Ewigkeit auftut. Das ewige Leben isoliert den Menschen nicht, sondern es führt ihn aus der Isolierung heraus in die wahre Einheit mit seinen Brüdern und mit der ganzen Schöpfung Gottes.

17/133f

DEZEMBER

DIE LICHTGEBURT IM DUNKEL DES NUR MENSCHLICHEN

Flucht vor dem Diesseits?

Es gibt eine Ewigkeit. Solches zu sagen ist heute auch in der Theologie reichlich unmodern. Die Rede vom Jenseits erscheint als Flucht vor dem Diesseits. Wie aber, wenn sie wahr ist? Kann man dann an ihr vorbeigehen? Kann man sie als Vertröstung abtun? Gibt nicht vielmehr gerade sie dem Leben seinen Ernst, seine Freiheit, seine Hoffnung? Der Mensch Gottes Bild – nur mannigfach verzerrt blickt dieses Bild uns an. Rein gilt das Wort nur von Jesus Christus: Er ist das wiederhergestellte Bild Gottes. Welchen Gott aber sehen wir da? Viele Menschen haben auf Grund mißverstandener Theologie ein ganz falsches Bild daraus entnommen – das Bild eines grausamen Gottes, der das Blut seines eigenen Sohnes verlangt. Aber der biblische Gott verlangt keine Menschenopfer. Ehe Abraham an Isaak Hand anlegen kann, hindert ihn der Einspruch Gottes; der Widder ersetzt das Kind. Für den Gott Israels ist nicht der Tod des Menschen Gottesdienst, sondern sein Leben. Irenäus von Lyon hat dafür die wundervolle Formel geprägt: »Gloria Dei homo vivens« – der lebendige Mensch, er ist die Verherrlichung Gottes. Dies ist die Art von »Menschenopfer«, von Gottesdienst, den er verlangt.

7/44f

»Dein Reich komme« – Advent

Worauf warten wir eigentlich im Advent? Auf Christi erste Ankunft? Sie liegt hinter uns. Auf seine zweite Ankunft? Wir fürchten sie, wir wünschen sie nicht. Auf Weihnachten? Das Warten auf das Fest ist aus einem religiösen zu einem kommerziellen Vorgang geworden, der hernach durch einen anderen abgelöst wird. So scheint es, daß der Christ auf nichts wartet; daß die christliche Hoffnung ein leeres Wort ist und eben deshalb dem Gesetz des Vakuums folgt, sich von anderen Hoffnungen her auffüllen zu lassen.

Aber haben wir wirklich nichts zu erwarten? [...] Es gibt Menschen, die noch vor Christus leben: denen der Gott noch nie begegnet ist, der unser Leiden nicht heilt, indem er es beseitigt, sondern indem er es mitleidet; der das Unrecht der Welt dadurch überführt, daß er selbst unter die Opfer der Ungerechtigkeit tritt. Es gibt Menschen, die nach Christus leben – die ihn gesehen haben und weggegangen sind. Ist es nicht seliger, »vor« als »nach« Christus zu leben? Darf seine erste Ankunft je einfach »hinter uns« liegen? Bleibt sie nicht in einem sehr tiefen Sinn immer »voraus«? Müssen wir nicht in Wahrheit ein Leben lang auf sie zugehen, und sollte der Advent uns nicht dazu helfen, auf diesem Wege zu bleiben? So könnte uns allmählich auch sichtbar werden, daß Warten auf die erste und auf die zweite Ankunft Jesu Christi im tiefsten ein und dasselbe ist. Beides bedeutet zuletzt nichts anderes als Eintreten in die innere Dynamik der Bitte »Dein Reich komme«.

8/37f

Angeleuchtet von Gottes Licht

Advent ist eine Wirklichkeit auch für die Kirche. Gott hat die Geschichte nicht eingeteilt in eine helle und in eine dunkle Hälfte. Er hat die Menschen nicht eingeteilt in solche, die er erlöst, und in solche, die er vergessen hat. Es gibt nur eine einzige unteilbare Geschichte, die als ganze gekennzeichnet ist durch die Schwachheit und Erbärmlichkeit des Menschen und die als ganze steht unter der erbarmenden Liebe Gottes, die diese Geschichte immerfort umfängt und trägt. Unser Jahrhundert nötigt uns, die Wahrheit des Advent ganz neu zu erlernen: die Wahrheit nämlich, daß immer schon Advent war, aber auch immer noch Advent ist. Daß die ganze Menschheit eine einzige ist vor Gottes Angesicht. Daß die ganze Menschheit im Dunkel steht, daß aber auch die ganze Menschheit angeleuchtet ist von Gottes Licht. Wenn es aber so steht, daß Advent immer schon war und immer noch ist, dann heißt dies auch, daß für keine Periode der Geschichte Gott gleichsam nur Vergangenheit wäre, die schon hinter uns liegt und in der schon alles getan worden ist. Sondern für uns alle ist Gott der Ursprung, aus dem wir kommen, aber immer auch die Zukunft, der wir entgegengehen. Und es bedeutet weiterhin, daß Gott für uns alle gar nicht anders zu finden ist, als indem wir ihm entgegengehen als dem Kommenden, der unseren Aufbruch erwartet und verlangt. Man kann Gott gar nicht anders finden als in diesem Exodus, in diesem Herausgehen aus der Behaglichkeit unserer Gegenwart in das Verborgene der kommenden Heiligkeit Gottes hinein.

36/30f

Glaubhaft ist nur Liebe

Welche Periode der Menschheitsgeschichte hätte wohl mehr Angst vor ihrer eigenen Zukunft empfunden als die unsere? Vielleicht verbohrt sich der Mensch von heute nur deshalb so in die Gegenwart, weil er es nicht aushält, der Zukunft ins Auge zu schauen, an die bloß zu denken ihm Alpträume verursacht. Wir fürchten nicht mehr, die Sonne könnte von der Finsternis besiegt werden und nicht mehr zurückkehren. Aber wir fürchten das Dunkel, das aus dem Menschen kommt, und haben damit erst das wahre Dunkel entdeckt – furchtbarer in diesem Jahrhundert der Unmenschlichkeiten als Generationen vor uns es ersinnen konnten. Wir haben Angst, daß das Gute in der Welt überhaupt machtlos wird. Daß es allmählich gar keinen Sinn mehr hat, es mit Wahrheit, Reinheit, Gerechtigkeit, Liebe zu versuchen, weil nun einmal in der Welt das Gesetz des stärkeren Ellenbogen gilt, weil der Gang der Welt den Hemmungslosen und den Brutalen recht gibt, nicht den Heiligen. Wir sehen doch: [...] Es herrscht das Gefühl, daß die dunklen Mächte zunehmen, daß das Gute ohnmächtig ist – ungefähr jenes Gefühl befällt uns beim Anblick der Welt, das einst die Menschen haben mußten, wenn im Herbst und Winter die Sonne ihren Todeskampf zu kämpfen schien. Wird sie ihn durchstehen? Wird das Gute einen Sinn und Kraft behalten in der Welt? Im Stall von Betlehem ist uns das Zeichen gesetzt, das uns freudig antworten heißt: Ja. Denn dies Kind – Gottes eingeborener Sohn – ist aufgestellt als Zeichen und Bürgschaft dafür, daß am Ende Gott das letzte Wort behält in der Weltgeschichte. Er, der da ist die Wahrheit und die Liebe.

14/391f

Anklopfen an die verschüttete Seele

Was *Julien Green* von seiner aufgewühlten Jugend erzählt, gibt auf eine verblüffend genaue Art das Ringen wieder, dem sich auch heute unsere Zeit ausgesetzt sieht. Da ist die Selbstverständlichkeit des modernen Lebensgetriebes, das uns einerseits als die unabdingbare Form unserer Freiheit erscheint und das wir zugleich als die Sklaverei empfinden, von der uns am besten ein Wunder befreien sollte, aber gewiß nicht der altmodische Weg der Kirche, die überhaupt nicht als Alternative in Betracht zu kommen scheint. Schon eher zählt da der fremde Reiz exotischer Religionen. Und doch geschieht Entscheidendes schon darin, daß die Sehnsucht nach Befreiung nicht zertreten wird und daß sie ab und zu in Augenblicken der Stille in der Kirche zur Wirkung kommt. [...]

Irgendwann wird es dann bestürzend klar: Ja, *ich* bin Israel. Ich bin der Ochs, der seinen Herrn nicht kennt. Und wenn wir dann erschrocken vom Sockel unseres Hochmuts heruntersteigen, dann geschieht, was der Psalmist sagt: Das Herz erhebt sich, gewinnt Höhe und die verborgene Gegenwart Gottes dringt tiefer ein in unser verworrenes Leben. Advent ist kein jähes Mirakel, wie es die Prediger der Revolution und die Boten neuer Heilswege versprechen. Gott handelt ganz menschlich an uns, Schritt für Schritt führt er uns und wartet er auf uns. Die Tage des Advents sind wie ein stilles Anklopfen an unsere verschüttete Seele, das Wagnis des Zugehens auf Gottes geheime Gegenwart zu unternehmen, das allein freimachen kann.

35/14f

Nikolaus – Das Licht einer neuen Menschlichkeit (1)

Wer in den ersten Dezembertagen durch unsere Straßen geht, kann ihm gewiß oft begegnen, dem heiligen Nikolaus, in mehr oder weniger korrekter Bischofskleidung und sicher nie ohne den langen weißen Bart, mit dem man ihn übrigens schon im 8. Jahrhundert dargestellt hat. Mehr oder weniger bischöflich ist auch, was diese Nikolausgestalten sagen und tun; oft spielen sie eher den Kinderschreck, als daß sie die Liebe des Heiligen vergegenwärtigen, von der die Legende in vielen Varianten erzählt. Wer er geschichtlich genau gewesen ist, dieser Mann, wissen wir kaum noch; trotzdem können wir im Lauschen auf die ältesten Quellen durch den Nebel der Vergangenheit hindurch noch den Glanz einer Gestalt erkennen, die eine Tür zum Advent auftut, d. h. Begegnung mit der Wirklichkeit Jesu Christi vermitteln kann.

Der älteste Biograph des heiligen Nikolaus, ein gewisser Archimandrit *Michael*, sagt in seiner Lebensbeschreibung, daß Nikolaus von der Erhabenheit Christi seine Würde empfing, wie der Morgenstern von der aufgehenden Sonne sein Funkeln. Nikolaus sei ein lebendiges Nachbild Christi gewesen: »In dem Glanz seiner Tugenden« – so sagt der Biograph – »leuchtet die Gerechtigkeit der Sonne auf.«

35/18f

Nikolaus – Das Licht einer neuen Menschlichkeit (2)

Die Überlieferung hat den heiligen Nikolaus immer mit jenem Bischof Nikolaus gleichgesetzt, der am Konzil von Nizäa (325) teilnahm und zusammen mit jener ersten großen Bischofsversammlung das Bekenntnis zur wahren Gottheit Jesu Christi formulierte; hier war es um den Kern des Christentums gegangen, um die Entscheidung, ob das Christentum irgend eine Sekte werden würde oder das wirklich Neue, der Glaube an die Menschwerdung Gottes. Es war um die Frage gegangen, ob Jesus von Nazaret nur ein großer religiöser Mensch war oder ob in ihm Gott selbst einer von uns geworden ist. Und so war es letztlich um die Frage gegangen, ob Gott so mächtig ist, daß er klein werden kann; ob Gott so mächtig ist, daß er uns lieben und wirklich in unser Leben hereintreten kann. Wenn aber Gott zu weit weg ist, um uns wirksam lieben zu können, dann ist auch die menschliche Liebe nur ein leeres Versprechen. Wenn Gott nicht lieben kann, wie sollte der Mensch es dann können? So ging es beim Bekenntnis zur Menschwerdung Gottes letztlich auch um die Möglichkeit des Menschen, menschlich zu leben und zu sterben. Diesen Zusammenhang stellt die Gestalt des heiligen Nikolaus ursprünglich heraus.

35/19f

Adventlicher Besuch (1)

Überlegen wir uns, was das eigentlich bedeutet: »Advent«. Dies ist ein lateinisches Wort, das wir im Deutschen mit »Anwesenheit, Ankunft« wiedergeben können. In der Sprache der alten Welt war es ein Fachausdruck, der die Ankunft eines Amtsträgers, besonders die Ankunft von Königen oder Kaisern in der Provinz bezeichnete. Er konnte aber auch die Ankunft der Gottheit ausdrücken, die aus ihrer Verborgenheit hervortritt und machtvoll ihre Gegenwart erweist oder deren Anwesenheit im Kult feierlich begannen wurde.

Dieses Wort übernahmen die Christen, um ihre besondere Beziehung zu Jesus Christus auszusagen. Er ist für sie der König, der in diese armselige Provinz Erde hereingetreten ist und ihr das Fest seines Besuches schenkt; er ist es, an dessen Gegenwart in der liturgischen Versammlung sie glauben. Ganz allgemein wollen sie mit diesem Wort sagen: Gott ist da. Er hat sich nicht von der Welt zurückgezogen. Er hat uns nicht allein gelassen. Auch wenn wir ihn nicht sehen und greifen können wie irgendwelche Dinge – er ist doch da und kommt auf vielerlei Weise zu uns.

35/12f

Adventlicher Besuch (2)

So gehört in den Sinnzusammenhang des Wortes Advent auch das Wort »visitatio« hinein, das eigentlich einfach »Besuch« bedeutet, das man im Deutschen aber seit langem mit dem Wort »Heimsuchung« wiedergibt. Hier hat sich nun eine merkwürdige Verschiebung unseres Denkens vollzogen: Das Wort »Heimsuchung« hat den freudigen Gehalt des Wortes »Besuch, besuchen« fast ganz verloren; wir achten gar nicht mehr auf seinen ursprünglichen Sinn, sondern verstehen unter Heimsuchungen Plagen und Mühsale, die als Strafen Gottes gedeutet werden. Eigentlich sollte es gerade umgekehrt sein: Das Wort »Heimsuchung, Besuch« sollte zu der Einsicht helfen, daß selbst im Schweren etwas von der Schönheit des Advent liegen kann.

Krankheit und Leid können ebenso wie eine große Freude so etwas wie ein ganz persönlicher Advent sein – ein Besuch Gottes, der in mein Leben hereintritt und sich mir zuwenden will. Auch wenn es uns schwer wird, sollten wir doch einmal versuchen, die Tage der Krankheit auf solche Weise zu verstehen: Der Herr hat meine Aktivität für eine Weile unterbrochen, um mich zur Stille zu bringen.

25/13f

Adventlicher Besuch (3)

In meinem Alltag habe ich wenig Zeit für ihn und wenig Zeit für mich selbst. Ich bin ganz eingespannt in meine Geschäfte von früh bis spät, und ich weiche sogar aus vor mir selbst, weil ich nichts mit mir anfangen kann. Der Beruf hat mich, die Gesellschaft hat mich, das Vergnügen hat mich, aber ich habe mich nicht selbst. So verwildere ich allmählich auch nach innen zu. Die Dinge treiben mich, ich bin nur eine Funktion in ihrem großen Getriebe.

Nun aber hat Gott mich herausgezogen. Ich muß still sein. Ich muß warten. Ich muß mich besinnen auf mich selbst, ich muß das Alleinsein tragen. Ich muß den Schmerz tragen, und ich muß mich selber annehmen. Das alles ist schwer.

Aber kann es nicht wirklich sein, daß Gott in dieser Stille auf mich wartet? Kann es nicht sein, daß er dabei das tut, was in der Parabel vom Weinstock steht: Die Zweige, die Frucht tragen, reinigt er, damit sie mehr Frucht bringen (Joh 15,2)?

Wenn ich lerne, mich anzunehmen in diesen Tagen der Stille, wenn ich mir den Schmerz gefallen lasse, weil der Herr mich dabei reinigt – bin ich dann nicht reicher geworden, als wenn ich viel Geld verdient hätte? Ist dann nicht etwas an mir geschehen, was beständiger und fruchtbarer ist als die Dinge, die man zählen und berechnen kann?

25/14f

Adventlicher Besuch (4)

Besuch des Herrn – vielleicht kann die Krankheit ein anderes Gesicht gewinnen, wenn wir sie als ein Stück Advent ansehen. Wir rebellieren ja nicht nur deshalb gegen sie, weil sie weh tut, weil Stillsein und Einsamkeit schwer sind. Wir rebellieren gegen sie, weil wir soviel Wichtiges zu tun hätten, weil sie sinnlos scheint. Aber sie ist gar nicht sinnlos. Im Gefüge des menschlichen Lebens hat sie ihre große Bedeutung. Sie kann der Augenblick Gottes in unserem Leben sein, die Zeit, da wir für ihn offen sind und damit auch uns selbst wieder finden lernen.

Vielleicht sollten wir einmal das Experiment machen, die einzelnen Begebnisse des Tages als Winke Gottes an uns zu verstehen. Vielleicht sollten wir einmal nicht nur das Ärgerliche und Unangenehme registrieren, sondern uns mühen, herauszufinden, wie oft Gott mich etwas von seiner Liebe spüren läßt. Sozusagen ein inneres Tagebuch des Guten zu führen wäre eine schöne und heilende Aufgabe.

Der Herr ist da – diese christliche Gewißheit sollte uns helfen, mit anderen Augen in die Welt zu schauen und gerade auch die »Heimsuchung« als Besuch verstehen zu lernen, als eine Weise, wie Er zu uns kommen, uns nahe werden kann.

25/15f

»... UND WIR SUCHEN IHN NICHT EINMAL«

Mir fällt eine rabbinische Geschichte ein, die *Elie Wiesel* aufgezeichnet hat. Er erzählt, daß Jeschiel, ein kleiner Junge, zu seinem Großvater, dem berühmten Rabbi Baruch, weinend ins Zimmer gestürzt kam. Große Tränen rollten ihm über die Wangen, und er klagte: »Mein Freund hat mich ganz und gar verlassen. Er ist sehr ungerecht und sehr unschön zu mir.« – »Ja, kannst du mir das nicht näher erklären?« fragt ihn der Meister. »Ja«, antwortet der Kleine. »Wir haben Verstecken gespielt, und ich habe mich so gut versteckt, daß der andere mich nicht finden konnte. Aber da hat er einfach aufgehört, mich zu suchen, und er ist weggegangen. Ist das nicht unschön?« Das schönste Versteck hat seine Schönheit verloren, weil der andere das Spiel abbricht. Nun streichelt ihm der Meister die Wangen, es treten ihm selbst die Tränen in die Augen, und er sagt: »Ja, das ist gewiß sehr unschön. Und siehst du: Mit Gott ist es genauso. Er hat sich versteckt, und wir schauen nicht nach ihm. Denk dir nur: Gott verbirgt sich, und wir Menschen suchen ihn nicht einmal.«

In dieser kleinen Geschichte kann ein Christ das ganze Weihnachtsgeheimnis aufgeblättert finden. Gott verbirgt sich. Er blendet uns nicht mit dem Glanz seiner Herrlichkeit; er zwingt uns nicht in die Knie mit seiner Macht. Er will, daß zwischen ihm und uns das Geheimnis der Liebe entstehe, die Freiheit voraussetzt. [...] Er wartet auf den Menschen. Und er will für uns, daß wir selbst diese eigentlich göttliche Erfahrung machen dürfen: die Erfahrung der Freiheit, des Suchens, des Entdeckens und des seligen Ja über eine Liebe, die das Herz der Welt ist, derentwegen die Welt gut ist und wir gut sind.

39/17f

Weihnachten – Sein Versteck

Gott verbirgt sich, weil er will, daß wir ihm ähnlich seien, daß Freiheit und Liebe in uns sich zutrage, aber er ist doch nicht nur Verborgenheit. Weihnachten ist sein Versteck, wenn man es so will, aber es ist doch zugleich mit Ostern zusammen die größte Offenbarung Gottes. Gott läßt uns ja nicht allein in diesem Spiel, das Wahrheit ist; er hat es selbst eingefädelt und eröffnet. Er geht uns immerfort nach. Durch die Schöpfung redet er uns ständig an, wenn wir nur hören und sehen wollen, und sagt zu uns: Sucht mich doch! [...] Er ist die ganze Leiter der Entfernungen zwischen ihm und uns heruntergestiegen, bis zum Menschsein, bis zum Kindsein. Man möchte sagen, er ist aus seinem Versteck herausgegangen und läuft uns förmlich nach, damit wir nicht aufhören, ihn zu suchen; damit wir fähig werden, ihn zu finden. In dem Kind wird er selbst sichtbar, so wie er ist, nämlich als jene Liebe, die so etwas Ungeheuerliches tun kann, die Zeit hat, um selbst ein Mensch zu sein. Er wird sichtbar als jene Freiheit, die zu solchem Tun fähig ist. Als Allmacht, die uns so nachgehen kann. Wir stellen uns ja Allmacht ganz anders vor. Wir gestehen einem unbekannten Gott allenfalls zu, daß er irgendwie die Statik oder die Mechanik des Weltalls ist und das Ganze irgendwie bewegt. Aber die Allmacht, daß er jeden von uns kennen kann, daß er sich mit unseren Schicksalen befaßt, daß er ganz klein sein kann, die ist uns zu kühn, die erlauben wir ihm nicht, die wischen wir mit unserer Aufgeklärtheit beiseite. Im Kind aber ist er am sichtbarsten, seine Weise der Liebe und seine Weise der Allmacht. Wer anfängt, sie zu verstehen, der sinkt in die Knie und wird erfüllt von der großen Freude, die der Engel in der Heiligen Nacht verkündet hat.

39/19f

JENES AUFATMEN DER HEILIGEN NACHT

Es ist leider allzu wahr, daß für viele sich die Religion aufgelöst hat in eine Stimmung, hinter der keine Wirklichkeit mehr steht, weil der Glaube erloschen ist, aus dem einst jenes Gefühl aufgestiegen war. Vielleicht ist aber in mancher Hinsicht sogar die Einstellung jener viel gefährlicher, die sich durchaus für gläubig halten, aber die Religion desgleichen auf den Bereich des Gefühls beschränken und ihr keinerlei Zutritt in das nüchterne Kalkül des täglichen Lebens gewähren, in dem sie einzig und allein nach ihrem Nutzen verfahren. Im Schlußgebet der Messe des Heiligen Abends bitten die Gläubigen Gott, er möge ihnen gewähren, durch die Feier der Geburt seines Sohnes aufzuatmen. Wovon und in welcher Hinsicht sie aufatmen wollen, das wird nicht näher gesagt, und so steht es uns frei, das Wort so völlig menschlich und einfach zu nehmen, wie es nun eben klingt. Aufatmen lassen soll uns das Fest. Allerdings, so wie wir es heutzutage mit Geschäften zugeschüttet haben, nimmt es uns eher den Atem und erstickt uns vollends in Terminen. Aber dann um so mehr ist uns gesagt, daß das Fest uns gegeben ist, um ein wenig Stille und Freude zu finden. Daß wir das schöne Gefühl der Festlichkeit, das es uns anbietet, ohne Scheu als ein Geschenk Gottes annehmen sollen. Deshalb auch sollten wir denen, die meinen, nicht mehr glauben zu können, jenes Gefühl nicht nehmen wollen, das ihnen vielleicht als letzter Nachhall ihres Glaubens geblieben ist und das sie teilhaben läßt an jenem Aufatmen der Heiligen Nacht, durch das der Atem des göttlichen Friedens geht.

14/383f

In das Herz der Stille hören

Weihnachten ruft uns in die Stille Gottes hinein, und sein Geheimnis bleibt so vielen verborgen, weil sie die Stille nicht finden können, in der Gott handelt. Wie finden wir sie? Das bloße Schweigen allein schafft sie noch nicht. Denn es kann ja ein Mensch äußerlich schweigen, und doch ist er von der Unrast der Dinge völlig zerrissen. Es kann einer schweigen und doch ist es unheimlich laut um ihn. Still werden bedeutet: eine neue innere Ordnung finden. Es bedeutet, nicht bloß auf die Dinge bedacht zu sein, die man darstellen und vorzeigen kann. Es bedeutet, nicht bloß auf das hinzuschauen, was unter den Menschen gilt und einen Verkehrswert unter ihnen hat. Stille bedeutet, die inneren Sinne zu entwickeln, den Sinn des Gewissens, den Sinn für das Ewige in uns, die Hörfähigkeit für Gott.

Von den Dinosauriern wird gesagt, sie seien ausgestorben, weil sie sich falsch entwickelt hatten: viel Panzer und wenig Hirn, viel Muskeln und wenig Verstand. Sind wir nicht auch dabei, uns falsch zu entwickeln: viel Technik, aber wenig Seele? Ein dicker Panzer materiellen Könnens, aber ein leer gewordenes Herz? Ein Erlöschen der Fähigkeit, die Stimme Gottes in uns wahrzunehmen, das Gute, das Schöne und das Wahre zu erkennen und anzuerkennen?

26/30f

Heraustreten aus der Nacht

Was ist das eigentlich – Advent? Darauf lassen sich viele Antworten geben. Man kann grollend sagen, eigentlich sei er nur ein Vorwand für Hektik und Geschäft, garniert mit sentimentalen Schablonen, die längst nicht mehr geglaubt werden. Das mag in vielen Fällen zutreffen, aber das Ganze ist es doch nicht.

Man kann auch umgekehrt sagen, Advent sei eine Zeit, in der mitten in einer ungläubigen Welt noch etwas von dem Glanz des verlorenen Glaubens sichtbar wird und nachleuchtet. So wie Sterne noch lange nach ihrem Erlöschen zu sehen sind, weil ihr Licht von damals noch immer auf dem Weg ist zu uns, so hat das Geheimnis etwas von Wärme und Hoffnung oft auch noch für diejenigen übrig, die es nicht mehr zu glauben vermögen.

So kann man auch sagen, Advent sei eine Zeit, in der eine sonst fast vergessene Güte mobilisiert wird; die Bereitschaft, an den anderen zu denken und ihm ein Zeichen der Güte zu geben. Schließlich kann man sagen, Advent sei eine Zeit, in der altes Brauchtum lebendig wird, etwa in den vielen Adventssingen, die landauf, landab gehalten werden. In den Melodien und Texten, die wir da hören, ragt etwas von der Einfachheit, von der Phantasie und der fröhlichen Glaubensstärke unserer Vorfahren in unsere Zeit herein, tröstet und ermutigt uns, es vielleicht doch wieder mit dem Glauben zu wagen, der die Menschen inmitten sehr schwerer Zeiten so froh machen konnte.

35/15f

Tiefste Erinnerung des Herzens

Advent meint genau die Verknüpfung von Erinnerung und Hoffnung, deren der Mensch bedarf. Er will die eigentliche, die tiefste Erinnerung des Herzens in uns wecken – die Erinnerung an den Gott, der ein Kind wurde. Diese Erinnerung heilt, diese Erinnerung ist Hoffnung. Im Kirchenjahr geht es darum, immer wieder die große Geschichte der Erinnerungen abzuschreiten, das Gedächtnis des Herzens zu wecken und so den Stern der Hoffnung sehen zu lernen. Alle Feste des Kirchenjahres sind Ereignisse der Erinnerung und darum Ereignisse der Hoffnung. Die großen Erinnerungen der Menschheit, die das Jahr des Glaubens verwahrt und öffnet, sollen in der Gestaltung der heiligen Zeiten durch Liturgie und Brauchtum zu persönlichen Erinnerungen werden von den großen Erinnerungen der Menschheit genährt; die großen Erinnerungen werden nur durch ihre Übersetzung ins Persönliche gewahrt. Wenn Menschen glauben können, hängt es immer auch daran, daß ihnen im Weg ihres Lebens der Glaube lieb geworden, daß ihnen die Menschlichkeit Gottes durch die Menschlichkeit von Menschen hindurch erschienen ist. Jeder von uns könnte da gewiß seine eigene Geschichte erzählen, was weihnachtliche, österliche oder sonstige Festerinnerungen für sein Leben bedeuten.

35/11f

Die Familie von Betlehem (1)

Da ist zuerst Josef: Während ihn Matthäus groß in den Mittelpunkt seiner Kindheitsgeschichte rückt, hat Lukas ihm nur einen Satz gewidmet: daß er als der Sohn Davids mit Maria, seiner Vermählten, die guter Hoffnung war, nach Betlehem zieht. Durch die Wortwahl und Wortstellung erinnert er noch einmal daran, daß dieses Kind seiner Verlobten nicht sein Kind ist, sondern anderen, göttlichen Ursprungs. Das ganze Drama dieses Lebens leuchtet so in dem einen Satz auf, und der stille Mann wird Anrede an uns. Gott hat seine Lebensidee beiseite geschoben und anderes mit ihm getan, ihn zu anderem gewollt. Dieser Mensch war jemand, der »hörsam« gewesen ist für Gott, der eine innere Sensibilität für das geheime Sprechen und Wollen Gottes hatte, der nach innen und oben hören konnte; der nicht nur nach außen wahrnahm – wie es leider bei uns doch weithin ist –, sondern das andere und den anderen. Er war ein Mann, der Ja zu sagen vermochte zu dem unerwarteten Auftrag, der ihm von Gott her wurde. Er hat sich nicht verquert in seine eigene Lebensidee hinein, die ihm entrissen wurde, sich nicht im Ressentiment innerlich vergiftet, sondern ist frei und bereit aufgestanden, um sich dem Neuen zur Verfügung zu stellen, das auf ihn zukam. Und so ist er offen, reif und groß geworden. Indem er sich annimmt und Gott so annimmt, wie er ihn will, wird er selbst erfüllt. Sein Leben gewinnt gegen seine Planungen den wirklichen, größeren Sinn, dem es zugedacht ist. Solche Freiheit, sich das Eigene, den Eigen-Sinn nehmen zu lassen, solche innere Gelöstheit, die den unerwarteten Willen Gottes annimmt und darin reift, spricht uns an, hilft uns und ruft uns.

39/24f

Die Familie von Betlehem (2)

Dann ist da Maria. Auch von ihr sagt Lukas, der ihr Bild so groß gestaltet hat, in dem Abschnitt über die Geburt nur wenig. Er läßt uns bloß ahnen, wie sie den Weg nach Betlehem mitgeht in einer für sie gewiß sehr schweren Stunde. Dann sagt er, daß sie den »Erstgeborenen gebiert, ihn in Windeln wickelt und in eine Krippe legt«. In diesem kleinen Satz können wir ein ganzes Bild dieser Frau entdecken. Maria wickelt das Kind in Windeln. Wir können daraus erahnen, mit welcher Hoffnung, welcher Freude, welcher Bereitschaft sie der Stunde der Geburt entgegenging. Wie sie auf sie hin gearbeitet und alles bereitet hat. Wir können daraus ersehen, wie das Ja, das sie dem Engel gegeben hatte, in ihr gereift war, wie dieses Ja zu einem physischen und seelischen Raum geworden war und Jesus, der Gottes Ja ist, so in dieses menschliche Ja hineintritt.

Ich glaube, gerade das einfache Wort von den Windeln kann uns nachdenklich machen. Es lädt uns ein, daß wir den Raum für das Wort Gottes in unserem Leben schaffen, daß wir es hegen und hüten und bergen darin. Daß wir ihm einen Ort suchen, in uns und um uns. Und mehr. Die Gebärde der Mutter Jesu weist uns auch hin auf alle Geschwister Jesu Christi, auf alle leidenden, obdachlosen, heimatlosen, verstoßenen Menschen; auf alle Kinder, die ein Ja erwarten und in ein Nein hineingestellt sind und deren Leben darum kein Ja werden kann.

39/26f

DIE FAMILIE VON BETLEHEM (3)

Schließlich ist da das Kind, von dem Lukas sagt: Es war der »Erstgeborene«. Vielfach wird das so mißverstanden, als sei das der erste in einer folgenden Reihe. Aber in der Sprache der Bibel wie auch in der Sprache der umliegenden Kulturen ist das Wort »Erstgeborener« nicht ein Zahlwort, das eine Reihe eröffnet, sondern ein Würdetitel. Ein Ausdruck des Rechts, der eine bestimmte Rechtsstellung, einen rechtlichen Rang und rechtliche Aufgaben beschreibt. Vor allen Dingen ist dieser Titel »Erstgeborener« Einordnung in die Geschichte der Verheißungen Gottes. Er kennzeichnet seinen Träger als Träger der Linie der Verheißungen Gottes. »Jedes Erstgeborene soll heilig sein«, sagt das Gesetz. Lukas greift diesen Titel deswegen auf, weil Forderung und Verheißung, die er in sich trägt, erst in diesem Kind wirklich werden. Erst in ihm gilt das Gesetzes- und Verheißungswort ganz. Dieser Erstgeborene ist der Heilige Gottes und damit nun wirklich Erster, Anfang einer neuen Schöpfung. So kann Paulus an diesem Wort weiterwirken und sagen: Er ist der Erstgeborene der Schöpfung, der Erstgeborene von den Toten, der Anfang einer neuen Welt, die in ihm aufgeht, der Erstgeborene unter vielen Brüdern. Ja, es folgen Geschwister – und wir sind es. Wir dürfen, wir sollen es sein, indem wir in diesen neuen Anfang hineintreten, in seine Herkunft aus dem Ja des Glaubens und aus den Erbarmungen Gottes; indem wir anfangen, zu werden wie er und so mit ihm die Familie der Auferstandenen, der Beginn einer neuen Welt.

39/27f

Die Familie von Betlehem (4)

Das Kind klopft an. Diese Herbergssuche geht noch tiefer. Es gibt nicht nur die kinderfeindliche Umwelt, sondern vorher ist doch schon dieses da: Dem Kind überhaupt wird die Tür verschlossen in diese Welt herein, die angeblich keinen Platz dafür mehr habe. Weithin erscheint das Kind als eine Art von Gefahr oder als ein Unfall, den man vermeiden muß. Als Inhalt von Aufklärung und Aufgeklärtheit gilt die Kunst, ihm die Tür zuzuhalten. Das wehrloseste Leben, das ungeborene, zu zertreten, scheint vielfach schon nicht mehr bloß als Kavaliersdelikt, sondern geradezu als Maß der Emanzipation. Das Kind erscheint im Denken dieser unserer Zeit – seien wir ehrlich: im geheimen wohl weithin auch des unseren – als der Konkurrent unserer Freiheit, als der Konkurrent unserer Zukunft, der uns den Platz wegnimmt. Wir stellen den Raum unseres Lebens mit Sachen, mit Produkten voll und können gar nicht genug haben an Dingen, die wir planen und die wir auch wieder wegwerfen können. Wir haben allenfalls noch Raum für ein Tier, das sich ganz unseren Launen einfügt. Aber für eine neue Freiheit, für einen neuen Willen, der hereintritt in unser Leben und den wir nicht planen und regulieren können, da haben wir keinen Platz, das ist uns zu beschwerlich. Wir mögen nur noch das Geplante, das Produkt, das, was wir machen und was wir auch wieder wegwerfen dürfen. Das Kind klopft an. Wenn wir es annehmen würden, müßten wir unser eigenes Verhältnis zum Leben von Grund auf neu überprüfen, bereit sein, das Leben nicht nur für uns zu vereinnahmen, aufhören, es nur als die kurze Chance anzusehen, etwas aus den Möglichkeiten des Seins herauszuschöpfen, sondern es als ein Geschenk für andere zu leben und zu betrachten.

39/39f

Der Quell der Güte

In einer seiner Weihnachtsgeschichten erzählt der englische Schriftsteller *Charles Dickens* die Geschichte von einem Mann, der das Gedächtnis des Herzens verlor. Das will sagen: Die ganze Kette von Gefühlen und Gedanken, die ihm in der Begegnung mit menschlichem Leid zugewachsen war, wird ihm genommen. Dieses Erlöschen des Erinnerns der Liebe wird ihm als Befreiung von der Last des Vergangenen angeboten, aber alsbald zeigt sich, daß damit der ganze Mensch verändert ist: Die Begegnung mit dem Leid weckt keine Erinnerungen der Güte mehr in ihm. Mit dem Versiegen der Erinnerung ist zugleich der Quell der Güte in diesem Menschen entschwunden. [...]

Den gleichen Gedanken, den *Dickens* hier verfolgt, läßt Goethe anklingen in seiner Erzählung von der ersten Feier des Rochusfestes zu Bingen, die nach der langen Unterbrechung der napoleonischen Kriege wieder stattfinden konnte. Er beobachtet, wie die Menschen im dichten Gedränge sich durch die Kirche schieben lassen, vorbei am Bild des Heiligen, und er schaut dabei auf ihre Gesichter: Die der Kinder wie die der Erwachsenen leuchten; sie spiegeln die Freude des festlichen Tages. Nur bei den jungen Menschen war das anders, so berichtet Goethe. Sie gingen ungerührt, gleichgültig, gelangweilt vorbei. Seine Erklärung ist aufschlußreich: In böser Zeit geboren, hatten diese jungen Menschen nichts Gutes zu erinnern und deshalb auch nichts zu hoffen. Das will sagen: Nur wer sich erinnern kann, kann auch hoffen. Wer das Gute und die Güte nie erfahren hat, der kennt sie eben nicht.

35/9f

Ankunft Gottes

Das Urfest der Christenheit ist nicht Weihnachten, sondern Ostern: Erst die Auferstehung des Herrn war der Durchbruch eines neuen Lebens und so der Anfang der Kirche. Daß Jesus am 25. Dezember geboren wurde, hat mit Sicherheit zum ersten Mal *Hippolyt von Rom* in seinem etwa im Jahre 204 nach Christus geschriebenen »Daniel-Kommentar« festgestellt. An diesem Tag wurde damals das von *Judas Makkabäus* im Jahr 164 vor Christus eingeführte Tempelweihefest begangen, und das Geburtsdatum Jesu würde so zugleich symbolisieren, daß mit ihm, der als Gottes Licht in der Winternacht aufging, wahrhaft Tempelweihe – Ankunft Gottes inmitten dieser Erde – sich ereignete. Die besondere Wärme, die uns am Weihnachtsfest so sehr berührt, daß es im Herzen der Christenheit Ostern weit überflügelt hat, hat sich allerdings erst im Mittelalter entwickelt, und hier war es *Franz von Assisi*, der aus seiner tiefen Liebe zum Menschen Jesus, zum Emmanuel – Gott-mit-uns – dies Neue heraufführen half. *Thomas von Celano* erzählt in seiner Lebensbeschreibung folgendes: »Mehr als jedes andere Fest feierte er Weihnachten mit einer nicht zu beschreibenden Freude. Er sagte, dies sei das Fest der Feste, denn an diesem Tag ist Gott ein kleines Kind geworden und hat Milch gesaugt wie alle Menschenkinder.« So ist Jesus als Kind so nahe geworden, daß wir ungescheut Du zu ihm sagen, mit ihm in der Direktheit des Zugangs zum kindlichen Herzen auf Du stehen können.

MKK/7

Geburtstag des Lichtes

Etwas fällt auf an diesem Geburtstag des Lichtes, an diesem Einzug des Guten in die Welt, und möchte uns immer wieder mit banger Ungewißheit erfüllen, ob denn das Große, wovon wir reden, wirklich dort im Stall von Betlehem geschehen ist: Die Sonne ist groß, herrlich und mächtig; niemand kann ihren jährlichen Siegeszug übersehen. Müßte nicht ihr Schöpfer bei seiner Ankunft machtvoller, noch unverkennbarer sein? Müßte dieser eigentliche Sonnenaufgang der Geschichte nicht mit unnennbarem Glanz das Angesicht der Erde überfluten? Statt dessen: Wie armselig ist das doch alles, wovon wir im Evangelium hören! Oder sollte vielleicht gerade diese Armseligkeit, die innerweltliche Geringfügigkeit das Zeichen des Schöpfers sein, womit er seine Anwesenheit markiert? Das scheint fürs erste ein unfaßlicher Gedanke zu sein. Und doch – wer dem Geheimnis der Führung Gottes nachgeht, sieht immer deutlicher, daß es offenbar ein doppeltes Zeichen Gottes gibt. Da ist zunächst das Zeichen der Schöpfung. Aber neben diesem Zeichen tritt immer stärker das andere hervor, das Zeichen des innerweltlich Geringen. Die eigentlichen und höchsten Werte treten in dieser Welt gerade unter dem Zeichen der Niedrigkeit, der Verborgenheit, der Stille auf. Das entscheidend Große in der Welt, woran ihr Schicksal und ihre Geschichte hängen, ist das, was unseren Augen klein erscheint. [...] Das ist die Entscheidung der Heiligen Nacht – der Glaube –, daß wir ihn in diesem Zeichen annehmen und ihm trauen ohne Murren. Ihn annehmen – das heißt: sich selber diesem Zeichen unterstellen, der Wahrheit und der Liebe, die die höchsten gottähnlichsten Werte sind und die vergessensten, geräuschlosesten zugleich.

14/393f

Dann wird das Herz leicht

Die Hirten [...] eilten hinüber nach Betlehem, und sie erzählten von allem, was sie gehört hatten – sie, diese eher gewiß wortkargen Menschen rühmten und lobten Gott, der Mund ging ihnen über von dem, wovon das Herz voll war. Sie eilten. In der Heiligen Schrift kommt noch mehrmals diese Eile vor: Maria macht sich eilends nach der Verkündigung auf den Weg zu ihrer Verwandten Elisabeth, die Hirten eilen zur Krippe, Petrus und Johannes laufen zum Auferstandenen hin. Diese Eile hat nichts zu tun mit der Hektik der von Terminen Geplagten. Sie ist das Gegenteil davon. Sie bedeutet, daß all diese falsche Eile abfällt, wo das eigentlich Wichtige und Große in Erscheinung tritt. Es ist die Freude, die dem Menschen Flügel gibt. Die Gnade des Heiligen Geistes kennt keine hemmenden Bleigewichte, sagt der heilige *Ambrosius*. Sie bedeutet, daß von uns abfällt, was uns das Herz und die Füße bleischwer macht auf dem Weg zu Gott. Sie bedeutet, daß von uns die Zweifel, das Besserwissen, die falsche Aufgeklärtheit weichen, die es uns so schwer machen, zu ihm zu gehen. Sie bedeutet, daß wir auf den Schwingen der Freude gehen lernen. Diese Eile kommt nicht aus Hast, sondern aus dem Verschwinden der Hast, sie kommt aus der Leichtigkeit des Herzens. Die Engel können fliegen, weil sie sich leicht nehmen, hat *Gilbert Keith Chesterton* einmal geistvoll gesagt. [...] Loslassen, das wäre die Antwort, das Schwergewicht nicht mehr in uns selbst zu setzen, sondern in Gott. Dann wird das Herz leicht, dann wird es frei, dann kann es hören, und dann kann es führen.

39/12f

Wer erkennt seinen Herrn? (1)

Die besondere menschliche Wärme, die uns am Weihnachtsfest so sehr berührt, daß es im Herzen der Christenheit Ostern weithin überflügelt hat, hat sich allerdings erst im Mittelalter entwickelt, und hier war es Franz von Assisi, der aus seiner tiefen Liebe zum Menschen Jesus, zum Gott-mit-uns, dies Neue heraufführen half. Sein erster Biograph, Thomas von Celano, erzählt in seiner zweiten Lebensbeschreibung folgendes: »Mehr als jedes andere Fest feierte er Weihnachten mit einer nicht zu beschreibenden Freude. Er sagte, dies sei das Fest der Feste, denn an diesem Tag ist Gott ein kleines Kind geworden und hat Milch gesaugt wie alle Menschenkinder. Franz umarmte – mit welcher Zärtlichkeit und Hingebung! – die Bilder, die das Kind Jesus darstellten und stammelte voller Mitleid wie die Kinder Worte der Zärtlichkeit. Der Name Jesus war auf seinen Lippen süß wie Honig.«

Aus solcher Gesinnung heraus kam dann die berühmte Weihnachtsfeier in Greccio, zu der ihn sein Besuch im Heiligen Land und an der Krippe in Santa Maria Maggiore zu Rom angeregt haben mag; entscheidend war das Verlangen nach Nähe, nach Wirklichkeit, das ihn bewegte, der Wunsch, Betlehem ganz gegenwärtig zu erleben, die Freude der Geburt des Kindes Jesus unmittelbar zu erfahren und allen seinen Freunden mitzuteilen.

25/28f

Wer kennt seinen Herrn? (2)

In der Höhle von Greccio standen in der Heiligen Nacht gemäß der Anweisung des heiligen *Franz* Ochs und Esel. Zu dem adeligen *Johannes* hatte er nämlich gesagt: »Ich möchte in voller Wirklichkeit die Erinnerung an das Kind wachrufen, wie es in Betlehem geboren wurde, und an alle Mühsal, die es in seiner Kindheit erdulden mußte. Ich möchte es mit meinen leiblichen Augen sehen, wie es war, in einer Krippe liegen und auf dem Heu schlafen, zwischen einem Ochsen und einem Esel.«

Seither gehören Ochs und Esel zu jeder Krippendarstellung. Aber woher kommen sie eigentlich? Die Weihnachtsgeschichten des Neuen Testaments erzählen bekanntlich nichts davon. Wenn wir dieser Frage nachgehen, stoßen wir auf einen Sachverhalt, der für das ganze weihnachtliche Brauchtum, ja überhaupt für die weihnachtliche und österliche Frömmigkeit der Kirche in Liturgie und Volksbrauch gleichermaßen wichtig ist.

Ochs und Esel sind nicht einfach Produkte frommer Phantasie; sie sind durch den Glauben der Kirche an die Einheit von Altem und Neuem Testament zu Begleitern des weihnachtlichen Geschehens geworden. In Jesaja 1,3 steht nämlich: »Seinen Eigentümer erkennt ein Ochse, ein Esel die Krippe seines Herrn; Israel aber hat keine Erkenntnis, mein Volk hat keinen Verstand.«

25/32ff

Wer kennt seinen Herrn? (3)

In den mittelalterlichen Weihnachtsdarstellungen fällt immer wieder auf, wie den beiden Tieren fast menschliche Gesichter gegeben sind, wie sie wissend und verehrend vor dem Geheimnis des Kindes stehen und sich beugen. Das war nur logisch, denn die beiden Tiere galten als die prophetische Chiffre, hinter der sich das Geheimnis der Kirche verbirgt – unser Geheimnis, die wir Ochsen und Esel, dem Ewigen gegenüber sind –, Ochsen und Esel, denen in der Heiligen Nacht die Augen aufgehen, so daß sie in der Krippe ihren Herrn erkennen. [...]

Wer ist heute Ochs und Esel, wer »mein Volk«, das ohne Verstand ist? Woran erkennt man Ochs und Esel, woran »mein Volk«? Warum überhaupt ist es so, daß die Unvernunft erkennt und die Vernunft blind ist? [...]

Nun, wer nicht erkannte, das war Herodes, der auch nichts begriff, als ihm von dem Kind erzählt wurde, sondern von seiner Herrschsucht und dem ihr zugehörenden Verfolgungswahn nur um so tiefer verblendet wurde (Mt 2,3). Wer nicht erkannte, das war »ganz Jerusalem mit ihm« (ebd.). Wer nicht erkannte, das waren die Menschen in weichen Kleidern – die feinen Leute (Mt 11,8). Wer nicht erkannte, das waren die gelehrten Herren, die Bibelkundigen, die Spezialisten der Schriftauslegung, die zwar genau die richtige Bibelstelle wußten, aber dennoch nichts begriffen (Mt 2,6).

25/34ff

Wer kennt seinen Herrn? (4)

Wer erkannte – das waren, verglichen mit diesen renommierten Leuten, »Ochs und Esel«: die Hirten, die Magier, Maria und Josef. Konnte es anders sein? Im Stall, wo er ist, da sind die feinen Leute nicht, da sind eben Ochs und Esel zu Hause. [...]

Wie aber steht es mit uns? Sind wir deshalb vom Stall so weit entfernt, weil wir viel zu fein und zu gescheit dafür sind? Verfangen wir uns nicht auch in gelehrter Bibelauslegung, in Nachweisen der Unechtheit oder des echten historischen Platzes so sehr, daß wir für das Kind selbst blind geworden sind und nichts von ihm vernehmen? Sind wir nicht auch allzusehr in »Jerusalem«, im Palast, eingehaust in uns, unsere Selbstherrlichkeit, unsere Verfolgungsangst, als daß wir nächtens die Stimme der Engel hören, hingehen und anbeten könnten?

So schauen uns in dieser Nacht die Gesichter von Ochs und Esel fragend an: Mein Volk ist ohne Verstand, begreifst *du* die Stimme deines Herrn? Wenn wir die vertrauten Figuren in die Krippe stellen, sollten wir Gott darum bitten, daß er unserem Herzen jene Einfachheit gibt, die im Kind den Herrn entdeckt – wie einst *Franziskus* in Greccio. Dann könnte auch uns geschehen, was *Thomas von Celano*, ganz nah an den Worten des heiligen Lukas über die Hirten der ersten Heiligen Nacht (Lk 2,20), von den Teilnehmern an der Mette in Greccio erzählt: Jeder kehrte nach Hause zurück, voller Freude.

25/36f

Brücke zum Unendlichen

Niemand kann aus eigener Kraft die Brücke zum Unendlichen hin bauen. Keines Menschen Stimme ist stark genug, das Unendliche aus Eigenem zu rufen. Keine Geistesschärfe reicht aus, um mit Sicherheit zu erdenken, wer Gott ist; ob er uns hört; wie man sich angemessen zu ihm verhält. Deswegen läßt sich auch in der ganzen Religions- und Geistesgeschichte ein eigentümlicher Zwiespalt in der Gottesfrage feststellen. Einerseits hat es immer so etwas wie eine Grundevidenz der Realität Gottes gegeben und gibt es sie auch heute noch. Was Paulus im Anschluß an das Weisheitsbuch des Alten Bundes (Weish 13,4f) im Brief an die Römer feststellt, daß nämlich der Schöpfer in der Schöpfung anschaubar und daher bekannt ist (Röm 1,19f), ist keineswegs ein dogmatisches Postulat, sondern eine Tatsachenfeststellung, die von der Religionsgeschichte bestätigt wird. Paulus fügt – wiederum den Gedanken des Weisheitsbuches aufnehmend und vertiefend – jedoch hinzu, daß mit dieser Evidenz eine ungeheure Verdunkelung und Verkehrung des Gottesbildes Hand in Hand geht. Auch dies ist schlicht eine Tatsachenbeschreibung: Die Grundgewißheit der Existenz Gottes war und ist immer begleitet von einer ungeheuren Rätselhaftigkeit. Sobald der Versuch gemacht wird, diesen Gott näher zu beschreiben und zu benennen, das menschliche Leben in Beziehung zu ihm zu setzen und ihm zu antworten, zerfällt das Gottesbild in widersprüchliche Faszetten, die die primäre Evidenz nicht einfach aufheben, aber bis zur Unkenntlichkeit verdunkeln und im Extremfall allerdings auch völlig zerstören können.

33/25f

Vom Sinn der Zeit

Ein Jahr geht zu Ende. Und das bedeutet immer wieder eine Stunde der Nachdenklichkeit. Bilanzen werden gemacht, Vorschau auf das Kommende versucht. Für einen Augenblick werden wir dieser seltsamen Wirklichkeit »Zeit« inne, die wir sonst unvermerkt einfach gebrauchen. Harte Tage erscheinen im Rückblick eher verklärt, und die fast vergessene Mühsal läßt uns ruhiger und zuversichtlicher werden, gelassener gegenüber dem Drohenden, das *auch* vergehen wird. Mit dem alten Jahr ist nicht nur viel Schweres, sondern auch manches Schöne vergangen, und je mehr ein Mensch die Mitte seines Lebens überschreitet, desto stärker empfindet er die Verwandlung dessen, was ihm einst Zukunft und Gegenwart war, in Vergangenheit. Er kann zum Augenblick nicht sagen »Verweile doch, du bist so schön«; was Zeit ist, geht dahin, wie es kam. So kann die letzte Stunde des Jahres uns nachdenklich machen über den Sinn der Zeit.

Der Mensch hat mehr Zeit. Die Medizin hat die Zeit des Menschen verlängert. Aber haben wir eigentlich Zeit? Oder hat die Zeit uns? Die allermeisten haben auf keinen Fall Zeit für Gott, sie brauchen ihre Zeit für sich selber, wie sie meinen. Aber haben wir wirklich Zeit für uns selbst? Oder fehlt uns nicht gerade die? Leben wir nicht gerade an uns selbst vorbei? Und ist es vielleicht doch so, daß die wahre Zeit des Menschen jene Zeit ist, die er für Gott hat? [...] Allzuviel spricht dafür, daß Zeit, die ihm nicht mehr offensteht, uns selbst verschlingt und daß nur das Zeithaben für Gott uns Zeit für den Menschen gibt und damit die wahre Freiheit.

14/397, 402f

Quellen

1 Auf Christus schauen. Einübung in Glaube, Hoffnung, Liebe. Verlag Herder (= VH), Freiburg i. Br. 1989.

2 Aus meinem Leben. Erinnerungen. Deutsche Verlagsanstalt (= DVA), Stuttgart 1998.

3 Bilder der Hoffnung. Wanderungen im Kirchenjahr. VH, Freiburg i. Br. ^{3}1997. – »Paulus - Kämpfer und Leidender« (3/32ff) zuerst unter dem Titel »Der Cathedra-Altar von St. Peter zu Rom« in: E. Kleindienst/G. Schmuttermayr (Hg.), Kirche im Kommen. Festschrift für Bischof J. Stimpfle. Propyläen Verlag, Berlin 1991, 423ff. – »Vom Wesen der Kirche - ‚Vorsitzende der Liebe'« (3/39ff) zuerst in: E. Kleindienst/G. Schmuttermayr (Hg.), Kirche im Kommen, aaO., 423ff. – »Sich öffnen in die ganze Höhe und äußerste Tiefe« (3/78ff) zuerst in: A. Coreth/I. Fux, Servitium pietatis. Festschrift für Kardinal Groer zum 70. Geburtstag. Salterrae Schriftenapostolat, Maria Roggendorf 1989, 91ff.

4 Das Fest des Glaubens. Versuche zur Theologie des Gottesdienstes. Johannes-Verlag Einsiedeln (= JV), Freiburg i. Br. ^{3}1993.

5 Das Heil des Menschen. Innerweltlich-christlich, hrsg. v. Ulrich Hommes/ Joseph Ratzinger, Kösel-Verlag (= KV), München 1975.

6 Das neue Volk Gottes. © 1972 Patmos-Verlag, Düsseldorf.

7 Der Gott Jesu Christi. Betrachtungen über den Dreieinigen Gott. KV, München 1976.

8 Die Hoffnung des Senfkorns (Meitinger Kleinschriften 27). Kyrios-Verlag (= KyV), Meitingen/Freising 1973.

9 Diener eurer Freude. Meditationen über die priesterliche Spiritualität. VH, Freiburg i. Br. ^{2}1988.

10 Dienst an der Einheit. Zum Wesen und Auftrag des Petrusamtes. PV, Düsseldorf 1978.

11 Die sakramentale Begründung christlicher Existenz. KyV, Meitingen/Freising ^{4}1973.

12 Die Situation der Kirche heute. Hoffnungen und Gefahren, hrsg. v. Presseamt des Erzbistums Köln, Köln 1977.

13 Die Vielfalt der Religionen und der Eine Bund. Urfeld Verlag, Hagen 1998.

14 Dogma und Verkündigung. Verlag Erich Wewel (= VEW), München ^{3}1977.

15 Einführung ins Christentum. Vorlesungen über das Apostolische Glaubensbekenntnis. KV, München (87.–88. Tsd.) 1998.

16 Ein neues Lied für den Herrn. Christusglaube und Liturgie in der Gegenwart. VH, Freiburg i. Br. 1995. – »Bildung zum rechten Menschsein« (16/209) zuerst unter dem Titel »Perspektiven der Priesterausbildung« in: K. Hillenbrand (Hg.), Unser Auftrag - Besinnung auf den priesterlichen Dienst. Echter Verlag, Würzburg 1990, 11ff. – »Jesus ja, Christus nein? - Kernzweifel mit Folgen« (16/47ff) zuerst in: Joseph Ratzinger/Hugo Staudinger/Heinz Schütte, Zu Grundfragen der Theologie heute. Bonifatius-Verlag, Paderborn 1992, 7ff. – »Wochenendkultur und christlicher Sonntag« (16/103f) zuerst in: W. Seidel (Hg.), Kirche aus lebendigen Steinen. Matthias-Grünewald-Verlag, Mainz 1975, 30ff.

17 Eschatologie – Tod und ewiges Leben. Friedrich Pustet Verlag, Regensburg ^{6}1990.

18 Es liegt an uns. Gespräche auf der Suche nach Sinn, hrsg. v. Ulrich Hommes. VH, Freiburg i. Br. 1980.

19 Eucharistie – Mitte der Kirche. Vier Predigten. VEW, München 1978.

20 Glaube und Zukunft. KV, München 1970.

21 Gottes Angesicht suchen. Betrachtungen im Kirchenjahr (Theologie und Leben 46). KyV, Meitingen/Freising ^{2}1979.

22 Heiligenpredigten, hrsg. v. Stephan von Horn. Auer Verlag, Donauwörth 1997.

23 Im Anfang schuf Gott – Vier Predigten über Schöpfung und Fall. Konsequenzen des Schöpfungsglaubens. JV, Freiburg i. Br. 1996.

24 Kirche, Ökumene und Politik. Neue Versuche zur Ekklesiologie. JV, Freiburg i. Br. 1987.

25 Licht, das uns leuchtet. Besinnungen zu Advent und Weihnachten. VH, Freiburg i. Br. ^{7}1982.

26 Lob der Weihnacht. Zusammen mit Heinrich Schlier. VH, Freiburg i. Br. 1982.

27 Maria – Kirche im Ursprung. Zusammen mit Hans Urs von Balthasar. VH, Freiburg i. Br. ^{2}1982.

28 Maria – Kirche im Ursprung. Zusammen mit Hans Urs von Balthasar. JV, Freiburg i. Br., 4. erw. Auflage 1997.

29 Meditationen zur Karwoche (Meitinger Kleinschriften 5). KyV, Meitingen/ Freising ^{7}1980.

30 Mitarbeiter der Wahrheit – Gedanken für jeden Tag. Mit Bildern von Richard Seewald. Verlag J. Pfeiffer, München 1979.

31 Mit der Kirche leben. Zusammen mit Karl Lehmann. VH, Freiburg i. Br. ^{4}1978.

32 Salz der Erde. Christentum und katholische Kirche an der Jahrtausendwende. Ein Gespräch mit Peter Seewald. © 1996 Deutsche Verlags-Anstalt GmbH, Stuttgart.

33 Schauen auf den Durchbohrten. Versuche einer spirituellen Christologie. JV, Freiburg i. Br. ²1990.

34 Sich auf Gott verlassen. Erfahrungen mit Gebeten, hrsg. v. Rudolf Walter. VH, Freiburg i. Br. 1980.

35 Suchen, was droben ist. Meditationen das Jahr hindurch. VH, Freiburg i. Br. 1985.

36 Vom Sinn des Christseins. Drei Adventspredigten. KV, München 1965.

37 Vom Wiederauffinden der Mitte. Grundorientierungen. VH, Freiburg i. Br. ²1998.

38 Wahrheit, Werte, Macht. Prüfsteine der pluralistischen Gesellschaft. VH, Freiburg i. Br. ³1995 (Neuausgabe: Verlag Josef Knecht, Frankfurt a. M. 1999).

39 Weihnachtspredigten. Auer Verlag, Donauwörth 1998.

40 Wendezeit für Europa? Diagnosen und Prognosen zur Lage von Kirche und Welt. JV, Freiburg i. Br. ²1992.

41 Zur Gemeinschaft berufen. Kirche heute verstehen. VH, Freiburg i. Br. ²1992.

42 Günther Bornkamm/Karl Rahner (Hg.): Die Zeit Jesu. Festschrift für Heinrich Schlier. VH, Freiburg i. Br. 1970.

HW/1: Hirtenbrief 1977
MKK/1: Münchener Katholische Kirchenzeitung v. 9.4.1978
MKK/2: ebd. v. 25.5.1979
MKK/3: ebd. v. 21.5.1978
MKK/4: ebd. v. 21.1.1979
MKK/5: ebd. v. 14.1.1979
MKK/6: ebd. v. 1978
MKK/7: ebd. v. 25.12.1977
OK/1: Ordinariatskorrespondenz v. 10.9.1978

Wir danken den Verlagen für die freundliche Genehmigung zum Abdruck der Textauszüge für dieses Buch.
Jene Leser(innen), die über die Vita des Autors mehr erfahren möchten, seien auf sein Buch »Aus meinem Leben« (vgl. oben unter 2) verwiesen, das autobiographisch bis zur Übernahme seines Amtes als Präfekt der »Kongregation für den Glauben« 1981 reicht.

Weitere Bücher von Joseph Kardinal Ratzinger

DER GEIST DER LITURGIE
Eine Einführung
ISBN 3-451-27247-4

Der Autor lenkt den Blick auf das Wesentliche. Dieses Buch ist die Frucht seiner lebenslangen Auseinandersetzung mit dem Thema, das ihm wie kaum ein anderes am Herzen liegt.

BILDER DER HOFFNUNG
Wanderungen im Kirchenjahr
ISBN 3-451-26256-8

Joseph Ratzinger übersetzt die eigene Sprache der christlichen Bilder in einer Weise, daß ihr tiefer Gehalt heute verstehbar wird.

VOM WIEDERAUFFINDEN DER MITTE
Grundorientierungen
Texte aus vier Jahrzehnten
ISBN 3-451-26417-X

In dieser Textauswahl geht es Ratzinger um das christliche, personale Gottesverständnis und die sakramentale Dimension der Wirklichkeit.

WAHRHEIT, WERTE, MACHT
Die pluralistische Gesellschaft im Kreuzverhör
ISBN 3-7820-0812-X

Erschienen im Verlag Josef Knecht
Eindringliche Gedanken über die Lebens- und Überlebensfragen unserer Gesellschaft - scharfsichtig und wegweisend.

HERDER

Liebevoll ausgestattete Geschenkbände in Halbleinen

ANSELM GRÜN

Mit Herz und allen Sinnen

Jahreslesebuch

ISBN 3-451-26793-4

Leitgedanken eines vielgefragten geistlichen Lehrers und Schriftstellers für ein vertieftes, auf das Wesentliche gerichtetes Leben.

MUTTER TERESA

Leben, um zu lieben

ISBN 3-451-27018-8

Das vorliegende Jahreslesebuch bewahrt das Vermächtnis einer unvergeßlichen Frau und macht es zu einem wertvollen Begleiter und einer Quelle der Inspiration für jeden Tag.

PHIL BOSMANS

Leben jeden Tag

Ein Jahresbegleiter

ISBN 3-451-26715-2

Worte des bekannten Seelsorgers, der sich nicht scheut, auf Tuchfühlung zu gehen mit dem Leben, mit den Menschen, mit den Erfahrungen, die dem Herzen Flügel geben.

ANTHONY DE MELLO

Der Dieb im Wahrheitsladen

ISBN 3-451-26244-4

Geschichten, die es in sich haben. Sie handeln von der Suche nach dem Wesentlichen, nach Bewußtheit, Loslassen können, Liebe und Glück.

HERDER